"十二五"职业教育国家规划教材
经全国职业教育教材审定委员会审定

电子商务实务

黄 彦 杜 珺 主 编

電子工業出版社
Publishing House of Electronics Industry
北京 · BEIJING

内 容 简 介

本书根据教育部颁发的《中等职业学校专业教学标准（试行）信息技术类（第一辑）》中的相关教学内容和要求编写。本书的编写从满足经济发展对高素质劳动者和技能型人才的需求出发，在课程结构、教学内容、教学方法等方面进行了新的探索与改革创新，以利于学生更好地掌握本课程的内容，利于学生理论知识的掌握和实际操作技能的提高。

本书以岗位工作过程来确定学习任务和目标，综合提升学生的专业能力、过程能力和职位差异能力，以具体的工作情境引领教学内容。系统地介绍了通过 3 个完整网店的开设，要求学生掌握第三方平台网店的开设与定位；网店设计与装饰；网店商品信息维护；网店推广与宣传；网店进货、物流发货；网店订单与配送管理和网店客户服务与管理等内容。

本书是客户与信息服务专业的专业核心课程教材，也可作为各类电子商务培训班的教材，还可以供电子商务从业人员参考学习。本书配有教学指南、电子教案和案例素材，详见前言。

图书在版编目（CIP）数据

电子商务实务 / 黄彦，杜珺主编. —北京：电子工业出版社，2016.10

ISBN 978-7-121-24850-4

Ⅰ. ①电… Ⅱ. ①黄… ②杜… Ⅲ. ①电子商务—中等专业学校—教材 Ⅳ. ①F713.36

中国版本图书馆 CIP 数据核字（2014）第 274770 号

策划编辑：肖博爱
责任编辑：郝黎明
印　　刷：北京虎彩文化传播有限公司
装　　订：北京虎彩文化传播有限公司
出版发行：电子工业出版社
　　　　　北京市海淀区万寿路 173 信箱　邮编　100036
开　　本：787×1 092　1/16　印张：17.25　字数：411.6 千字
版　　次：2016 年 10 月第 1 版
印　　次：2023 年 1 月第 8 次印刷
定　　价：36.00 元

凡所购买电子工业出版社图书有缺损问题，请向购买书店调换。若书店售缺，请与本社发行部联系，联系及邮购电话：（010）88254888，88258888。

质量投诉请发邮件至 zlts@phei.com.cn，盗版侵权举报请发邮件至 dbqq@phei.com.cn。

本书咨询联系方式：（010）88254617，Luomn@phei.com.cn。

编审委员会名单

序 | PROLOGUE

当今是一个信息技术主宰的时代，以计算机应用为核心的信息技术已经渗透到人类活动的各个领域，彻底改变着人类传统的生产、工作、学习、交往、生活和思维方式。和语言和数学等能力一样，信息技术应用能力也已成为人们必须掌握的、最为重要的基本能力。职业教育作为国民教育体系和人力资源开发的重要组成部分，信息技术应用能力和计算机相关专业领域专项应用能力的培养，始终是职业教育培养多样化人才，传承技术技能，促进就业创业的重要载体和主要内容。

信息技术的发展，特别是数字媒体、互联网、移动通信等技术的普及应用，使信息技术的应用形态和领域都发生了重大的变化。第一，计算机技术的使用扩展至前所未有的程度，桌面电脑和移动终端（智能手机、平板电脑等）的普及，网络和移动通信技术的发展，使信息的获取、呈现与处理无处不在，人类社会生产、生活的诸多领域已无法脱离信息技术的支持而独立进行。第二，信息媒体处理的数字化衍生出新的信息技术应用领域，如数字影像、计算机平面设计、计算机动漫游戏、虚拟现实等；第三，信息技术与其他业务的应用有机地结合，如与商业、金融、交通、物流、加工制造、工业设计、广告传媒、影视娱乐等结合，形成了一些独立的生态体系，综合信息处理、数据分析、智能控制、媒体创意、网络传播等日益成为当前信息技术的主要应用领域，并诞生了云计算、物联网、大数据、3D 打印等指引未来信息技术应用的发展方向。

信息技术的不断推陈出新及应用领域的综合化和普及化，直接影响着技术、技能型人才的信息技术能力的培养定位，并引领着职业教育领域信息技术或计算机相关专业与课程改革、配套教材的建设，使之不断推陈出新、与时俱进。

2009 年，教育部颁布了《中等职业学校计算机应用基础大纲》，2014 年，教育部在 2010 年新修订的专业目录基础上，相继颁布了“计算机应用、数字媒体技术应用、计算机平面设计、计算机动漫与游戏制作、计算机网络技术、网站建设与管理、软件与信息服务、客户信息服务、计算机速录”等 9 个信息技术类相关专业的教学标准，确定了教学实施及核心课程内容的指导意见。本套教材就是以此为依据，结合当前最新的信息技术发展趋势和企业应用案例组织开发和编写的。

本套系列教材的主要特色

- **对计算机专业类相关课程的教学内容进行重新整合**

本套教材面向学生的基础应用能力，设定了系统操作、文档编辑、网络使用、数据分析、媒体处理、信息交互、外设与移动设备应用、系统维护维修、综合业务运用等内容；针对专业应用能力，根据专业和职业能力方向的不同，结合企业的具体应用业务规划了教材内容。

- **以岗位工作过程来确定学习任务和目标，综合提升学生的专业能力、过程能力和职位差异能力**

本套教材通过工作过程为导向的教学模式和模块化的知识能力整合结构，体现产业需求与专业设置、职业标准与课程内容、生产过程与教学过程、职业资格证书与学历证书、终身学习与职业教育的“五对接”。从学习目标到内容的设计上，本套教材不再仅仅是专业理论内容的复制，而是经由职业岗位实践——工作过程与岗位能力分析——技能知识学习应用内化的学习实训导引和案例。借助知识的重组与技能的强化，达到企业岗位情境和教学内容要求相贯通的课程融合目标。

- **以项目教学和任务案例实训作为主线**

本套教材通过项目教学，构建了工作业务的完整流程和岗位能力需求体系。项目的确定应遵循三个基本目标：核心能力的熟练程度，技术更新与延伸的再学习能力，不同业务情境应用的适应性。教材借助以校企合作为基础的实训任务，以应用能力为核心、以案例为线索，通过设立情境、任务解析、引导示范、基础练习、难点解析与知识延伸、能力提升训练和总结评价等环节引领学者在任务的完成过程中积累技能、学习知识，并迁移到不同业务情境的任务解决过程中，使学者在未来可以从容面对不同应用场景的工作岗位。

当前，全国职业教育领域都在深入贯彻全国工作会议精神，学习领会中央领导对职业教育的重要批示，全力加快推进现代职业教育。国务院出台的《加快发展现代职业教育的决定》明确提出要“形成适应发展需求、产教深度融合、中职高职衔接、职业教育与普通教育相互沟通，体现终身教育理念，具有中国特色、世界水平的现代职业教育体系”。现代职业教育体系的建立将带来人才培养模式、教育教学方式和办学体制机制的巨大变革，这无疑给职业院校信息技术应用人才培养提出了新的目标。计算机类相关专业的教学必须要适应改革，始终把握技术发展和技术技能人才培养的最新动向，坚持产教融合、校企合作、工学结合、知行合一，为培养出更多适应产业升级转型和经济发展的高素质职业人才做出更大贡献！

前言 | PREFACE

为建立健全教育质量保障体系，提高职业教育质量，教育部于 2014 年颁布了中等职业学校专业教学标准（以下简称专业教学标准）。专业教学标准是指导和管理中等职业学校教学工作的主要依据，是保证教育教学质量和人才培养规格的纲领性教学文件。在“教育部办公厅关于公布首批《中等职业学校专业教学标准（试行）》目录的通知”（教职成厅〔2014〕11 号文）中，强调“专业教学标准是开展专业教学的基本文件，是明确培养目标和规格、组织实施教学、规范教学管理、加强专业建设、开发教材和学习资源的基本依据，是评估教育教学质量的主要标尺，同时也是社会用人单位选用中等职业学校毕业生的重要参考”。

本书特色

本书根据教育部颁发的《中等职业学校专业教学标准（试行）信息技术类（第一辑）》中的相关教学内容和要求编写。

中等职业教育是我国高中阶段教育的重要组成部分，担负着培养数以亿计高素质劳动者的重要任务，是我国经济社会发展的重要基础。而现在的中职教育以能力培养目标为主，以学生能掌握什么样的技能为考核目标，要把学生培养成既懂知识，又有过硬的实践技能的应用型人才。在全国中职教育改革如火如荼进行的同时，“目标形动导向”教学法、“工作过程系统化”教学法等一些创新的教学方法如雨后春笋般涌现，人们已经深刻感受到中职教育要培养技能型人才的重要性。

中职学校电子商务课程要求学生掌握网络开店的必备理论知识和基本流程，培养学生获得与网店经营相关的学习能力、操作能力、营销能力，强化学生的实践，增强学生的创业意识、交流沟通能力。按照传统的“老师讲，学生听”的教学方式，学生在校期间都能完成老师布置的作业并且考试成绩也很优秀，但是到工作岗位上碰到实际的问题仍然无法独立解决。本书的特点就是打破了只讲授知识点的传统教育模式，采用情境教学的模式，把学生置身于一个个的情境任务中，从情境中掌握的技能，可以零距离地移植到实际的工作中去。以电子商务运作真实的工作情境及工作过程为载体确定每一模块的学习内容，教、学、做相结合，理论与实践一体化，合理设计理论、实践等教学环节。

本书的主线是要求学生完成 3 个网店的开设和运营：基于现有数据网店运营、自拍商品网店运营、自撰描述商品网店运营。通过 3 个完整网店的开设，要求学生掌握第三方平台网店的开设与定位；网店设计与装饰；网店商品信息维护；网店推广与宣传；网店进货、物流发货；网店订单与配送管理和网店客户服务与管理等基本内容。以来源于实际岗位工作但经过教学加工的多个或平行、或递进、或包容的工作情境为主体，按照“工作过程系统化”理论组合起来，构成一个重复、类比、渐次加深的组合，使学习者通过以上经过巧妙设计的“特殊”项目的学习，实现全面的专业能力培养。

课时分配

本书参考课时为 72 学时，具体安排见本书配套的电子教案。

本书作者

本书由黄彦、杜珺主编。韩国新、梁震杰副主编，程颖、周运姐参加编写，由于编者水平有限，书中难免存在疏漏之处，敬请广大读者批评指正。本书在编写过程中得到了厦门亿储信息有限公司经理钟贤灵女士、深圳市梦创科技有限公司总经理温裕霞女士、惠东玉步鞋业总经理刘曼华先生、广州市飞煌服装有限公司经理冯文竟先生的大力支持。书中涉及部分素材来源于网络及学生作品，这里绝无侵权之意，在此向原作者致以由衷的谢意。

教学资源

为了提高学习效率和教学效果，方便教师教学，我们为本书配备了包括电子教案、教学指南、微课等配套的教学资源。请有此需要的读者登录华信教育资源网（http://www.hxedu.com.cn）免费注册后进行下载，有问题时请在网站留言板留言或与电子工业出版社联系（E-mail:hxedu@phei.com.cn）。

编　者

CONTENTS | 目录

网络购物概述

学习目标

1. 能根据网络零售商品特点分析出目标购物群体。
2. 能正确分析网络购物者的需求。
3. 能根据学习和工作的需要查阅相关的数据和资料。
4. 能根据业务需要查找网络销售平台。

一、网络购物分析

小美是一名在刚进学校的中职生，她身边越来越多的同学和朋友都开始在网络上购物，从衣服、鞋帽到手机，每天都有人收到快递员送来的各种各样的商品，到底有多少人在网上购物？大家都买了什么商品？为什么不去实体店购买？带着这样的疑问，她开始上网查询资料。她搜索到了以下资料。

资料 1

2014 年 7 月 21 日，中国互联网络信息中心（CNNIC）在京发布第 34 次《中国互联网络发展状况统计报告》（以下简称《报告》)。《报告》显示，截至 2014 年 6 月，中国网民规模达 6.32 亿人，其中，手机网民规模 5.27 亿人，互联网普及率达到 46.9%。网民上网设备中，手机使用率达 83.4%，首次超越传统 PC 整体 80.9%的使用率，手机作为第一大上网终端的地位更加巩固了。2014 上半年，网民对各项网络应用的使用程度更为深入。移动商务类应用在移动支付的拉动下，正历经跨越式发展，在各项网络应用中地位愈发重要。互联网金融类应用第一次纳入调查，互联网理财产品仅在一年时间内，使用率超过 10%，成为 2014 年上半年表现亮眼的网络应用。

截至 2014 年 6 月，我国网络购物用户规模达到 3.32 亿人，较 2013 年年底增加了 2962 万人，半年度增长率为 9.8%。与 2013 年 12 月相比，我国网民使用网络购物的比例从 48.9% 提升至 52.5%。与此同时，手机购物在移动商务市场发展迅速，用户规模达到 2.05 亿人，半年度增长率为 42%，是网络购物市场整体用户规模增长速度的 4.3 倍，手机购物的使用比例由

28.9%提升至 38.9%。

学习与思考

1. 中国一共有多少人？网民有多少人？
2. 网民通过哪些方式上网？
3. 网络购物用户占全中国人口的比例是多少？都是通过什么方式上网购物的？

资料 2 2013 年中国网络购物市场研究情况

2013 年网络购物市场继续快速向前发展，交易金额达到 1.85 万亿元，较 2012 年增长了 40.9%。2013 年网络零售市场交易总额占社会消费品零售总额的 7.9%。由于网络购物对实体购物具有较强的替代作用，因此传统零售企业电商化转型迫在眉睫。2006～2013 年中国网购交易金额及增长率如图 1-1 所示。

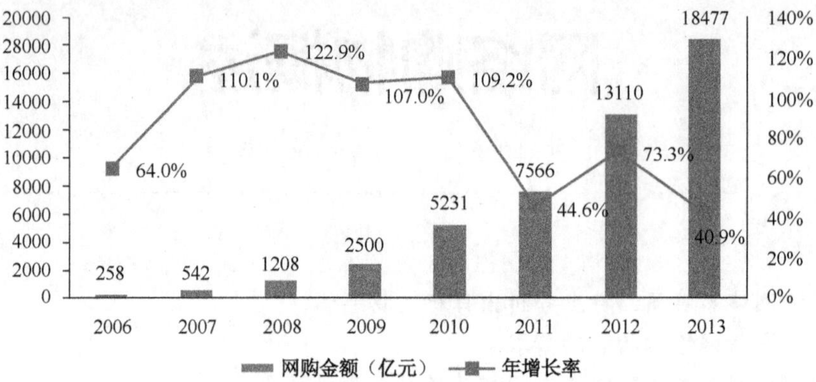

图 1-1

截至 2013 年 12 月，我国网络购物用户规模达到 3.02 亿人，较 2012 年增加了 5987 万人，增长率为 24.7%，使用率从 42.9%提升至 48.9%。网购用户规模的快速扩张为网购市场的发展奠定了良好的用户基础，释放着巨大的市场潜力。2006～2013 年网购用户数量及渗透率如图 1-2 所示。

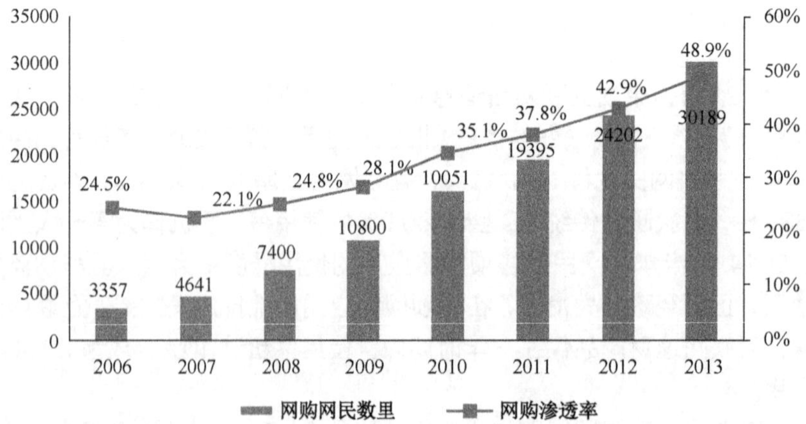

图 1-2

由图 1-3 所示的数据可知，淘宝网、天猫、京东商城的用户份额在网购市场排名前三，占据 90.7%的用户市场。其中，淘宝网占据 65.3%的用户市场份额，天猫占据 13.5%的用户市场份额，京东商城占据 11.9%的用户市场份额，其他品牌的用户市场份额不到 2%。鉴于电商市场的此种形势，电商企业纷纷采取“开放平台”策略，淘宝网、天猫、京东商城招募商家入驻，发展长尾市场，其他品牌入驻大的电商平台获取用户流量。

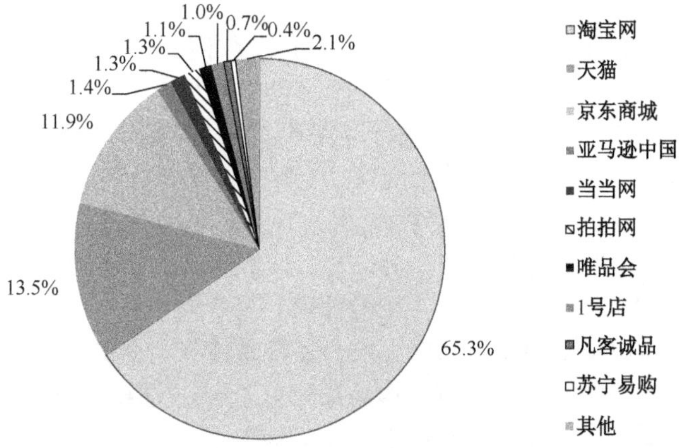

图 1-3

（来源：中国网络购物市场统计调查，2013.11）

由图 1–4 所示的数据可知，服装鞋帽是网络购物市场最热门的销售品类，其购买人群占 75.6%。其次是日用百货和计算机、通信数码产品及配件，所占比例分别为 45.1%和 43.3%。鉴于服装鞋帽品类巨大的用户需求，垂直电商纷纷拓展服装鞋帽品类，争夺购买潜力最大的品类市场。

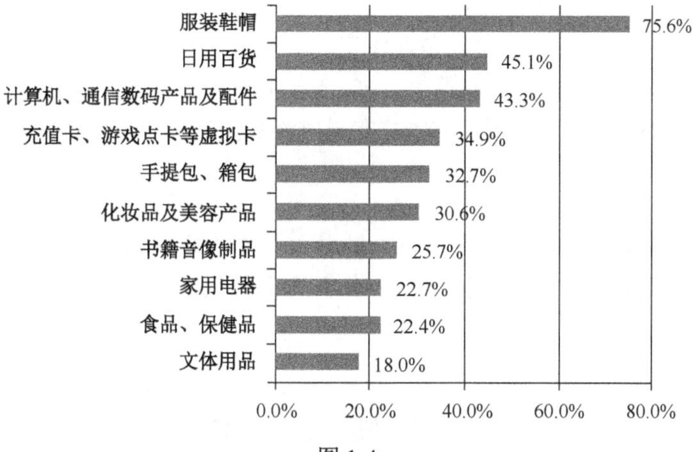

图 1-4

（来源：中国网络购物市场统计调查，2013.11）

学习与思考

1. 网上购物占总消费的比例是多少？电子商务发展前景如何？
2. 网民都在哪些网站上购物？
3. 网民都在网上购买哪些商品？为什么这些商品比较畅销？

知识链接

网络购物者的总体特征

网络购物是指借助互联网实现商品或服务从商家/卖家转移到个人用户（消费者）的过程，在整个过程中的资金流、物流和信息流，其中任何一个环节在互联网上进行，都称之为网络购物。网络购物包括企业之间（B2B）、企业与消费者之间（B2C）、消费者个人之间（C2C）、政府与企业之间（G2B）等通过互联网缔结的商品和服务交易。

网络购物给消费者提供方便的购买途径，只需简单的网络操作，足不出户，即可送货上门，并具有完善的售后服务，因此得到了网民的认可。网络购物已经成为一种新的生活方式。网络购物者是指通过互联网在电子商务平台中进行购物的消费者人群。

由于网络零售和传统零售的渠道不同，购物者群体特征具有明显的差异，有关网络零售的研究显示了购物者特性对网络购物行为的影响及作用，研究发现，购物者的性别、年龄、受教育程度、职业、收入水平、所处区域等因素都会影响网络购物。

资料3 中国网络购物用户的基本属性

根据艾瑞咨询 iUserTracker 监测系统的数据显示，在 2013 年中国网络购物用户中，54.5%的用户为男性，45.5%的用户为女性，女性用户比男性用户低 9 个百分点。

另外，2013 年 36 岁以上与 24 岁以下的网络购物用户占比同比均有小幅提升，而 25～35 岁的网络购物用户占比同比均减少。其中，2013 年 25～30 岁的网络购物用户比例同比减少 8%，从整体上看，2013 年 19～35 岁用户占比超过六成，仍然是网络购物的主体人群，并且整体网络购物用户年龄分布更加均衡。

2013 年中国网络购物用户主要分布在华东、华南等东部发达地区，占比分别为 24.4%与 24.3%。而西北地区网络购物用户分布最少。2013 年中国网络购物用户主要分布在广东、江苏、山东与浙江等东部沿海经济发达省份，其中广东是网络购物用户分布最多的省份，占比为 11.4%。

学习与思考

1. 网上购物消费者集中在哪个年龄段？为什么这个人群网购比较多？
2. 网上购物消费者集中在哪个区域？为什么这个区域消费者网购比较多？

知识链接

吸引消费者的网络购物的原因

根据调查数据显示，用户网上购买最多的商品是服装鞋帽，第二位的是日用百货，第三位的是计算机、通信数码产品及配件。服装家居用品的热销，与商品、渠道和用户特点都有关系。首先，服装更新换代快，这个特点和网络流行时尚、产品多样化结合，能很好地发挥网络购物的优势。其次，女性是家庭采购的主力，对服装的网购有良好体验的女性，会将家庭日常购物中的部分商品也通过网购来实现，甚至是家用电器这些体积较大的物品。网络购物提供的个性化服务可以充分满足用户的个性化需求，电子商务个性化服务还体现在产品或服务的订制上，网购消费者可以参与商品设计，能够将个人元素融入到产品中，使产品更符合用户的个性化需求。而满足个性化需求将有助于提高用户的满意度。

网络购物者对零售商家的选择主要体现在对零售网站的选择上，主要考虑的因素包括网站的知名度、网络零售商的信誉、提供产品信息的完整度、同类产品的比较信息、支付的便捷性、购物过程中的信息安全隐私保密、网购界面的友好，以及网购过程的便捷性等。传统购物和网络购物影响消费者购买行为的因素比较见下表。

影响因素	传统购物	网络购物
零售商	交通便利、网点分布	网站知名度
	商家信誉	网络零售商的信誉
	产品促销活动	完整的产品信息及信息比较
服务	服务质量	支付方式、信息安全性
环境	购物环境舒适度	网购界面友好
动机	试用后满意	方便、省时
个人	经验、背景和偏好	学历水平、信息技术应用

1．网站口碑及知名度

用户在选择网购时，主要是选择购物网站。为了满足网购者的多样性需求，越来越多的网站都提供一站式服务，商品种类丰富，便于商品信息查询，可以在很短的时间内快速寻找到所需要的商品，使用户在一个购物网站上就能满足其购买需求。目前购物网站繁多，网站的口碑和知名度成为影响网购者访问网站的首选因素。

2．商品质量

网购用户在选择购物网站过程中最看重的因素是“网站商品质量”，商品质量问题容易引起用户的不满。

3．商品价格

价格便宜是消费者选择网购的主要原因，网络零售作为新兴市场，可以减少传统营销中的中间费用和一些额外的信息费用，可以大大节约产品的成本和有效费用，形成比传统零售商品更有竞争力的价格。

4．服务质量

网购用户在网购时，除了比较网店商品价格差异、商家信誉评价外，还关注以往用户对该商品的点评、商家物流速度、客服态度、商品退换货服务等问题。

5．信息安全

网络购物是依托互联网进行的商业活动，在网购过程中时间和空间发生了分离，网站要树立用户的信心，必须在网购的各个环节加强安全和防范措施，最大限度地保障用户的信息安全。

拓展练习

小美查找资料发现数据来源于两个渠道。

1．中国互联网络信息中心

中国互联网络信息中心（图 1-5）简称 CNNIC，成立于 1997 年，是经国家主管部门批准组建的管理和服务机构，是中国信息社会重要的基础设施建设者、运行者和管理者，CNNIC 开展互联网发展研究并提供研究报告。

根据研究对象的不同，CNNIC 提供中国互联网络发展状况统计报告、企业报告、青少年报告、农村报告、移动互联网报告、电子商务报告、网媒报告、网游报告、搜索报告、社区报告、视频报告、区域报告、旅行报告。

图 1-5

2．艾瑞咨询集团

艾瑞咨询集团（iResearch）是一家专注于网络媒体、电子商务、网络游戏、无线增值等新经济领域，深入研究和了解消费者行为，并为网络行业客户及传统行业客户提供市场调查研究和咨询服务的专业研究机构。公司通过优质的研究咨询服务及可量化的数据产品，帮助客户提高对中国新经济的认知水平、盈利能力和综合竞争力，并推动中国新经济行业的整体发展。

艾瑞咨询集团（iResearch）拥有多个互联网行业的信息资讯网站，为行业人士提供及时的互联网行业的信息，如图 1-6 所示。

图 1-6

请上网查找与电子商务相关最新的研究报告，对比上面的数据，查找其中的变化，并分析变化原因。

任务评价

序号	评价项目	评价内容及要求	自评分	第三方评分		总分
				小组互评	教师评分	
1	资料查询	完成资料收集整理，能够找出报告数据变化，分析原因合理				
2	小组汇报	小组汇报语言规范（普通话），声音洪亮、圆润，吐字清晰，表达准确，无口头语				
3	回答问题	反应灵活，能够很好地回答评委的提问，结束提问时能够回到结论要点，予以总结				

总结反思

除了以上两个网站提供的数据，我们还可以从哪些网站查找相关数据？

二、网络购物者常用的购物网站

购物网站是提供网络购物的站点，为买卖双方交易提供的互联网平台，卖家可以在网站上发布其欲出售商品的信息，买家可以从中选择并购买自己需要的商品，让买家足不出户即可购买到所需的商品。

1．综合购物类网站

（1）淘宝网。淘宝网是亚太最大的网络零售商圈，致力于打造全球领先网络零售商圈，由阿里巴巴集团在 2003 年 5 月 10 日投资创立。淘宝网是典型的 C2C 模式，C2C 模式最能够体现互联网的精神和优势。淘宝网所采用的运作模式主要是通过为买卖双方搭建在线交易平台，充当市场建设者，以免费或是比较低廉的费用在网络平台上销售自己的商品，给网购者带来更多、更便宜的商品，并且支付系统安全便捷。2004 年 9 月，淘宝网成功在国内 C2C 网站排名首位。2006 年 5 月 10 日，淘宝网正式推出全新的 B2C（企业对消费者）业务——天猫商城，全新的 B2C 模式将帮助商家直接充当卖方角色，让商家与消费者面对面地交易，让生产商获得更多的利润，将更多的资金投入到技术与产品创新上，最终让广大消费者受益。作为网络交易信息平台提供商，淘宝网不对发布商品的真实性和商品的质量负责，在此背景下淘宝网如何约束卖家的行为，一起打造诚信淘宝网，对卖家角色进行再定位成为其中必然的选择。

（2）京东商城。京东商城作为 B2C 零售企业，收入来源主要以商品零售为主，商品来源于各类产品的生产商和渠道商。目前主要的销售渠道为 B2C 电子商务网站，客户可以通过在线订购或电话订购的方式来购买商品，并选择在线支付、货到付款和自提等方式支付货款等收货。

（3）亚马逊中国。亚马逊中国原名卓越亚马逊，是一家 B2C 电子商务网站，前身为卓越网，后被全球最大的电子商务公司亚马逊收购，它是亚马逊在中国的网站。亚马逊中国承诺“天天低价，正品行货”，致力于从低价、选品、便利 3 个方面为消费者打造一个可信赖的网上购物环境。亚马逊中国主要经营图书、音像、软件、图书、影视等商品。

2．专业购物类网站

（1）苏宁易购。苏宁易购是苏宁电器旗下新一代 B2C 网上购物平台，主要经营传统家电、3C 电器等商品。苏宁电器将依托自身庞大的采购和服务网络，强化与实体门店协同作战的虚拟网络，全面创新连锁模式。

（2）聚美优品。聚美优品是第一家也是中国最大的化妆品限时特卖商城。聚美优品创立于 2010 年 3 月，致力于创造简单、有趣、值得信赖的化妆品购物体验。聚美优品首创“化妆品团购”模式：每天在网站推荐十几款热门化妆品，并以吸引人的折扣低价限量出售；同时承诺“百分百正品”，以及“拆封 30 天无条件退货”。

（3）唯品会。唯品会是一家专门做特卖的网站。以低至一折的价格售卖名牌商品，商品囊括时装、配饰、鞋、美容化妆品、箱包、家纺、皮具、香水、3C、母婴等。

3．团购类网站

（1）美团网。美团网成立于 2010 年，是以团购为主的消费类网站，致力于为消费者发现最值得信赖的商家，让消费者享受超低折扣的优质服务。为商家找到最合适的消费者，给商家提供最大收益的互联网推广，为消费者提供最全面的团购资讯。

（2）糯米网。糯米网是定位于本地精品生活指南的特色团购网站，每天推出一款超低折扣的精选消费，包括餐厅、酒吧、KTV、SPA、美发店、瑜伽馆等特色商家，凑够最低团购人数即可享受超低折扣。

4．网络批发类购物网站

（1）阿里巴巴。阿里巴巴于 1999 年成立，通过集中服务全球进出口商的国际交易市场、集中国内贸易的中国交易市场等交易市场协助世界各地数以百万计的买家和供应商从事网上生意。形成一个拥有来自 240 多个国家和地区超过 5000 万名注册用户的网上社区。阿里巴巴作为全球最大的 B2B 信息服务型的电子商务平台，核心是向卖家收费，协助卖家向海外市场推广，其功能就是网上黄页。

（2）环球资源网。环球资源网是一个多渠道 B2B 媒体，致力于对外贸易。其营运模式是自己举办展会、贸易杂志、网站。其商业模式为外贸推广网站，面对的对象是全球专业买家和供应商。

知识链接

B2B、B2C、C2C 三类电子商务模式

B2B 指的是 Business to Business，商家（泛指企业）对商家的电子商务，即企业与企业之间通过互联网进行产品、服务及信息的交换。通俗的说法是指进行电子商务交易的供需双方都是商家（或企业、公司），他（她）们使用了互联网的技术或各种商务网络平台，完成商务交易的过程。这些过程包括发布供求信息，订货及确认订货，支付过程及票据的签发、传送和接收，确定配送方案并监控配送过程等。有时写作 B to B，但为了简便常用其谐音 B2B（2 即 to）。B2B 的典型是阿里巴巴、中国制造网等。企业间电子商务通用交易过程可以分为以下 4 个阶段。一是交易前的准备。这一阶段主要是指买卖双方和参加交易各方在签约前的准备活动。二是交易谈判和签订合同。这一阶段主要是指买卖双方对所有交易细节进行谈判，将双方磋商的结果以文件的形式确定下来，即以书面文件形式和电子文件形式签订贸易合同。三是办理交易进行前的手续。这一阶段主要是指买卖双方签订合同后到合同开始履行之前办理各种手续的过程。四是交易合同的履行和索赔。

B2C 即 Business to Customer，B2C 即企业通过互联网为消费者提供一个新型的购物环境——网上商店，消费者通过网络在网上购物、在网上支付。由于这种模式节省了客户和企业的时间和空间，大大提高了交易效率，特别对于工作忙碌的上班族，这种模式可以为其节省宝贵的时间。B2C 交易流程是：进入网站→注册会员→选择需求的产品→加入购物车→生成订单→结算支付→付款确认→收货确认→产品评价→完成交易。

C2C 即 Consumer To Consumer，C2C 同 B2B、B2C 一样，都是电子商务的模式之一。不同的是 C2C 是用户对用户的模式，C2C 商务平台就是通过为买卖双方提供一个在线交易平台，使卖方可以主动提供商品上网拍卖，而买方可以自行选择商品进行竞价。C2C 的一般运作流程是：卖方将欲出售的货品发布在第三方平台上→买方透过购物平台查询货物资料→买方经过与卖方沟通后选择欲购买的货物→透过交易平台分别完成订单确认→买方与卖方进行收付款交易→通过第三方快递将货物送给买方。

B2B 业务的常规流程如下。

第一步，商业客户向销售商订货，首先要发出“用户订单”，该订单应包括产品名称、数量等一系列有关产品问题。

第二步，销售商收到“用户订单”后，根据“用户订单”的要求向供货商查询产品情况，发出“订单查询”。

第三步，供货商在收到并审核完“订单查询”后，给销售商返回“订单查询”的回答。基本上是有无货物等情况。

第四步，销售商在确认供货商能够满足商业客户“用户订单”要求的情况下，向运输商发出有关货物运输情况的“运输查询”。

第五步，运输商在收到“运输查询”后，给销售商返回运输查询的回答，如有无能力完成运输，以及有关运输的日期、线路、方式等要求。

第六步，在确认运输无问题后，销售商即刻给商业客户的“用户订单”一个满意的回答，同时要给供货商发出“发货通知”，并通知运输商运输。

引导问题

1. 登录淘宝和京东商城网站，查找淘宝和京东商城购物流程，对比两者的不同之外。
2. 对比阿里巴巴 B2B 业务常规流程与 B2C、C2C 购物流程的区别。

三、C2C 和 B2C 电子商务模式比较

1．C2C 和 B2C 两种模式的相似性

（1）消费群体相似。B2C 和 C2C 均面向个人消费者，这部分群体具有一些共同的特点。根据 CNNIC 的调查调查结果，经常利用网络的人多是 21～35 岁的学生、知识分子及新兴中产阶级。很多网上购物人群既是 B2C 顾客，同时又是 C2C 顾客。

（2）需求相似。两种电子商务均面向个人消费者，个人消费者最基本的需求就是希望安全、准时、无误地得到订购的商品，并在交易的各环节中得到良好的客户服务。另外，二者主要的交互方式都是通过电子商务网站进行的，这必然导致消费者相似的质量属性需求，如网站质量、界面友好性等。

2．C2C 和 B2C 两种模式的异同

B2C 模式与 C2C 模式在其运营方面各有优势和劣势，两种模式都分别利用它们的优势吸引着消费者在它们的网站上进行购物。

（1）库存方面。

B2C 模式的库存相当大，一个 B2C 型的网站有着成千上万种不同的产品。来自京东商城的资料显示，其在线销售的产品有 4000 多万种产品。这些产品都需要备货，这个库存是惊人的。而且畅销的商品会导致缺货，不畅销的产品又会导致库存积压，这与供应链管理中所倡导的零库存背道而驰。大量的库存占用 B2C 型网站的大量流动资金，而且使资金回流的速度放慢，这给 B2C 型商务网站的运营带来了很大的风险，而对于 C2C 模式来说，就没有大库存的烦恼。

（2）商品多样性方面。

B2C 模式由于库存的面积和人员有限，限制了 B2C 型商务网站销售的商品种类。以京东商城为例，虽然销售的商品已经达到了 4000 万多种，但仍然难以与 C2C 型电子商务（如淘宝网）所销售的 2 亿种产品相比拟。

（3）商品个性化描述方面。

B2C 模式对所销售的物品的描述千篇一律，没有详细的个性化描述。由于网上销售的物品不能实地观察、触摸和检验，所以消费者希望能够得到尽可能详尽的产品描述，特别是提供实物图片材料。B2C 型网站由于经营产品多、人手少，所以对于所销售的产品描述内容少、不全面，而且有时类似的产品会共用相同的产品介绍，这会降低消费者对这件商品的购买欲望。相反，C2C 模式所销售的商品由于销售的规模小，卖家一般对其所销售的商品的性能、质量都了如指掌，所以对商品的描述详细深入，每一个商品都配有其个性化的描述，大部分还配有实物图片，买家还能通过在线即时对话与卖家进行沟通，了解商品的详细情况，这使得消费者的购物欲望大大增强。

（4）商家信誉度方面。

B2C 型商务网站是用整个网站的信誉支撑着全部的商务运作。这种类型的网站上所销售的物品一般都是正品，消费者在此类网站上购买商品较少有顾忌。而且卖方是一个有着一定规模的公司，出售的产品一般可开具发票，加上有一套相对完整的售后服务的制度，售后服务有所保障。而对于 C2C 模式来说，卖家信誉度是根据信誉回馈累积方式来体现的，即交易完成后，买家会给卖家做一次信用评价。评价分为“好评”、“中评”、“差评”3 种，每种评价对应一个信用积分，具体为“好评”加一分，“中评”不加分，“差评”扣一分，并会留下一段评语。这些评价分值的总和即为卖家的总信用，一般来说，评价的分值越高，信用度越好。以淘宝网为例，相对于钻石级的店铺来说，人们更愿意在皇冠级的店铺购物，而 10000 分以上才能升级为一个皇冠，也就是说卖家至少要进行 10000 次的交易才能得到皇冠。随着信用度的增加，交易量也会增加，卖家的规模也需要不断的壮大才能满足交易的需要。淘宝商家中大多数信用度高的卖家都已经形成了团体的规模，有专门的客服人员和专门的进货发货员，其本质已经成为一个企业，其交易模式已经转变为 B2C 模式。

（5）支付方式方面。

B2C 模式大多支持货到付款。对于网站来说，这种方式虽然降低了资金回流速度，但货到付款的方式最为消费者所接受，利用这种方式可以大大地提高消费者的购买欲望，提高网站的销售额，增加网站的收益。C2C 模式则多为第三方付款机制，由于有的消费者对网络不信任，或由于与第三方建立付款协议流程的不易操作性，一定程度上降低了一部分消费者的购买欲。

（6）物流方面。

B2C 模式有特定的物流公司或者自建物流公司。由于 B2C 商务网站是物流公司的重要客户，物流公司还承担着货到付款的回款职责，所以物流公司有专门的人员和专门的线路为商务网站服务，快递的速度非常快，而且服务态度很好。而 C2C 模式下，由于卖家为小型个体，对物流公司的业绩不会有多大的影响，所以他们之间的合作并不为物流公司所重视。而且卖家为了节省物流费用，可能找一些价格便宜但不正规的物流公司进行合作，导致物流速度慢，服务态度不好，这便使得物流的风险加大。

通过对 B2C 与 C2C 的比较可知，这两种模式各有利弊，且它们的优缺点成互补态势；这两种模式将趋于融合，形成一种中间的兼容模式。未来网络购物可能发展成为大类商品专营模式、中小企业平台模式及厂商直销模式 3 种模式并存的网络购物模式 B2C。模式的商家规模会不断地减小，可能会演变成专门销售一大类商品的专营商模式，如现在专售化妆品的“聚美优品”。这样可以降低 B2C 模式商业网站的库存量，同时还可以为消费者提供更专业化的服务，提供更加优惠的商品，以创立自己的品牌。而 C2C 模式的商家规模会不断地扩大，从单个的个人商家演变成一个中小企业，做一些大品牌的代理或者拥有自己的品牌。

电子商务网站只是作为一个平台为这些中小企业提供与消费者交流沟通的机会。现在淘宝网上很多的卖家都已具有中小企业的规模。这一模式可以解决现在 C2C 模式中信用制度的缺陷问题、工商登记问题、纳税问题、假货治理问题及售后服务问题，同时还可以解决现在 C2C 网络平台的盈利问题。

拓展练习

小美了解了不同电子商务模式的特点之后，很想利用业余时间开个网店尝试一下，请你结合当前中职的学习特点和自身情况，分析小美用哪种模式开始创业比较合适，并填写下表。

S 优势：	O 机会：
1. 学到电子商务专业知识； 2. 3. 4.	1. 创业成功，开设自己网店； 2. 3. 4.
W 劣势： 1. 经验不足； 2. 3. 4.	T 威胁： 1. 网上竞争太多； 2. 3. 4.

任务评价

序号	评价项目	评价内容及要求	自评分	第三方评分		总分
				小组互评	教师评分	
1	运营模式选择分析	能够分析学生创业优势和劣势，寻找有哪些创业机会和面临的挑战，分析哪种电子商务模式创业更合适				
2	小组汇报	小组汇报语言规范（普通话），声音洪亮、圆润，吐字清晰，表达准确，无口头语				
3	回答问题	反应灵活，能够很好地回答评委的提问，结束提问时能够回到结论要点，予以总结				

基于现有数据网店运营

学习子情境一　创业市场调查

学习目标

1. 掌握网络热销商品的调查方法，能够判断哪些是热销商品。
2. 掌握市场热销商品的调查方法，能够判断哪些是市场需求产品。
3. 掌握资金的筹措办法，能够解决资金的筹措问题。
4. 培养积极良好的从业心态。

一、热销商品调查

以淘宝网畅销鞋店商品为例。

（1）打开淘宝网首页，了解淘宝鞋子的热销关键词，如图 2-1-1～图 2-1-3 所示。

图 2-1-1

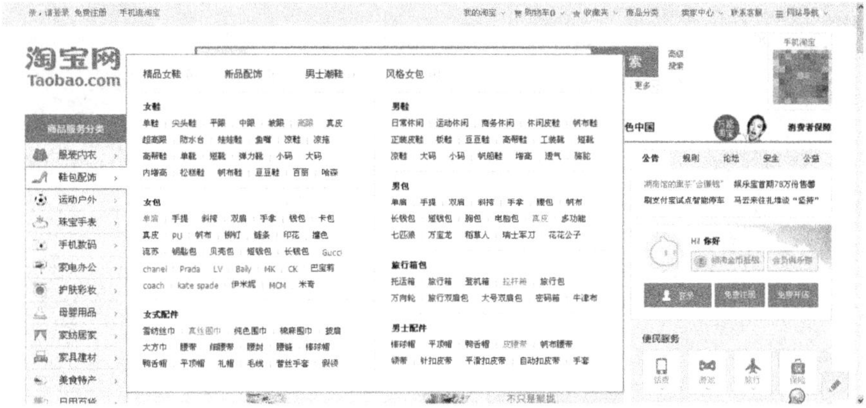

图 2-1-2

图 2-1-3

引导问题

1. 淘宝页面里的文字有什么特点？
2. 鞋子的热销关键词是什么？

（2）单击“搜索”按钮，在所有宝贝搜索结果页面查看商品信息，如图 2-1-4～图 2-1-8 所示。

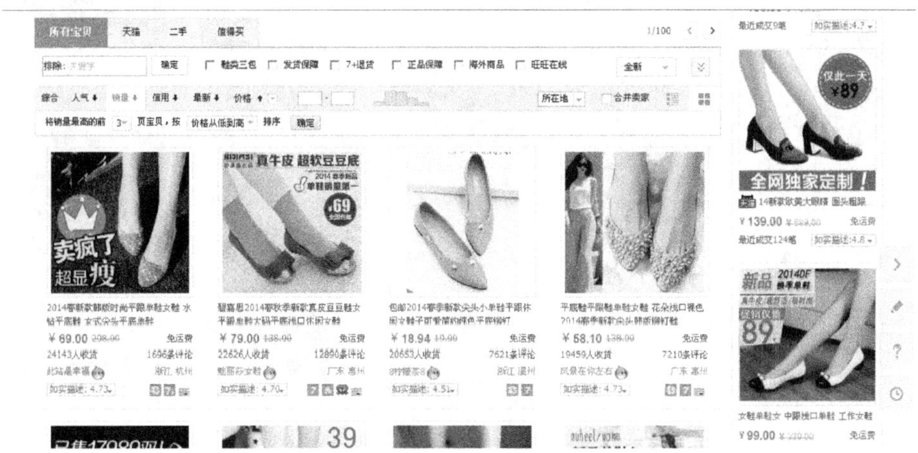

图 2-1-4

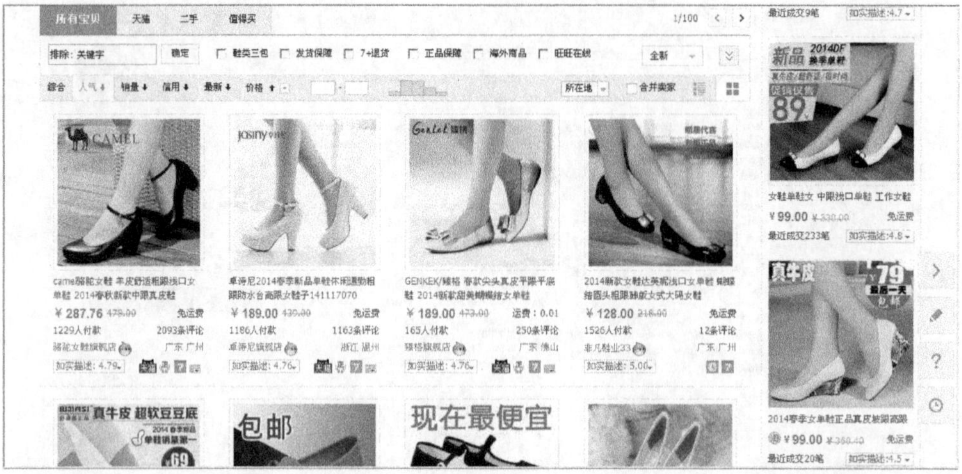

图 2-1-5

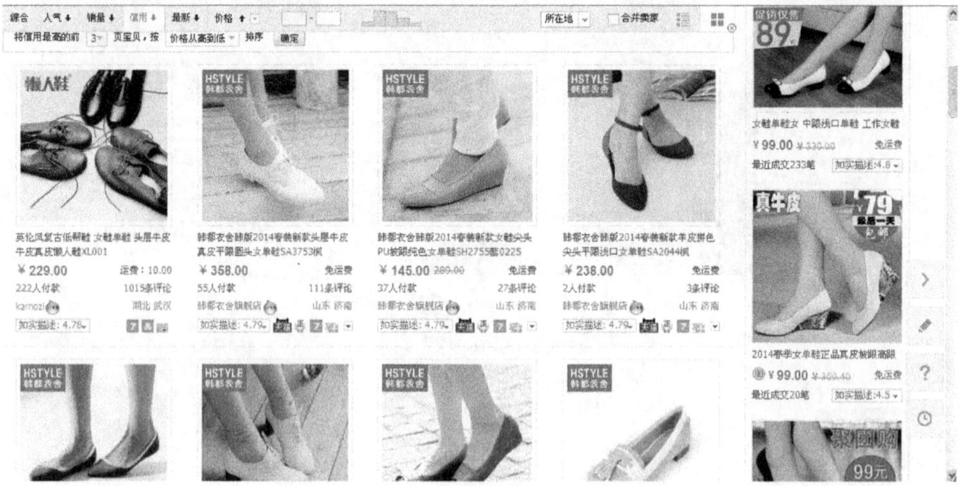

图 2-1-6

图 2-1-7

图 2-1-8

引导问题

1. 这些图片上的商品是以什么方式排列的？
2. 商品有几种排列方法？

二、选定产品

做生意需要根据市场来选产品，只有在这个产品在市场上有需求的时候，我们才会有客户。反过来说，当你的产品不为市场和众人所接受时，你的产品将会滞销。所以产品定位是很重要的，下面来分析应该如何定位产品，以及如何选对选好产品。这里分析最重要的三大点。

1．确定目标客户群

在考虑销售什么产品时，一定要确定目标顾客，从他们的需求出发选择商品。目前主流网民有两大特征：一是年轻化，以游戏为主要上网目的，学生群体占有网民相当的比例；二是上班族，代表了主流网民的另一大基本特征——白领或者准白领化。所以说开店的第一步，我们必须选好目标消费群体，以年轻人的消费品为目标，优先考虑经营年轻人的用品。这样相对来说生意会好做些。

2．价格定位

一般而言，有了怎样的消费群体就会有怎样的产品价格范围。以鞋子为例，年轻人的鞋子一般融合了时尚、流行、多样化等潮流的元素。年轻人因为收入有限，所以多数畅销品价格为 50～100 元，我们可以搜索同等价位销量排行靠前的鞋子来研究价格定位和产品特色。

3．精选产品

确定目标客户群和消费者选购产品的价格范围之后，再来定位产品就会有了一些可行性、目标性和准确性。如果挑选到的产品是一个有潜力的产品，是一个为大众所接受的所需要的产品，花费金钱和精力去推广才会有客户购买。

4．确定经营产品

在决定开店以前，可以先给自己提几个问题：我最感兴趣的是什么？擅长什么？我的优势有哪些？经过市场调查之后，就可以根据自己的资源、条件甚至是爱好来确定接下来要主打的商品。不过，有特色的店铺到哪里都是受欢迎的，如果能寻找到切合时尚又独特的商品，如一些样式独特的鞋子等，将是网上店铺的最佳选择。

知识链接

网上畅销商品的特点

适合在网上开店销售的商品一般具备以下条件。

（1）体积较小。主要是方便运输，可以降低运输成本。

（2）附加值较高。价值低于运费的单件商品是不适合网上销售的。

（3）具备独特性或时尚性。销售业绩不错的商品往往都是独具特色或者十分时尚的。

（4）价格较合理。如果网下可以用相同的价格买到，就不会有人在网上购买了。

（5）通过网站了解就可以激起浏览者的购买欲望。如果这件商品必须要顾客亲自见到才可以产生购买欲望，那么就不适合在网上开店销售。

（6）网下没有，只有网上才能买到的。比如外贸订单产品或者直接从国外代购的产品。

要在网上开店，首先要有适宜通过网络销售的商品，并非所有适宜网上销售的商品都适合个人开店销售。一般选择创业商品有3个方法。

（1）一般店面买不到的商品。选择商品一定不能选择那些到处都能买到的商品，否则买家就没有必要购买你的商品，而且加上邮寄费，价格可能会更高。即使能卖出去，利润也不高。要找些少见的商品，那样自然有人花大价钱来购买你的商品了。这里也就应用了差异化的竞争策略，如一些只有本地才有的土特产等。

（2）靠近工厂或者批发市场。许多商品在不同的地区价格相差很多，如服饰鞋帽，广东等沿海城市聚集了大批工厂，批发市场的价格要比内陆便宜许多，而农副产品在内地又比沿海地区便宜得多，所以要从自己的身边着眼，寻找自己身边有价格优势的产品，运用成本领先策略打开市场。

（3）自己熟悉的产品。做熟不做生，尽量不要涉足你不熟悉的领域，努力成为这个领域的专家。主动回答买家的问题，提供你所售卖商品的相关知识。积累了口碑，大家一想到这方面的购物，就会首先想到你。

知识链接

网上商品经营的法律规定

在网上开店也要注意遵守国家法律法规，不要销售以下商品。

（1）法律法规禁止或限制销售的商品，如武器弹药、管制刀具、文物、淫秽品、毒品。

（2）假冒伪劣商品。

（3）其他不适合网上销售的商品，如医疗器械、药品、股票、债券和抵押品、偷盗品、走私品或者以其他非法来源获得的商品。

（4）用户不具有所有权或支配权的商品。

学习与思考

空姐代购获刑11年

今年30岁的李某曾是某航空公司的空姐，同案人褚某曾任某有限公司工程师，并有两次因携带大量化妆品而受到罚款及行政拘留的处罚。李某表示自己只是想赚点生活费，并不知道携带化妆品还要交税，没有预谋逃避海关监管。而且有一些物品在韩国就已卖出，还有一部分是从国内代购网站上购买的。褚某则表示，他帮李某用离职同事的信息建了账号，并教会她如何网上付款。一审法院认为检方指控罪名成立，以走私普通货物罪分别判处李某、褚某有期徒刑 11 年、7 年，并各处罚金 50 万元、35 万元。

1. 为什么李某会被判刑？
2. 网上开店销售商品还会存在哪些风险？

三、资金筹措

小美打定主意销售女鞋之后，联系了卖家，卖家希望小美做自己的分销，可是需要一定的加盟费用。对于一个在读的学生来说，资金是个很大的问题，小美怎么样才能筹措到足够的资金呢？

筹措资金的方法有以下几种。

（1）拿出自己的储蓄。

（2）向亲朋好友筹借资金。

（3）找亲朋好友合资。

（4）大公司加盟创业担保。

（5）申请政府支持创业基金。

（6）向银行贷款。

知识链接

如何办理金融信贷

向银行申请贷款，借款人必须具备的条件：持有居民身份证或其他有效身份证件；年满 18 周岁；有稳定的收入，信用良好，有还本付息的能力；愿意以所购的个人商铺作抵押或房产作为抵押。具体办理流程为：申请→签订合同→落实担保→贷款获取→还款。

淘宝店主还可以向支付宝申请贷款，具体办理流程为：登录支付宝（www.alipay.com）→我的支付宝→商家服务→信贷→我要贷款。输入起始日期、终止日期，查询可贷款的交易，然后选择“可贷款交易”办理贷款。选择“可贷款交易”，你可以查询到“可贷款金额”等信息。单击“贷款”按钮，可以看到贷款金额、利率、还贷方式等信息，输入支付密码，单击“确认”按钮即可。

借款注意事项：写借条时最好附上借款人的身份证复印件（或借款人的住址）、联系方式，目的是不还款时便于起诉；写有还款日期的，诉讼时效自到期还款日的第二天算起；未写还款日期的，从主张权利之日算起；诉讼时效为 2 年。

学习与思考

尝试写一张借款条，以小组为单位相互点评。

拓展练习

针对自己的喜好与实际情况，结合充分的市场调查，请你为自己的网店选择好经营的产品种类，以小组为单位提交分析方案。

任务评价

序号	评价项目	评价内容及要求	自评分	第三方评分		总分
				小组互评	教师评分	
1	畅销商品调查分析	畅销商品调查数据收集				
2		畅销商品调查统计汇总				
3		选定经营产品的理由				
4	小组汇报	PPT 制作精美，整体布局风格（包括模板设计、版式安排、色彩搭配等）美观合理。整部作品播放流畅，运行稳定、无故障				
		小组汇报语言规范（普通话），声音洪亮、圆润，吐字清晰，表达准确，无口头语				
5		反应灵活，能够很好地回答评委的提问，结束提问时能够回到结论要点，予以总结				

总结反思

淘宝网有将近 80%的店铺是不赚钱甚至亏欠的，有些街边实体店不断地开张、关闭，能持续经营并赚钱的店铺有什么共同特点？

学习子情境二　寻找货源

学习目标

1. 掌握零库存货源渠道，能够利用自身货源或者与实体合作进货。
2. 掌握小批量货源渠道，能够通过批发市场或者零售网站进货。
3. 掌握大批量货源渠道，能够通过工厂或者批发网站进货。
4. 培养分析比较的思维方法。

一、选择进货渠道

以淘宝网畅销鞋店商品为例。

俗话说：不好的“货源”很容易变成“祸源”。这足见货源的重要性。小美确定想从事女鞋的销售后，开始从各个方位寻找货源，为了寻求优质优价的商品，她通过分析关系网络及周边的环境等渠道去分析女鞋的货源情况。

1．与实体店合作

引导问题

1. 实体店货源情况如何？
2. 与实体店合作有哪些要求？
3. 通过实体调查完成 3 家实体店的合作洽谈，填写表 2-2-1。

表 2-2-1

序号	自营	代理	代购
1			
2			
3			

知识链接

网店开店经营模式

1．自营

自己家中有实体店，网上经营的商品为实体店的商品。

2．代理

代理可能只负责向委托人介绍潜在客户或者实际谈判并签订双方间的合同。代理人有以下几个特点。

（1）代理人只能在委托人所授权的代理区域内执行代理业务。

（2）代理人本身不储存货物。代理人手中的货物均为代销的货物，待最终的买主付款后，委托人才能收到货款。

（3）委托人（出口商）决定货物的零售价格，拥有所有权并控制货物。

（4）委托人既享有利润又承担亏损风险，除非代理人为保付代理。

（5）代理人的报酬通常为佣金。

3．代购

一般的专卖店内员工（或者其他关系的人员）购买本店商品有折扣，如 700 元的大衣他们以 400 元左右的价格购入，在网上开店接单 550 元/件，然后帮客户去买货，这就是代购。卖家没有现货，但在买家预订下单后，在规定时间内帮买家买到所订货物。

在商品描述里有清晰的代购方式、代购费用、截单和到货时间等基本信息，并提供小票。

与实体店合作这对家中开设实体店的学生非常有利，直接将实体店的商品拍照上传并附上文字说明即可。不但解决了货源问题，而且为家中的实体店找到了新的销售渠道，销售量必有提高。没有现成实体店的学生，可以试着与其他实体店联系，以代购或是代理的方式寻求合作。这种模式的优点是付出的成本低，订单产生后进货，不需要积压资金和库存。

2．从批发市场进货

从批发市场进货是最常见的进货渠道，一般在各地都有区域批发中心，可以去周围一些大型的市场进货，从批发市场进货需要有强大的议价能力，力争将批发价格压到最低，同时要与批发商建立友好关系，在关于调换货的问题上要与批发商商谈清楚，以免日后起纠纷。

拓展练习

1．逛逛本地的批发城，找几家批发商商谈合作，将联系的情况记录在表 2-2-2 中。

表 2-2-2

供应商	经营商品	服务态度	价格

2. 他适合做你的批发商吗？
3. 你需要具备哪些能力？

3．从厂家进货

正规的厂家货源充足，信用度高，如果长期合作，一般都能争取到产品调换。但是一般而言，厂家的起批量较高，不适合小量批发客户。如果你有足够的资金储备，有分销渠道，并且不会有压货的危险或不怕压货，那么可以去找厂家进货。

从厂家进货需要注意以下问题。

（1）该厂家是真的厂家吗？

（2）厂家的产品质量如何？如何办理退换货服务？

（3）厂家的资质如何？

（4）从厂家进货有数量、额度要求吗？

知识链接

通过网站分析厂家资质的办法

分析厂家的信息来源主要有网站、行业杂志、电话沟通、登门拜访、通过其他渠道侧面了解等，其中以浏览厂家的网站为最重要、最常用的方式，通过网站分析厂家背景的特点是，工作效率高、成本低、信息比较集中，这里就重点介绍通过网站分析厂家资质的方法和注意事项。

（1）企业简介或者关于我们。

通常会介绍厂家的主营项目、公司成立时间、注册资金、人员规模等信息，通过这些信息能对厂家有一个大致的了解，知道厂家的大概实力。

（2）产品介绍或者产品分类。

通过网站可以了解厂家产品的特点、优势、功能等信息，通过这些信息能判断出厂家是生产厂家还是代理商，有助于对不同厂家产品进行比较和客观的分析。

（3）典型客户。

能了解到厂家主要面对哪些客户群，以及客户群的数量，通过这些信息能判断出厂家的接单能力。如果厂家客户很多而且都是比较大型的或者知名的单位，就说明厂家的接单能力很强，实力较好，或者是社会关系不错；如果客户数量比较少，而且都是普通用户，那说明厂家的实力一般。

（4）联系我们。

在这里能了解到厂家的办公室地址、联系电话、联系人等资料，通过这些资料也能判断出厂家的实力。如果办公室地址是独立大楼或者高档写字楼，说明厂家实力较好；如果是住宅楼，说明实力一般。联系电话如果只有一个，说明厂家比较小，通常大厂家的联系电话不止一个或者一个总机有几十条线。还有一些厂家会在网上公布他们的分销商或者分公司的联系方式，能获得更多的信息。

4．网上批发市场进货

对于刚开店的小卖家来讲，在正式开店之前，通过阿里巴巴、淘批发等专业小额批发市场，能够获得比较全面的信息汇总。对自己想销售的产品领域，可以直接进到相关类目下，查看各供应商所提供的货品。

知识链接

鉴别网上批发商的方法

（1）查看网站是否有ICP备案，可以登录工业与信息化部的网站备案管理网站，单击“公共查询”按钮，输入备案号查询其备案信息。

（2）查看此网站在百度或者谷歌的收录，直接在搜索框输入“site:网址”查询收录情况，从收录的最早日期大致可以判断其网站建站时间，从收录的数量和网页快照的时间，可以判断出该网站是否有一定人气，以及是否经常更新和信息量是否足够多。

（3）查询网站域名的注册信息CN域名可以到CNNIC官网查询，com域名可以到Whois查询-站长之家网站查询注册信息，注册日期一般大于建站日期，将注册信息摘抄下来。

（4）把网站地址直接放到搜索引擎去搜索，查看是否有“3·15”投诉记录，或者其他受骗者发布的投诉帖子记录，以及其他关于该网站或者公司的负面信息。

（5）把网站的联系方式，如QQ号、电话手机、E-mail、公司名称等这些信息分别在搜索引擎上查询一下，查看这些联系方式在网络上是否有负面信息记录，或者作为其他用途。

（6）把其网站域名注册人的信息也在搜索引擎上搜索一下，查看搜索出的结果和该网站有无直接的关联。

（7）辨别该网站或者该公司地址，先上网搜索一下该地址，看地址是否正确。如果不正确，就拨打114电话（区号+114）查询。如果114查不到该公司的记录或者查无地址，就查询批发商所留号码是否为该公司的电话，如果该号码是私人号码，则该联系方式非公司办公用号码，对方极可能是骗子。

（8）在工商局网站查询该公司名称，如查无记录，则必定是骗子；如有记录，就拨打114询问该公司电话号码，再用该号码和该公司网站号码比对。如固定电话号段不一致，就拨打从114查到的号码，询问网站的号码是否为该公司业务联系号码。如不是，则可能是该网站假冒该公司名义行骗。

（9）前期进货先向其索要少量样品，并且货到付款，快递代收款。对方如不同意，则不用继续联系，因为这样的公司缺乏服务意识，不适合作为合作伙伴。

（10）也可以进行支付宝担保付款，首次进货拿样，进少量样品即可，查看样品是否符合你的进货要求。

（11）如对方银行账号是私人账户，则不进行汇款拿货，尽量通过支付宝担保支付进货；如对方账户是公司账户，可直接私对公转账，建议尽量使用支付宝担保交易汇款。

（12）如果对方有淘宝店，要注意其开店时间、信用、交易记录，开店时间短且信用低或者信用不真实的，要谨慎。通常从事批发的网店信用上升得比普通店铺要慢一些。

（13）注意查看其网店的联系方式和网站的联系方式是否一致，或者相互之间是否有关联。如果有阿里巴巴账户，也要查看这些联系方式和地址是否一致或者有关联。

（14）进货前多和对方沟通，尽量多问一些和产品有关的比较专业的问题，甚至可以问一些行业上的问题，如果对方回答不出或者逃避问题，则必须谨慎一些。

拓展练习

1. 请在阿里巴巴查找3个供应商，对照鉴别供应商的方法，评价此供应商是否可以成为你的批发商。

2. 根据本节所学的内容，结合经营产品完成表 2-2-3。

表 2-2-3

项目	零库存	小批量	大批量
网上			
网下			

总结反思

通过分析货源渠道及汇报，总结出找到好货源需要做好如下工作。

1. 了解市场

（1）搜索网店热销商品。

（2）搜索同类热销商品。

（3）分析热销原因及特点。

2. 货源分析

（1）自身货源优势。

（2）关系货源优势。

（3）周边货源优势。

（4）其他货源优势。

3. 网店货源确定

（1）便利性。

（2）安全性。

（3）优越性。

二、找到价格低廉的进货渠道

网上开店之所以有空间，成本较低是重要因素。掌握了物美价廉的货源，就掌握了电子商务经营的关键。以服饰类商品为例，一些知名品牌均为全国统一价，在一般的实体店基本不打折，而网上可以卖到 7～8 折。很多服饰、箱包类商品的价格都是商场的 2～7 折。

学习与思考

某网店店主张小姐从事外贸工作，由于工作关系积累了不少各地的纪念品。在朋友的推荐下，张小姐将自己的闲置物品在网上销售，结果不久就销售一空，现在，她的小店已经有了固定客户 200 多人。

1. 张小姐通过什么方式拿到的外贸商品？

2. 外贸原单有什么特点？

1．买入品牌积压库存

有些品牌商品的库存积压很多，一些商家把库存全部卖给专职网络销售卖家。品牌商品在网上是备受关注的分类之一，很多买家都通过搜索的方式直接寻找自己心仪的品牌商品。而且不少品牌虽然在某一地域属于积压品，但网络覆盖面广的特性，完全可使其在其他地域成为畅销品。如果你有足够的议价能力，能以低廉的价格购入他们的库存商品，一定能获得丰厚的利润。

2．走访批发市场

走访地区性的批发市场，不但能实时地熟悉行情，还可以得到很低的批发价格。通过和一些批发商建立良好的供求关系，能够拿到第一手的流行货品，而且能够保证网上销售的低价位。

找到货源后，可先购入少量货品试卖，如果销量好再考虑增大进货量。价格低的货源固然是要考虑的关键因素，但同时也要和批发商确认，你购买的货物是否能退换货。因为对于刚刚开始网上创业的人来说，刚开始进货量一般不会大，由于品种等原因，销售量在开店初期也不会特别好。所以对很多人来说，能退换货是降低风险的重要因素。

3．做网上分销商

而对于大多数人来说，他们所在地周围没有大的批发市场、没有资金、害怕压货、担心销售不出去而造成的风险等原因，同时也存在着一些技术问题，如拍照、作图、上传等，而无法开展网上销售。这样的网商朋友，可以依靠一些专业的批发代销网，轻松地解决这些顾虑，可以真正地实现零风险零投入网上开店计划。成为网上分销商，很轻松地就可以把网站上所有的商品搬到自己的网店上，而从选商品、拍照、作图、编辑、报价、发货到售后服务一条龙的服务都会由网站完成，而我们要做的工作仅仅是把商品卖出去而已。对于很多人来说这是一个很好的网上销售的途径。现在有一些批发进货网提供的商品丰富，更新及时，图片漂亮，价格和服务也不错。其实只要结合自己的实际情况，考虑时间、资金、成本、方便性等各种因素，就能开办适合自己的网店，拥有自己的一片蓝天。

三、网上分销加盟案例

小美按照目前的自身情况分析，自己是个在校的学生，没有过多的资金，无法大批量地订货和囤货，而且商品的拍摄技术要求较高，在没有好的相机和 PS 技术，也毫无网店经营经验的情况下，寻找阿里巴巴的供应商，利用他人做好的数据包来上传商品成为首选。小美据朋友介绍，认识了一个在惠州本地销售女鞋的阿里巴巴供应商。于是综合了解了这个供应商的情况。

（1）公司的基本情况。打开 http://www.hxedu.com.cn/Resource/OS/AR/zz/zxy/201403020/1.html，查看公司档案，了解公司的认证情况和经营信息，确保公司的可信度、供货能力及资质，如图 2-2-1～图 2-2-4 所示。

图 2-2-1

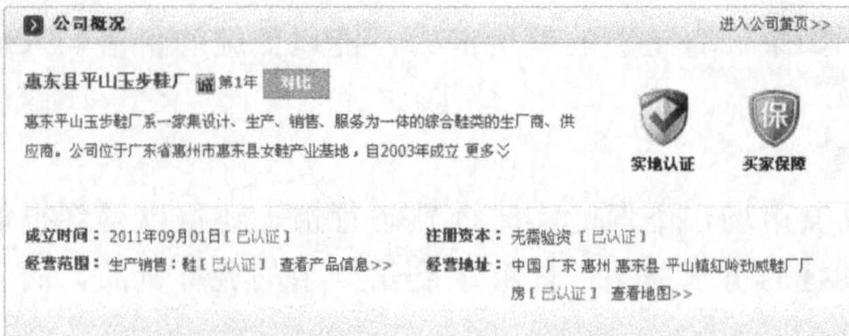

图 2-2-2

图 2-2-3

图 2-2-4

（2）查看供应产品，了解产品种类及销售情况，是否是当季热销的商品类型，如图 2-2-5 所示。

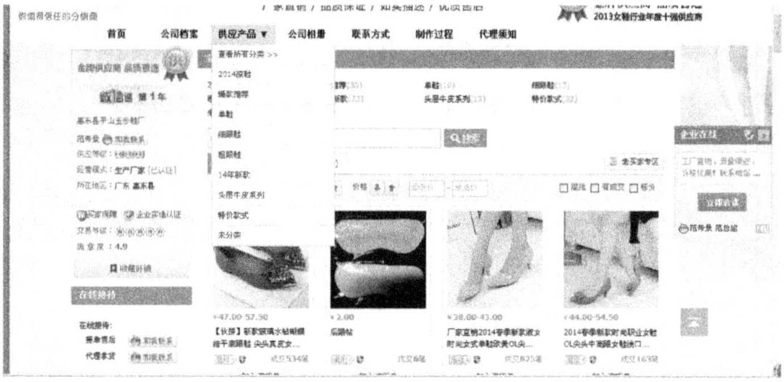

图 2-2-5

（3）产品价格分析。了解产品的价格，与其他同类的产品的比较，以图 2-2-6 中的这款产品为例，与淘宝网其他卖家的价格比较，以这个供应商给的价格计算可行的利润空间。

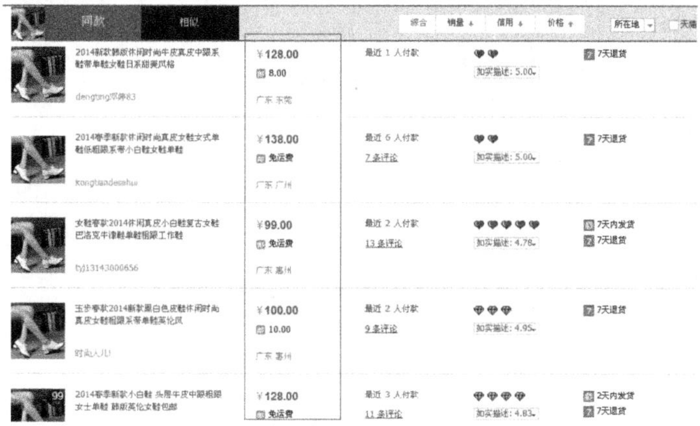

图 2-2-6

（4）查看代理须知，了解成为代理商的条件要求，如图 2-2-7 所示。

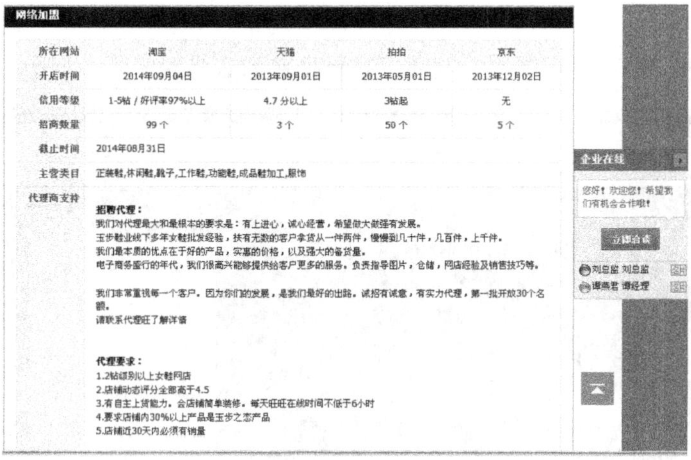

图 2-2-7

（5）进行合作洽谈，如图 2-2-8 所示。

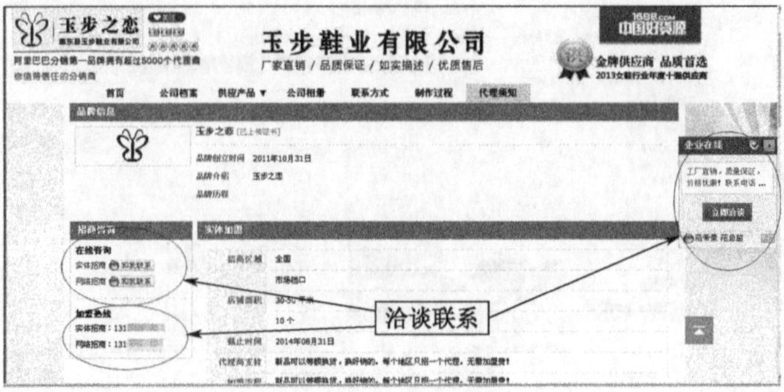

图 2-2-8

（6）洽谈成功，打开 http://www.hxedu.com.cn/Resource/OS/AR/zz/zxy/201403020/2.html 申请代理，如图 2-2-9 所示。

图 2-2-9

（7）审核通过，联系企业联系人发放下载数据包的账号和密码，如图 2-2-10 所示。

图 2-2-10

（8）下载数据包，商品的货源就准备好了，如图 2-2-11 所示。

图 2-2-11

拓展练习

根据自己选定产品的特点及自己的优势，确定进货渠道并提交方案。

任务评价

序号	评价项目	评价内容及要求	自评分	第三方评分		总分
				小组互评	教师评分	
1	货源选择	优势分析：货源渠道比其他的渠道优势明显				
2		产品分析：货源渠道适合产品特点				
3		价格分析：产品价格在其他渠道上比较突出				
4	小组汇报	PPT 制作精美，整体布局风格（包括模板设计、版式安排、色彩搭配等）美观合理。整部作品播放流畅，运行稳定、无故障				
5		小组汇报语言规范（普通话），声音洪亮、圆润，吐字清晰，表达准确，无口头语。				
6		反应灵活，能够很好地回答评委的提问，结束提问时能够回到结论要点，予以总结				

总结反思

通过寻找货源及汇报，总结找到好货源需要做好如下工作。

1. 了解自身和周边的环境

（1）零库存货源有哪些。

（2）小批量货源有哪些。

（3）大批量货源有哪些。

2. 货源渠道分析

（1）自己及周边关系货源。

（2）货源渠道的特点。

（3）价格低廉渠道货源。

（4）渠道风险分析。

3. 进货渠道选择思路

（1）比较进货渠道优势。

（2）根据产品特点确定进货渠道。

（3）选择进价低廉的进货渠道。

学习子情境三　网店的注册与认证流程

学习目标

1. 熟悉淘宝会员注册流程，能成功注册淘宝账户。
2. 了解电子银行口令卡及U盾的使用要求。
3. 成功申请网上银行卡，并能熟练使用电子银行口令卡和U盾。
4. 完成支付宝注册及实名认证操作，取得开店的资格。
5. 培养耐心细致的工作态度。

小美经过市场调查，通过网上分销来起步开店，现在要做的事情就是把自己的网店开起来。考虑到方便快捷性，小美决定在淘宝网上开店。

一、淘宝开店注册及认证准备

（1）有效身份证。

（2）一张开通网银的银行卡（户名与身份证一致）。

（3）准备上半身手拿身份证的正面和反面的照片两张。

（4）能上网的计算机。

（5）一个手机号。

（6）一个邮箱账号。

二、淘宝开店注册

（1）打开淘宝网登录界面，免费注册一个账户，如图2-3-1所示。

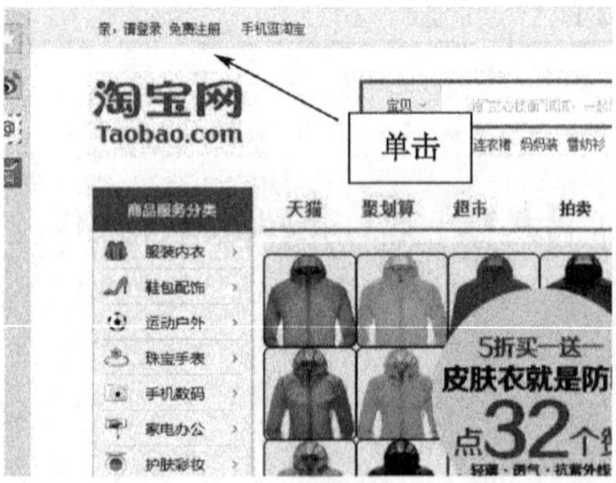

图2-3-1

（2）输入账户信息，要先想好账户名，一经注册不可改动，如图2-3-2所示。

图 2-3-2

（3）验证账户信息，有两种方式，手机验证和邮箱验证，本文以邮箱验证为例，如图 2-3-3～图 2-3-6 所示。

图 2-3-3

图 2-3-4

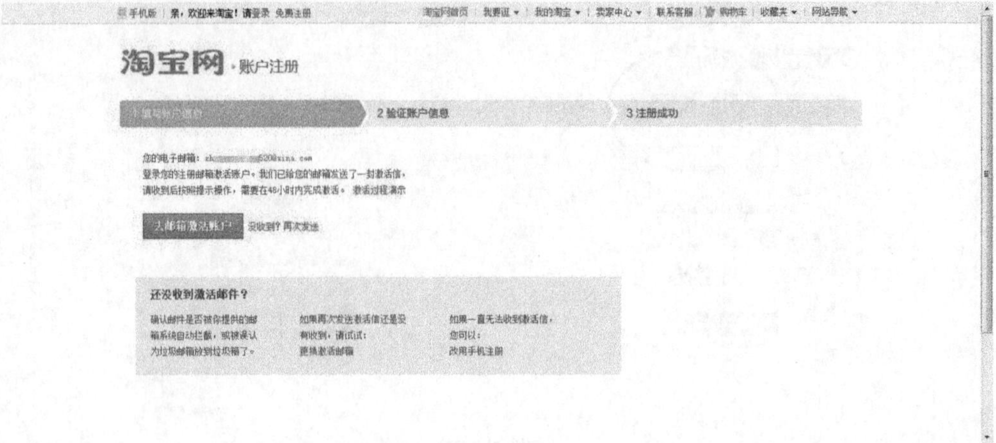

图 2-3-5

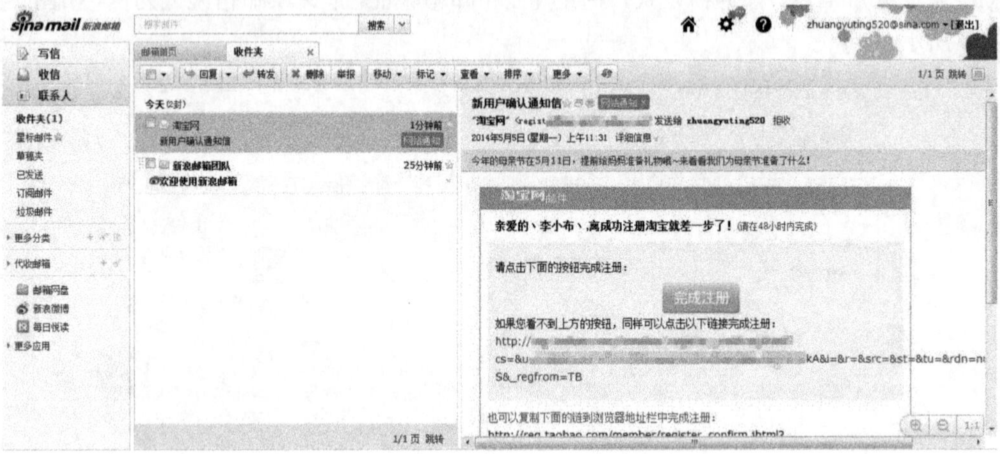

图 2-3-6

（4）注册成功，如图 2-3-7 所示。

图 2-3-7

三、开店认证

（1）登录淘宝账号，进入卖家中心，单击“免费开店”查看开店情况，如图 2-3-8 所示。

图 2-3-8

（2）进行支付宝注册，设置支付密码和支付密码，填写身份信息，如图 2-3-9～图 2-3-12 所示。

图 2-3-9

图 2-3-10

图 2-3-11

图 2-3-12

（3）同意支付协议后，完成支付宝账户注册，单击“立即认证”按钮，完成身份实名认证，如图 2-3-13 所示。

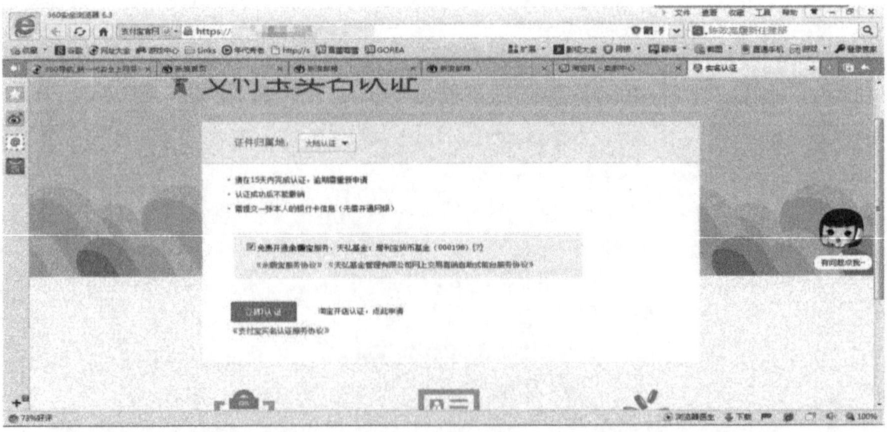

图 2-3-13

（4）输入姓名和身份证信息，填写支付宝支付密码，上传身份证正面及反面照片，如图 2-3-14～图 2-3-19 所示。

图 2-3-14

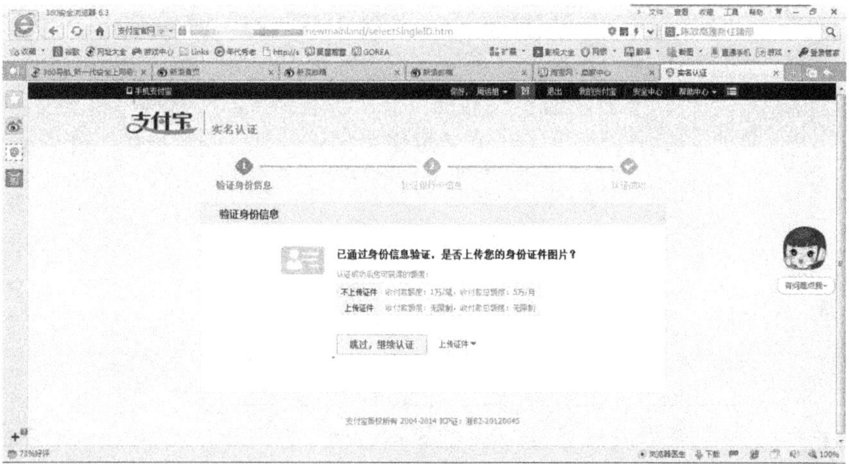

图 2-3-15

图 2-3-16

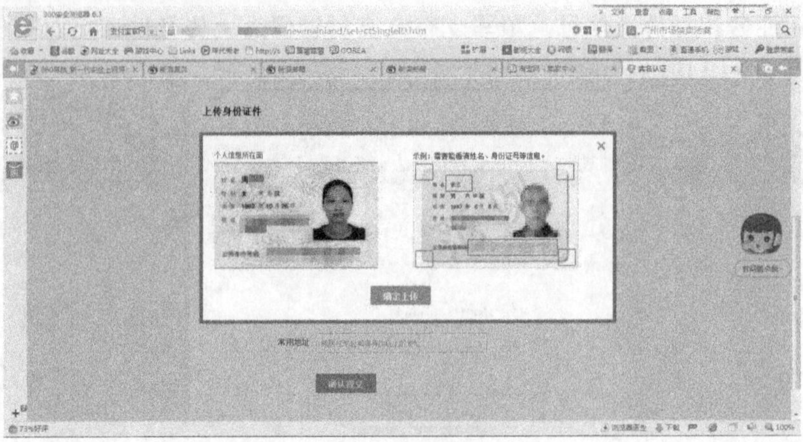

图 2-3-17

图 2-3-18

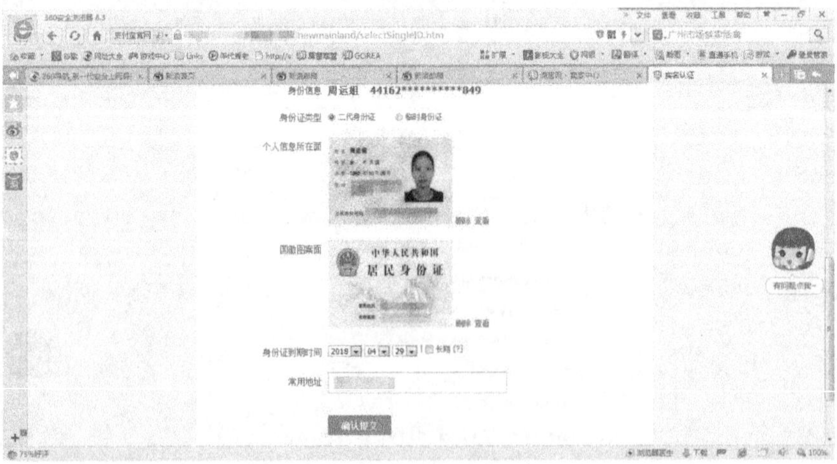

图 2-3-19

（5）输入姓名、身份证号码、银行卡号及手机号码后，单击“同意协议并确定”按钮，完成相应的实名认证，如图 2-3-20 所示。

图 2-3-20

（6）这时淘宝后台 3 个工作日内会往你的银行卡打入一笔低于 1 元的资金，登录网上银行查询注入的资金数，完成支付宝银行卡验证。

（7）支付宝认证成功。

四、身份认证

（1）登录淘宝网，进入卖家中心，单击“免费开店”，如图 2-3-21 所示。

图 2-3-21

（2）选择开店认证，单击查看，如图 2-3-22 所示。

图 2-3-22

（3）提交手持身份证正反面照片，如图 2-3-23 所示。

图 2-3-23

（4）上传成功后等待淘宝后台审核，1～2 个工作日后查看审核通过的结果，如图 2-3-24 所示。

图 2-3-24

（5）身份证认证完成。

五、创建店铺

（1）免费开店，单击“创建店铺”按钮，如图 2-3-25 所示。

图 2-3-25

（2）同意诚信经营承诺书，如图 2-3-26 所示。

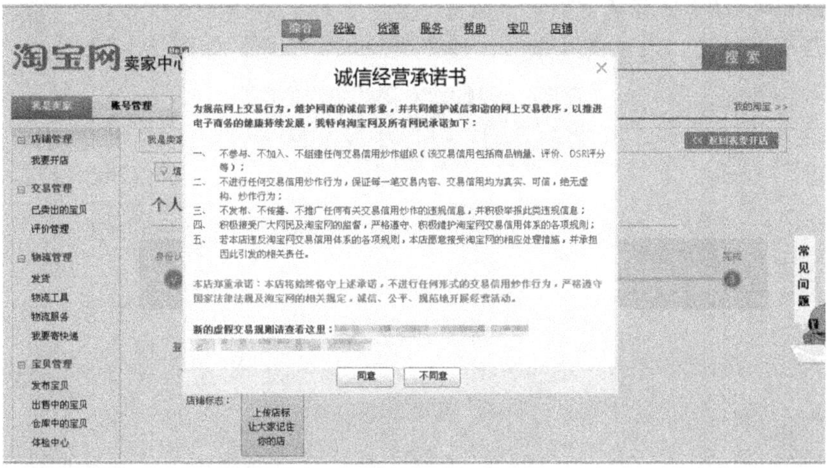

图 2-3-26

（3）填写店铺名称、店铺标志，选择开店的类目，填写店铺的简介及其他信息，如图 2-3-27 和图 2-3-28 所示。

图 2-3-27

图 2-3-28

（4）此时开店的所有流程已经完成，只需要上传商品就可以了。

六、利用淘宝助理上传产品

（1）打开淘宝助理，输入淘宝账号，单击“登录”按钮，如图 2-3-29 所示。

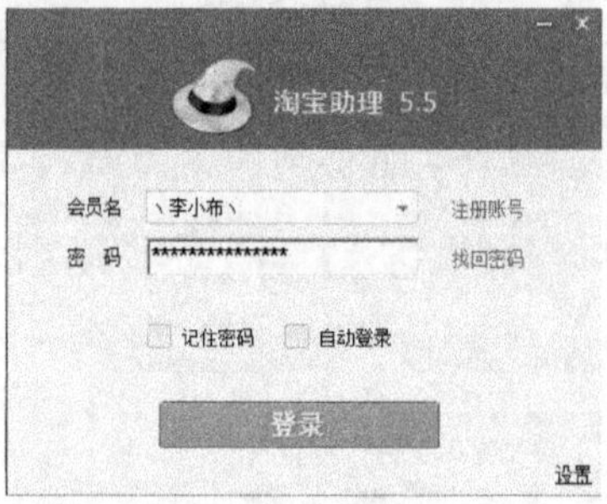

图 2-3-29

（2）登录阿里巴巴商家存放数据包的网站，输入账号及密码，下载数据包，如图 2-3-30 所示。

图 2-3-30

（3）打开数据包进行解压，找到 CSV 文件，如图 2-3-31 所示。

图 2-3-31

（4）使用淘宝助理导入 CSV 文件，如图 2-3-32 所示。

图 2-3-32

（5）上传产品成功，如图 2-3-33 所示。

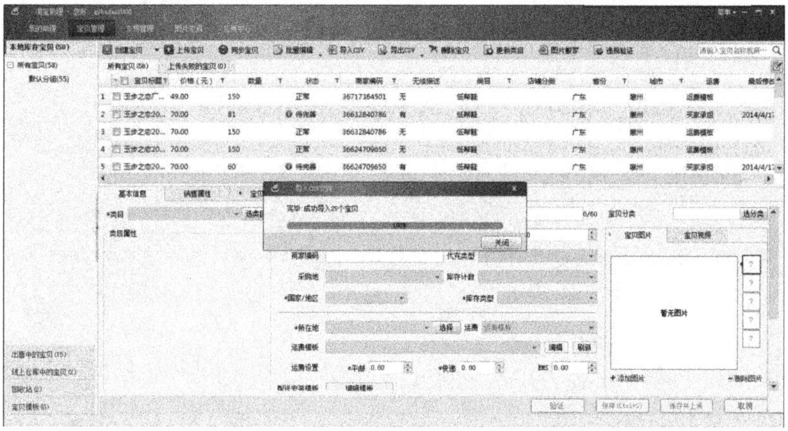

图 2-3-33

（6）打开店铺查看上传的产品，如图 2-3-34 所示。

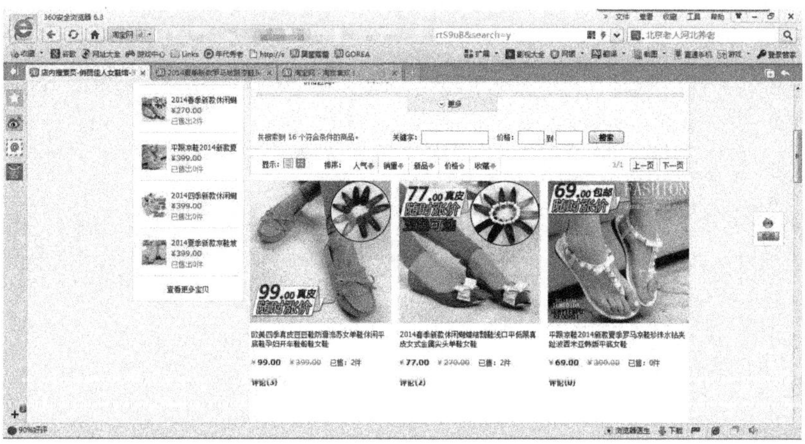

图 2-3-34

七、消费者保证金服务

1．消费者保障金的概念

淘宝消保，全称消费者保障服务，是指经用户申请，由淘宝在确认接受其申请后，针对其通过淘宝网这一电子商务平台同其他淘宝用户（下称买家）达成交易并经支付宝服务出售的商品，根据本协议及淘宝网其他公示规则的规定，用户按其选择参加的消费者保障服务项目（下称服务项目），向买家提供相应的售后服务。

2．消费者保障服务加入流程

“我的淘宝”→“我是卖家”→“消费者保障服务”申请加入。在申请加入之前请先确认自己是否符合加入消费者保障服务的条件，如果符合申请要求，您可以单击“申请加入”按钮提交申请。

要查看消费者保障金缴纳详情，请先进入“消保服务”，单击“缴纳”按钮，如图 2-3-35 所示。

图 2-3-35

进入后填写缴纳金额，输入密码进行缴纳，如图 2-3-36 所示。

图 2-3-36

引导问题

请查询淘宝网站规则，回答以下问题：

1. 为什么要缴纳消费者保障金？
2. 消费者保障金服务项目有哪些？
3. 消费者保障协议主要有哪些内容？
4. 注册用户需要具备哪些资格？
5. 消费者有哪些权利义务？

学习子情境四　网店 LOGO 的设计与制作

学习目标

1. 了解网店 LOGO 对网店经营的意义。
2. 掌握网店 LOGO 出现的位置。
3. 掌握网店 LOGO 的基本要素。
4. 掌握网店 LOGO 的设计要求。

一、网店 LOGO 的作用

两个同学代理同一个鞋厂的产品，购买了同一个网店模板，经过一段时间的推广，都取得了一定的点击量和收藏量。但慢慢地 A 同学网店的销量和转化率高于 B 同学，两个同学通过量子恒道比较分析，发现 A 同学的流量来源中，收藏流量和转化率明显比 B 同学的高。

原来，A 同学上传了精心设计的店铺 LOGO，而 B 同学没有设计和上传店铺 LOGO，结果在收藏流量中，相同的产品描述和价格，A 同学的店铺转化率远远胜出。

网店 LOGO 会出现在哪些页面？

（1）客户搜索店铺时，显示的基本信息。

① 在淘宝搜索栏，将“宝贝”改为“店铺”，如图 2-4-1 所示。

图 2-4-1

② 在搜索框内输入将要搜索的店铺名称，如“漫步佳人”，如图 2-4-2 所示。

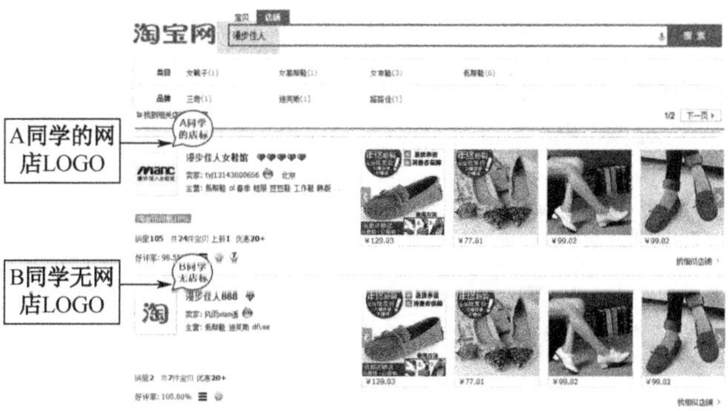

图 2-4-2

（2）客户收藏其他同行店铺时，系统同类宝贝推荐，如图 2-4-3 所示。

（3）阿里旺旺头像及名片，如图 2-4-4 所示。

图 2-4-3

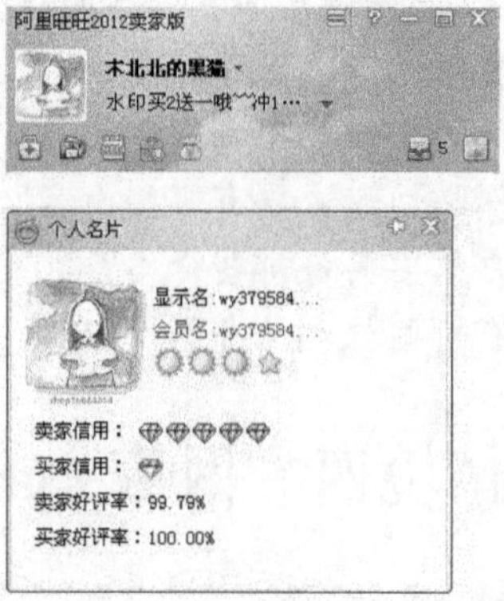

图 2-4-4

（4）淘宝论坛发帖、回帖显示的 LOGO，以及卖家中心、个人主页等，如图 2-4-5 所示。

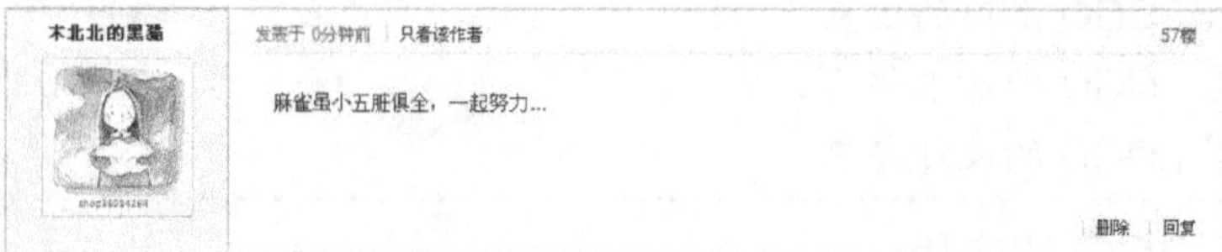

图 2-4-5

引导问题

1. 通过上述方法查看网店 LOGO，谈谈网店 LOGO 有怎样的作用和地位。
2. 淘宝网店 LOGO 代表了什么？

二、淘宝网店 LOGO 的图片要求

（1）店铺 LOGO 上传的图片文件格式要求为 GIF、JPG、JPEG、PNG，文件大小 80K 以内，建议尺寸为 80 像素×80 像素。

（2）店铺 LOGO 需要设计好后再上传。进入“我的淘宝”→“我是卖家”→“管理我的店铺”→“店铺装修”→“基本设置”修改店铺 LOGO 图片，图片支持 GIF、JPG 和 PNG 格式，大小限制在 80K 以内，尺寸为 80 像素×80 像素，如图 2-4-6 所示。

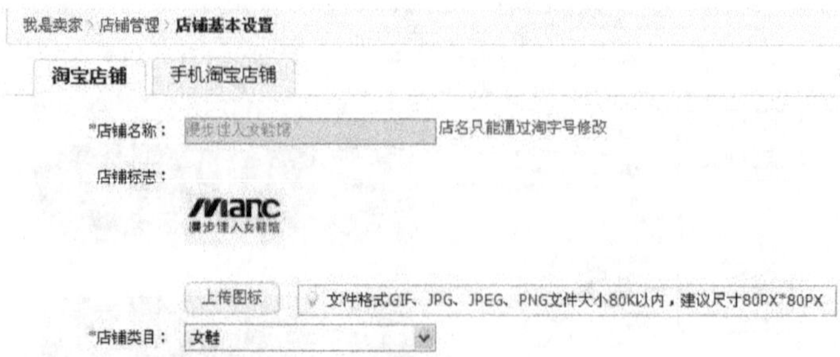

图 2-4-6

学习与思考

店铺 LOGO 是淘宝店铺的脸面，对于吸引顾客有着关键的第一印象的作用，因此开网店之前，店铺 LOGO 设计也是相当重要的。

图 2-4-7～图 2-4-11 所示的网店 LOGO 适合什么类型的店铺？

图 2-4-7

图 2-4-8

图 2-4-9

图 2-4-10

图 2-4-11

三、网店 LOGO 设计的原则

1．整体构思，切合主题

主题既可以凸显店铺的主营业务，也可以强调店名的内涵，在此选择表现淘宝网店的主题。

2．围绕主题选择素材

网店 LOGO 主题可以通过花鸟等动物来表现，也可以通过人物来展现，但是在相对狭小的空间里人物的表现会有很大的局限性，也可以考虑卡通漫画人物，或是比较可爱的小动物等。

3．色调的问题

不同的网店，其主题不同，所用的色调也有所不同，如幸福的主题最好使用暖色调来表现，这样给人的视觉效果和心灵感受都会很舒服。另外，蓝色显得简洁、绿色显得有生气、红色显得热情庄重等。

拓展练习

设计一个销售时尚、潮流的女鞋店铺 LOGO。

要求：图案与销售主体相关，色调温馨时尚，最好能将店铺名称融入其中。

任务评价

序号	评价项目	评价内容及要求	自评分	第三方评分		总分
				小组互评	教师评分	
1	网店 LOGO 的设计与制作	设计尺寸适合淘宝 LOGO 的要求				
2		主题可以凸显店铺的主营业务，能够强调店名的内涵				
3		图片素材符合店铺的定位，画面干净清新				
4		所用色调能与店铺的主营业务相匹配，能与店铺整体装修风格相融合				
5		线条简洁流畅，整体设计富有美感				
6	小组汇报	PPT 制作精美，整体布局风格（包括模板设计、版式安排、色彩搭配等）美观合理。整部作品播放流畅，运行稳定、无故障				
7		小组汇报语言规范（普通话），声音洪亮、圆润，吐字清晰，表达准确，无口头语				
8		反应灵活，能够很好地回答评委的提问，结束提问时能够回到结论要点，予以总结				

总结反思

通过搜索店铺、收藏店铺、旺旺聊天、论坛回帖等方式，观察网店 LOGO 出现的位置和效果，总结出网店 LOGO 虽小，却承载了品牌的形象，体现了店铺的风格和店主的品位，对于增加顾客的信任，维系老顾客，具有莫大的意义。

通过网店 LOGO 的设计与制作过程，总结如下。

掌握网店 LOGO 的基本要求。

（1）文件的格式要求。

（2）文件的大小要求。

（3）文件的尺寸要求。

学习子情境五　网店店招的设计与制作

学习目标

1. 掌握网店店招的制作要求。
2. 掌握网店店招设计的要点。
3. 掌握网店店招的上传方法。
4. 培养独立思考与分析的职业素养。

一、网店店招的设计原则与要点

网店店招范例展示如图 2-5-1～图 2-5-7 所示。

图 2-5-1

图 2-5-2

图 2-5-3

图 2-5-4

图 2-5-5

图 2-5-6

图 2-5-7

引导问题

1. 上述店招包含的要素如图 2-5-8～图 2-5-13 所示，请指出图 2-5-14 所包含的要素。

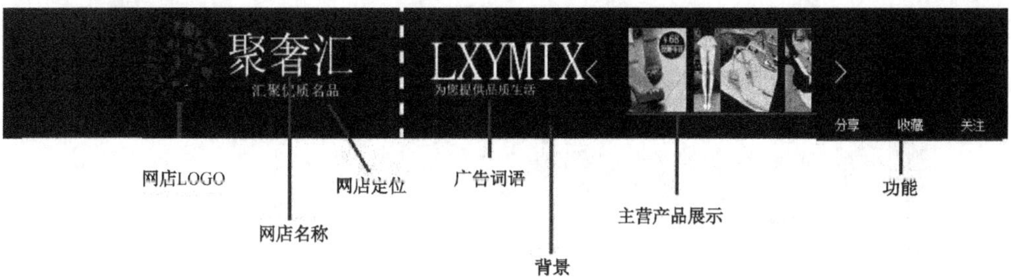

图 2-5-8

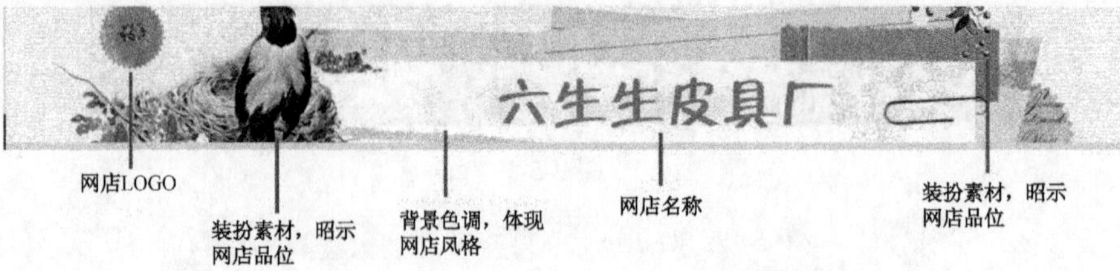

图 2-5-9

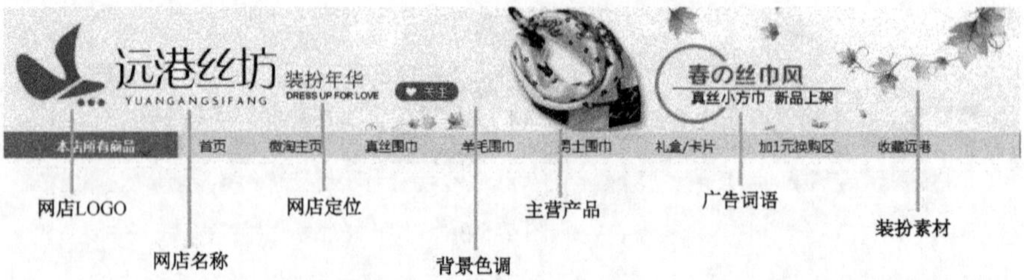

图 2-5-10

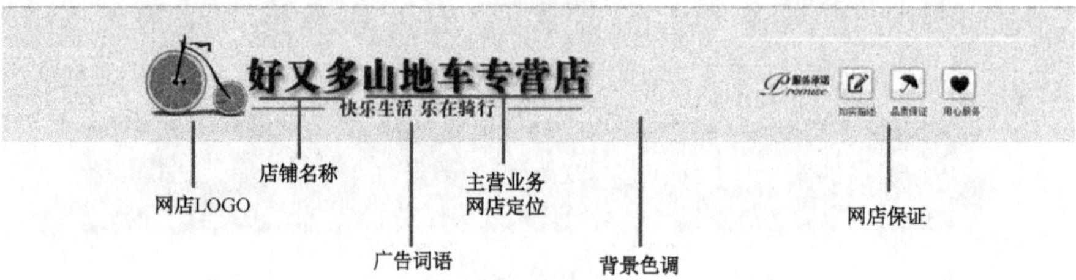

图 2-5-11

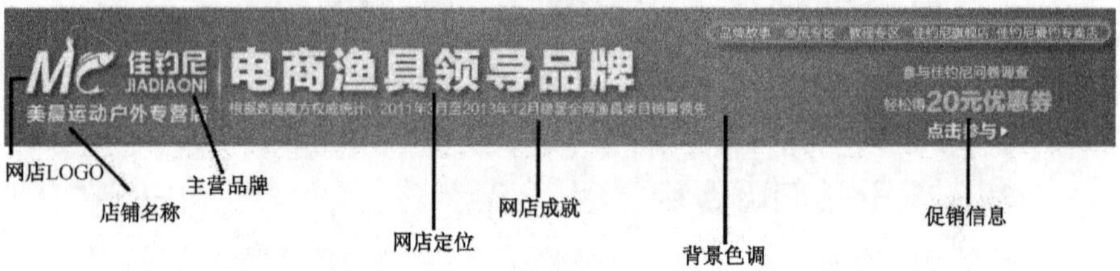

图 2-5-12

图 2-5-13

图 2-5-14

2. 图 2-5-15～图 2-5-18 所示的店招存在哪些问题？

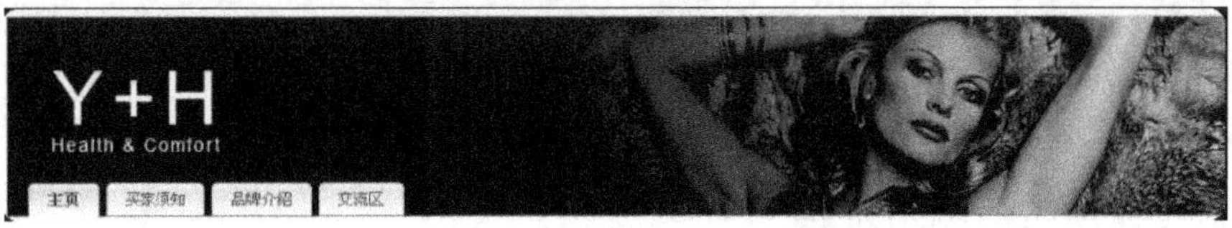

图 2-5-15

图 2-5-16

图 2-5-17

图 2-5-18

1．店招设计的原则

（1）店招要直观明确地告诉客户自己的店铺销售的是什么产品，表现形式最好是实物照片。

（2）店招要直观明确地告诉客户自己的店铺的卖点（特点、优势、差异化）。

2．店招设计的要点

（1）店铺名字。告诉客户自己的店铺销售什么产品，品牌店铺可以标榜自己的品牌。

（2）店铺 LOGO。树立店铺的品牌形象。

（3）店铺的品位、定位。品位即店铺的特点，甚至是优势；定位就是做到差异化，表明和其他店铺的不同，形成差异化竞争。

（4）店招的背景、素材和底纹。店招的背景、底纹色调要与网店整体装修的色调保持一致，而网店的整体装修色调要与主营产品能够相匹配。

（5）店铺广告。说明店铺最希望用户知道的信息，如店铺最大的优势、近期的活动；告诉顾客网店的服务承诺、保障，以及促销信息或新品推介等。

知识链接

（1）一个好的网店店铺，其店铺装修设计需要通过视觉效果营销，无论是色彩还是图片搭配，都要向顾客传达产品信息、服务信息和品牌理念。这样的店铺装修设计可以达到好的促进商品销售、树立品牌形象的目的。对买家而言，视觉营销吸引的是眼球，激发的是购物欲望。

（2）淘宝旺铺店招尺寸：页头高度为 150 像素（已包含导航），建议招牌尺寸为 950 像素 × 120 像素（即加上导航高度恰好是 150 像素，可避免发布后导航被挤掉不显示的问题）。

（3）在线编辑动态店招：标准版以上旺铺提供店招在线制作。单击“在线编辑”按钮，在 Banner Maker 平台选择一个合适的店招、编辑、保存、应用即可。

二、淘宝旺铺店招编辑步骤

（1）首先进入店铺后台装修页面，单击“编辑”按钮，如图 2-5-19 所示。

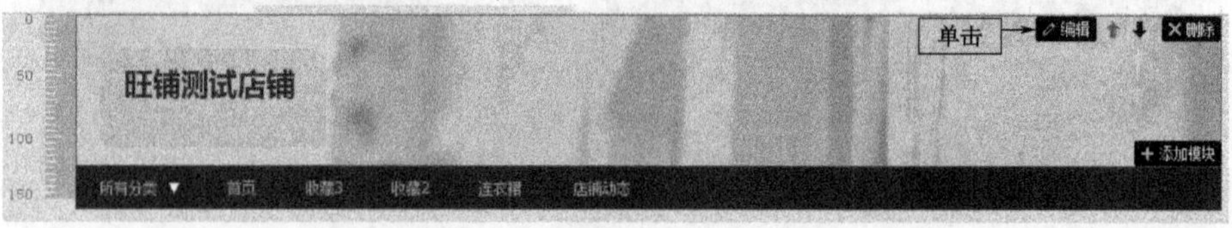

图 2-5-19

（2）店铺名称可以使用默认的店铺招牌，也可以修改，如图 2-5-20 所示。

图 2-5-20

（3）可以从图片空间中选择图片装修店招背景，如图 2-5-21 所示，选中图片后单击“插入”按钮，最后单击“保存”按钮。

图 2-5-21

（4）如果不喜欢店招默认显示，可以选择“自定义招牌”自由装修，此处可以插入“Banner Maker”，如图 2-5-22 所示。

图 2-5-22

（5）自定义招牌可以自由地输入代码。如果没有在店招自定义区内输入内容，那么店招就会“消失不见”，如图 2-5-23 所示。

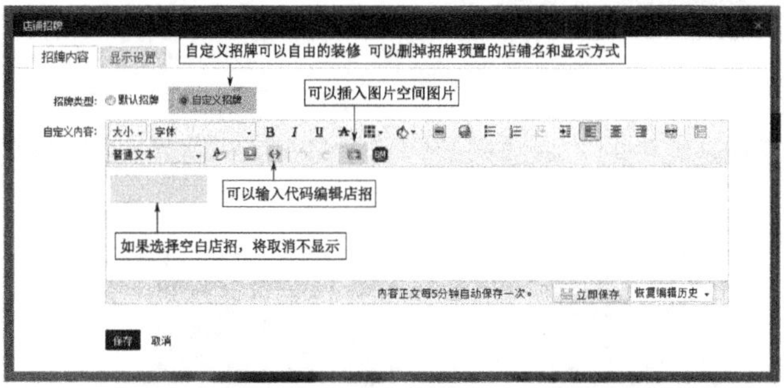

图 2-5-23

（6）可以在右下方的“恢复编辑历史”中恢复历史记录，如图 2-5-24 所示。

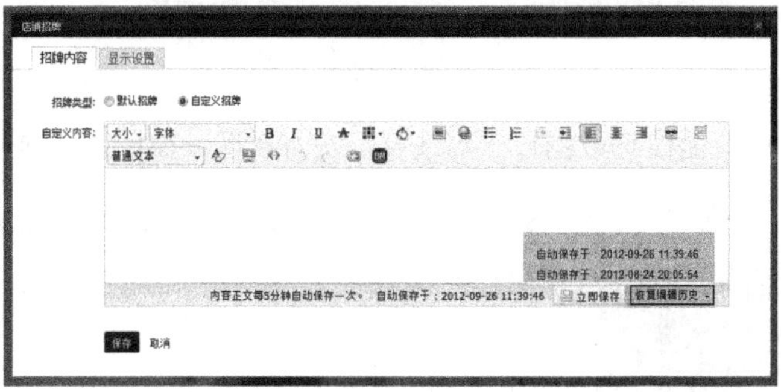

图 2-5-24

（7）最后进行保存即可。

三、通栏店招设计

（1）执行“装修”→“样式管理”→“背景设置”命令，便可设置店铺背景，如图 2-5-25 所示。

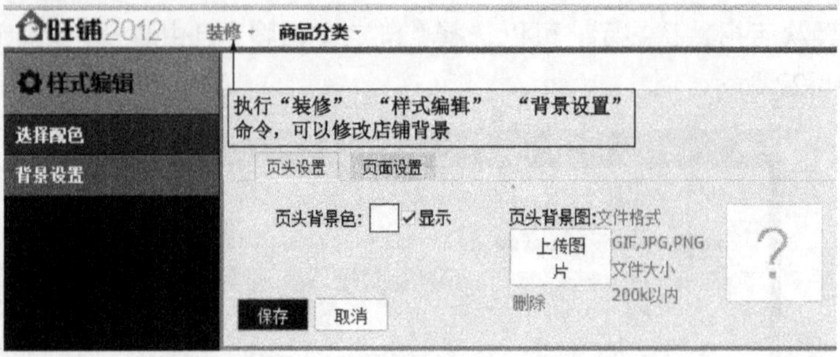

图 2-5-25

（2）选择"页头设置"选项卡，进行店招位置的背景设置，如图 2-5-26 所示。这里有两种设置方式：选择调色器或者在本地上传一张图片。

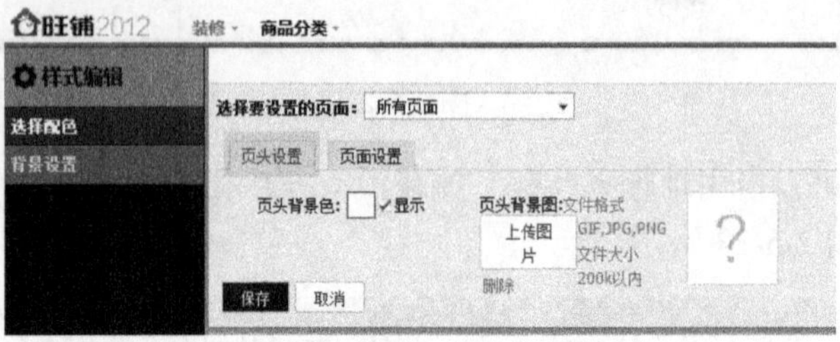

图 2-5-26

① 如果店招的背景是纯色的，则选择调色器设置与店招背景一样的颜色，如图 2-5-27 所示。

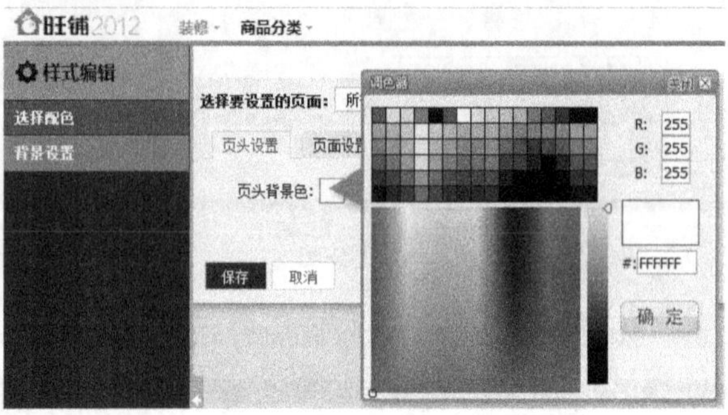

图 2-5-27

② 如果店招的背景是纹理或图片，可选择上传背景图，如图 2-5-28 所示。

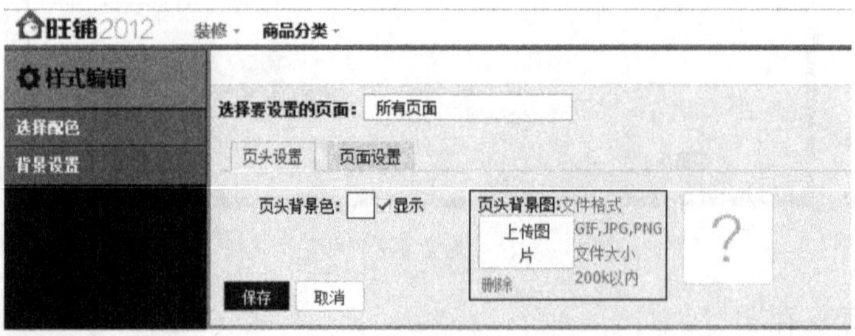

图 2-5-28

（3）在"选择要设置的页面"中可以选择不同页面设置不同背景，如图 2-5-29 所示。

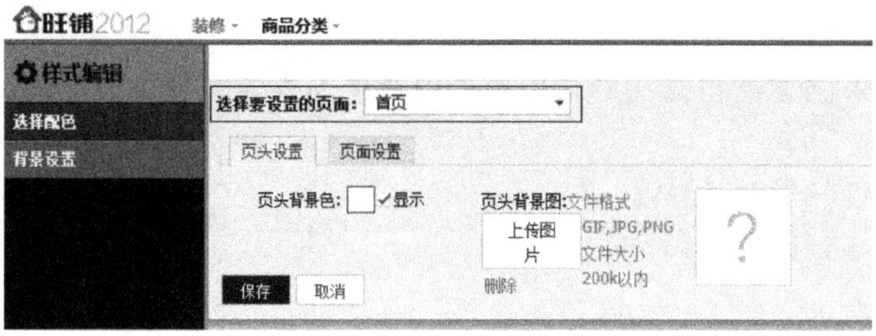

图 2-5-29

任务评价

序号	评价项目	评价内容及要求	自评分	第三方评分		总分
				小组互评	教师评分	
1	店招的制作	要素：包含四要素				
2		色彩：背景与主色调与主营商品相协调，与整体装修风格相匹配				
3		结构：店铺名称、网店品位和定位广告词语、商品图片、促销信息等布局合理美观				
4		传达：店铺主营信息、促销信息清晰准确				
5		尺寸：店招大小及分辨率符合平台的要求				
6		图片格式保存正确				
7		添加适当的动态效果				
8	小组汇报	PPT 制作精美，整体布局风格（包括模板设计、版式安排、色彩搭配等）美观合理。整部作品播放流畅，运行稳定、无故障				
9		小组汇报语言规范（普通话），声音洪亮、圆润，吐字清晰，表达准确，无口头语				
10		反应灵活，能够很好地回答评委的提问，结束提问时能够回到结论要点，予以总结				

总结反思

通过店招的设计制作及汇报，总结出要设计出好的店招就要做好如下工作。

1. 色调的确定

（1）根据主营商品确定色调（如渔具商品，在江、河、海、湖上使用的商品，适合使用蓝或绿为主色调）。

（2）根据季节的变换确定主色调（如服装是季节性非常明显的商品，每个季节都应有相对应的色调）。

（3）根据目标客户群体确定（如成熟男士皮带，可考虑使用代表沉稳的黑色作为主色调）。

2. 网店名称的确定

（1）给网店取一个适合的名字。

（2）要能够体现店铺的性质（如运动城、户外专营店、童鞋直营店等）。

3. 广告词语的确定

（1）要确定能体现店铺品位或定位的广告词语（如专注精致育儿、汇聚优质名品、快乐生活乐享骑行等）。

（2）能够加入近期促销的信息。

（3）能够体现店铺服务的词语等。

4. 图片素材

（1）能够体现店铺风格的背景素材（如母婴店的彩色摩天轮、丝巾店的树叶藤条）。

（2）店铺主推的、更具有竞争力的商品图片。

5. 布局

（1）各种要素的布局要符合从左至右的阅读习惯。

（2）各种要素的大小、明暗要主次分明，具有层次感。

（3）各种要素的布局要符合黄金分割比例的视觉效果。

（4）对不是必要的素材要有取舍，传送的信息要清晰而不能杂乱。

学习子情境六　网店首页美化

学习目标

1. 掌握店铺首页整体布局的方法及优化依据。
2. 掌握色彩的表现，能将色彩表现的性格与主营商品的情感融合协调。
3. 能对商品进行科学分类，优化分类方案描述，制作精美分类图标。

一、通过首页美化提高转化率及销售额

比较图 2-6-1 和图 2-6-2 所示的 A 店与 B 店的视觉效果。

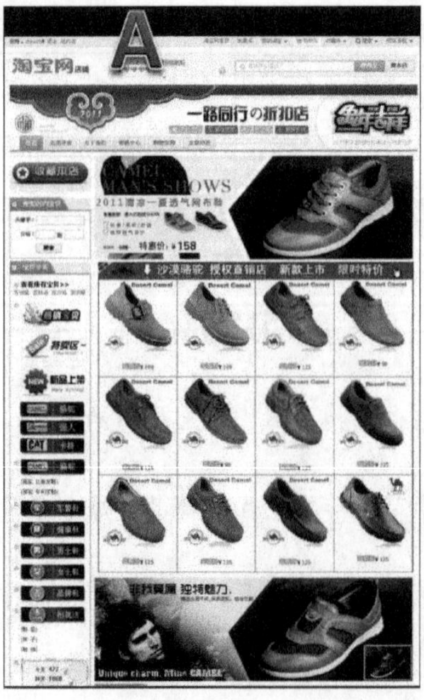

图 2-6-1

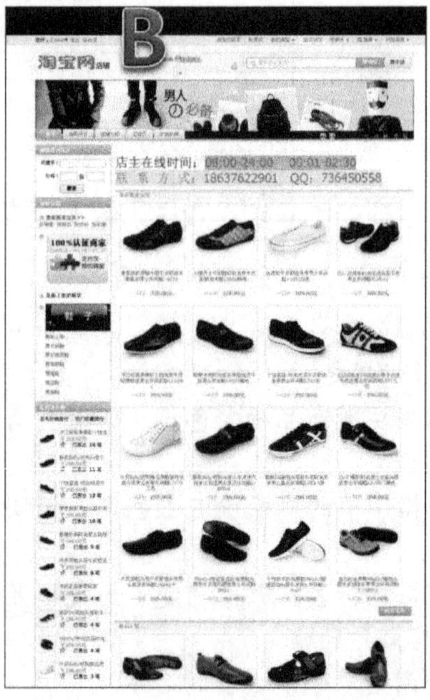

图 2-6-2

两个店铺的数据对比如图 2-6-3 所示。

不同装修商家数据对比

商家	UV	客单价	交易笔数	成交金额
商家A	1116	262	37	9694
商家B	981	146	18	2628

图 2-6-3

引导问题

1. 同样是销售男士鞋子，从首页视觉效果的角度分析，为何商家 A 比商家 B 的转化率和客单价都高出那么多？

2. 在首页视觉效果中，商家 A 相比商家 B 做了哪些优化？

1．首页布局

1）F 形状的网页流浪模式

（1）在网店中，顾客的购买过程一般如图 2-6-4 所示。

图 2-6-4

（2）2006 年 4 月，美国长期研究网站可用性的著名网站设计师杰柯柏·尼尔森（Jakob Nielsen）发表了《眼球轨迹的研究》报告。报告中提出，大多数情况下浏览者都不由自主地以“F”形状的模式阅读网页，这种基本恒定的阅读习惯决定了网页呈现 F 形的关注热度。

第一步：水平移动。浏览者首先在网页最上部形成一个水平浏览轨迹。

第二步：目光下移，段范围水平移动。浏览者会将目光向下移，扫描比上一步短的区域。

第三步：垂直浏览。浏览者完成上两步后，会将目光沿网页左侧垂直扫描，这一步的浏览速度较慢，也有系统性、条理性。

F 形状的网页浏览模式如图 2-6-5 所示。

图 2-6-6 和图 2-6-7 为杰柯柏·尼尔森报告中的热度图，用颜色来表示浏览者眼光聚集的热度，分为最热（红色）、较热（黄色）、不热（蓝色）和基本不关注（灰色）4 种。

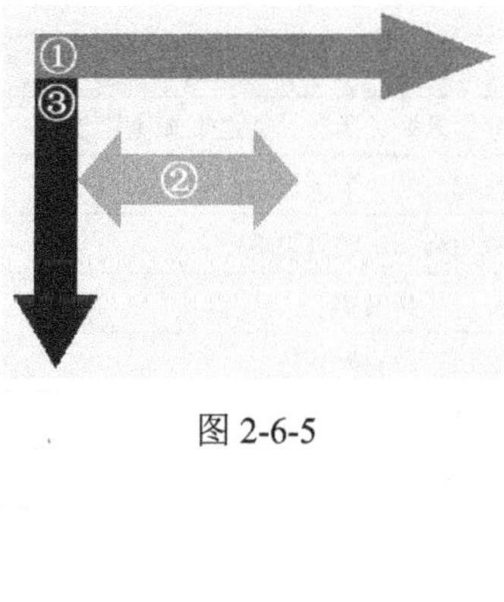

图 2-6-5

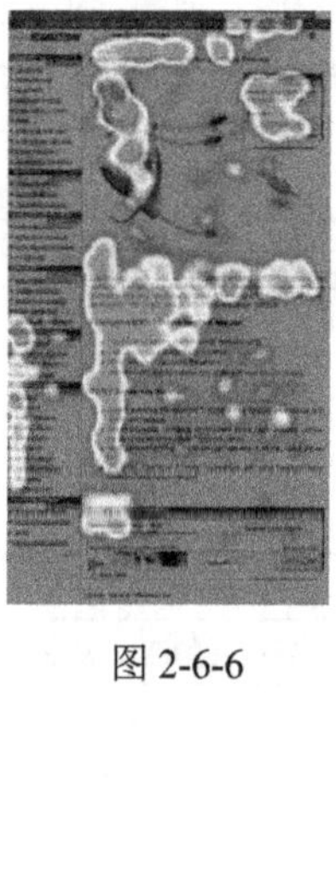
图 2-6-6

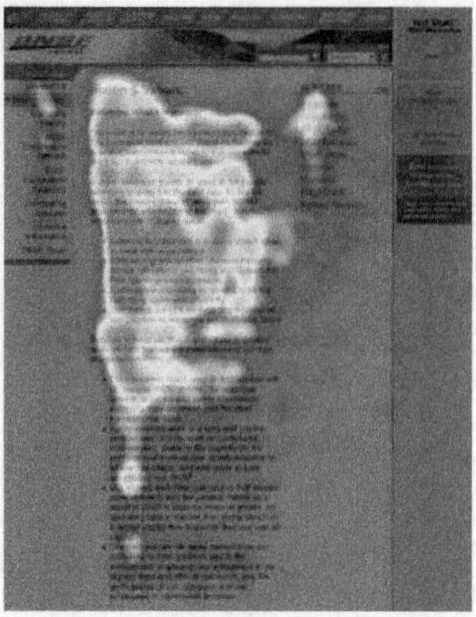

图 2-6-7

（3）典型的 F 形首页设计如图 2-6-8 所示。

图 2-6-8

学习与思考

某商城的首页设计规划如表 2-6-1 所示，请你根据内容规划，按 F 形浏览理论设计五屏布局。

表 2-6-1

布局序号	模块分类	功能说明
1	店铺 LOGO	可参考范例突出风格、历史、特点或加上广告语
2	店铺顶部 Banner	品牌介绍、品牌口号、节庆活动、售后入口
3	店铺导航	品牌价值、售后活动、额外价值
4	悬浮客服列表	方便客户进行引导式购物
5.1	店铺品牌活动大图	节日庆典（这边可做轮播功能）
5.2	店铺品牌活动大图	品牌形象（这边可做轮播功能）
5.3	店铺品牌活动大图	新品上市（这边可做轮播功能）

续表

布局序号	模块分类	功能说明
5.4	店铺品牌活动大图	售后帮派活动（这边可做轮播功能）
6	专区导航	优势项目入口热卖、新款、售后、活动、买家互动
7.1	广告促销	
7.2	产品分类	按潜在分类 如活动、样式、消费力、行为倾向
7.3	模块 Banner	区隔模块作用
8.1	记忆枕系列	页面简洁且体现品牌感专业度。分类清晰，实行狭窄匹配，强化购买刺激，引导顾客，减少跳失率
8.2	颈枕腰靠	
8.3	居家收纳	
8.4	夏日枕席	
9	店铺底部	售后保障、其他区块快速入口、客服可回应时间（营业时间）

第一屏幕如图 2-6-9 所示。

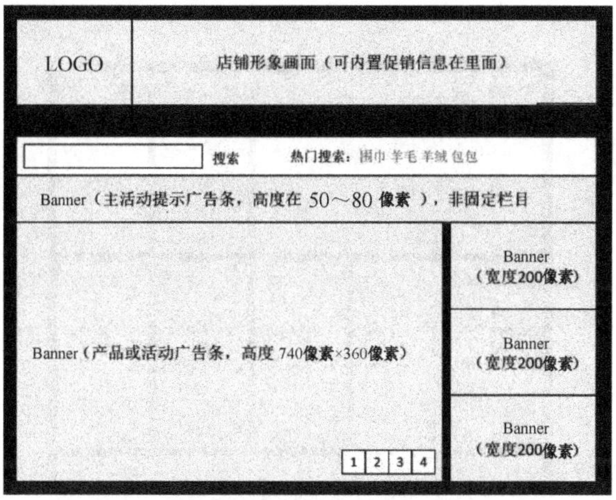

图 2-6-9

第二屏幕如图 2-6-10 所示。

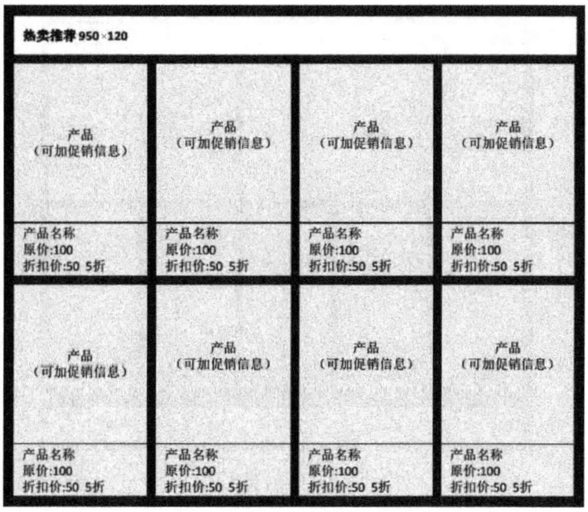

图 2-6-10

第三屏幕如图 2-6-11 所示。

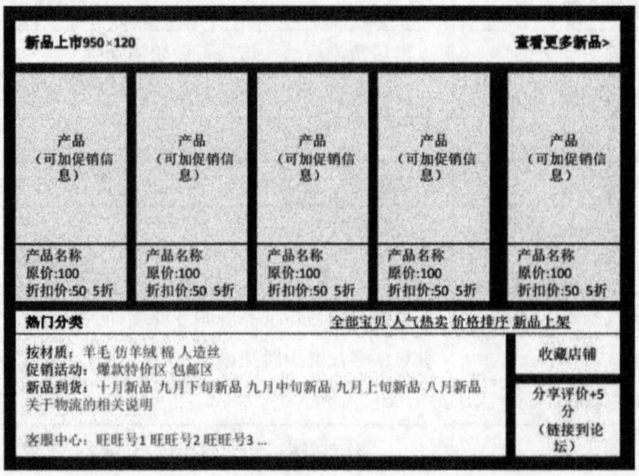

图 2-6-11

第四屏幕如图 2-6-12 所示。

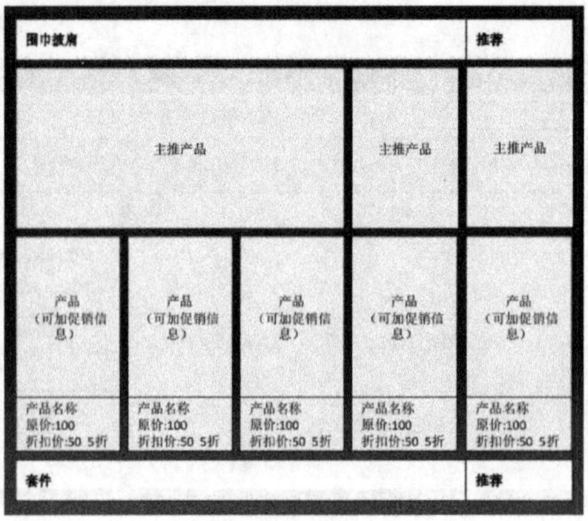

图 2-6-12

第五屏幕如图 2-6-13 所示。

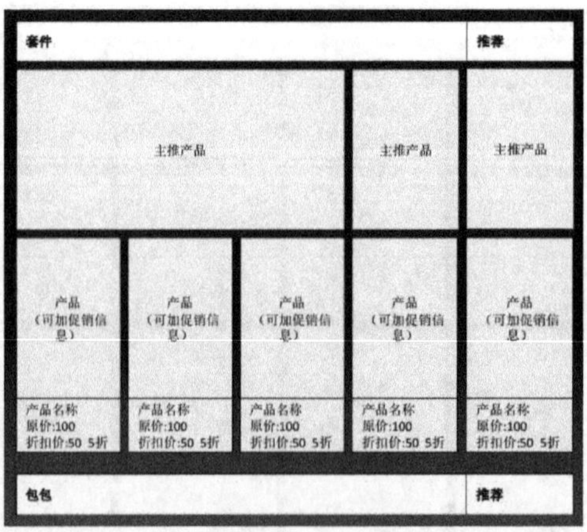

图 2-6-13

2）F 形布局操作

（1）在淘宝旺铺“装修”→“页面管理”页面中，有“页面编辑”、“布局管理”、“页面属性”3 个选项卡。在“布局管理”选项卡中，可以将首页进行 F 形布局，如图 2-6-14 所示。

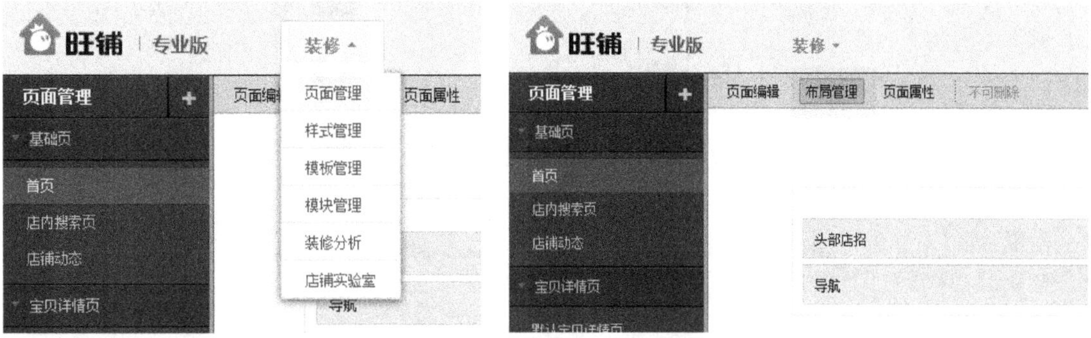

图 2-6-14

① 在“布局管理”选项卡中，将鼠标指针移至模块上面，可通过“+”、“×”按钮来添加和删除模块，如图 2-6-15 所示。

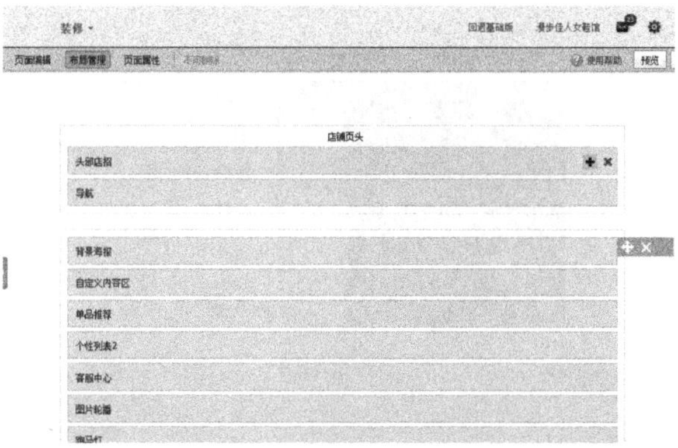

图 2-6-15

② 在模块中，有免费的基础模块和设计师模块，如图 2-6-16 和图 2-6-17 所示。

图 2-6-16

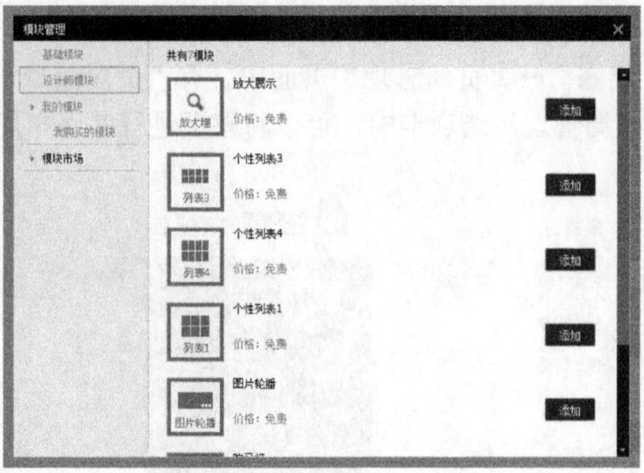

图 2-6-17

（2）在淘宝旺铺“装修”→“样式管理”页面中，有“页头设置”和“页面设置”两个选项卡，如图 2-6-18 所示。在“页头设置”选项卡中，将页头颜色或背景图片设置与店招相匹配，即可做出通栏店招，如图 2-6-19 所示；在“页面设置”选项卡中，可更改页面背景颜色或背景图片，如图 2-6-20 所示。

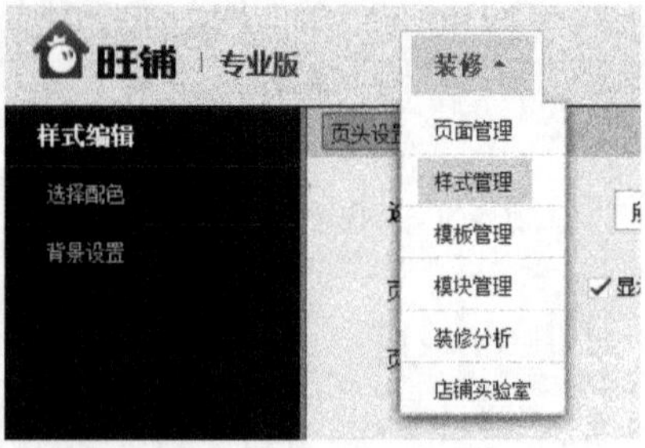

图 2-6-18

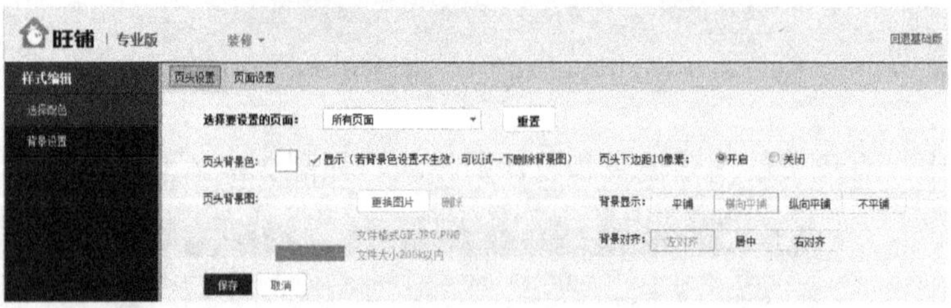

图 2-6-19

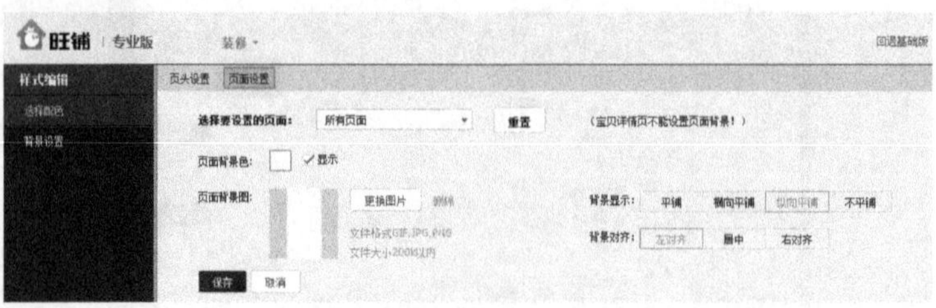

图 2-6-20

① 执行“装修”→“样式管理”→“背景设置”命令，便可设置店铺背景。

② 选择“页头设置”选项卡，进行店招位置的背景设置，如图 2-6-21 所示。这里有两种方式设置：选择调色器或者选择本地上传一张图片，如图 2-6-22 和图 2-6-23 所示。

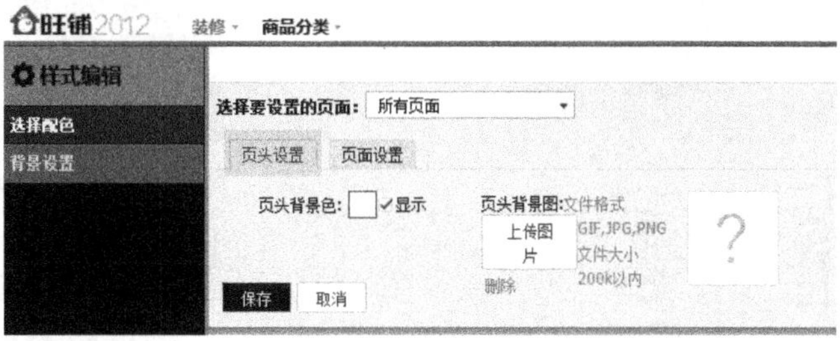

图 2-6-21

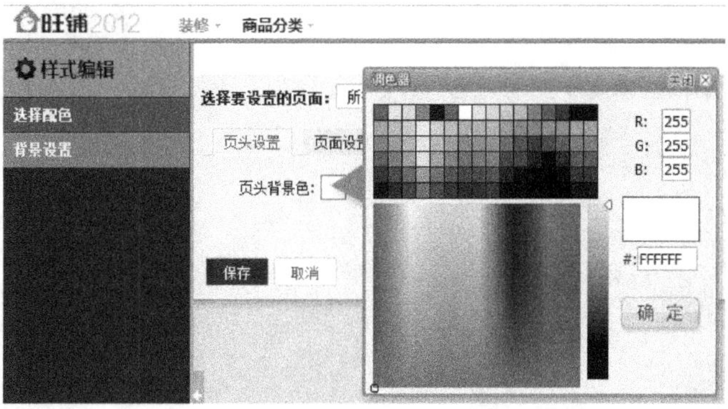

图 2-6-22

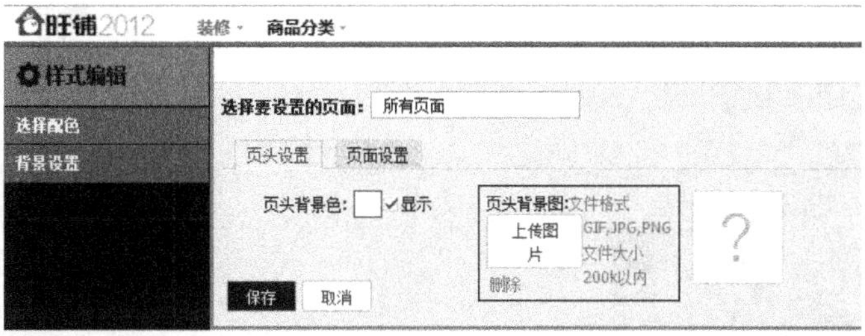

图 2-6-23

③ 在“选择要设置的页面”中可以选择不同页面设置不同背景，如图 2-6-24 所示。

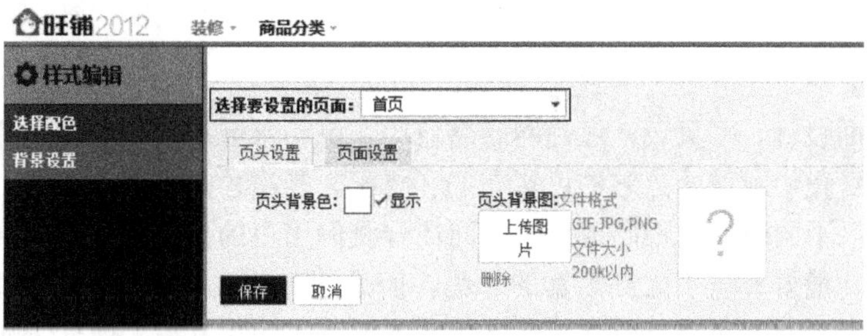

图 2-6-24

“页面设置”同“页头设置”，如图 2-6-25 和图 2-6-26 所示。

图 2-6-25

图 2-6-26

2．整体色调

不论是在平面设计、网页设计还是网店装修中，色彩永远是最重要的一环。我们在看一家店铺时，最先吸引我们眼球的是它的色彩布局和搭配，其次才是细节和文字。那么，每种颜色都有自己的情趣，不同时间、不同地点、不同场合我们用色的要求都是不一样的。例如，经营婴儿产品的店铺，最好不采用大红大紫的颜色，但是针对儿童的店铺最好采用这种色彩搭配；红色在中国代表喜庆，但在国外就代表血性；在冬天可以使用红色，但火热的夏天最好避免采用这种颜色。还有一些颜色的搭配，如红黄白的搭配，看起非常喜庆，逢年过节时商场的促销画面基本上都是用这种颜色搭配的；蓝色和白色配在一起，不会使人感到视觉疲劳；红黑灰白搭配在一起视觉冲击就很强；色彩搭配还要应季，如春天和夏天使用绿色就会多一些，秋天使用黄色就会多些，冬天使用红色会比较多些等。

引导问题

请同学们说一说图 2-6-27 中的颜色体现了哪些正面情感和性格。

红色：	热情 权威 自信
粉色：	温柔 甜美 浪漫
黑色：	高贵 权威 创意
灰色：	诚恳 考究 沉稳
蓝色：	希望 理想 独立
紫色：	优雅 理想 独立
绿色：	清新 活力 安全

图 2-6-27

网店色彩搭配有以下技巧。

（1）用一种色彩。这里是指先选定一种色彩，然后调整透明度或者饱和度（说得通俗些就是将色彩变淡或者加深），产生新的色彩，用于网页。这样的页面看起来色彩统一，有层次感，如图 2-6-28 所示。

图 2-6-28

配出同一种色彩的方法如图 2-6-29 所示，该图为 Fireworks 8.0 的调色板，保证色调饱和度不变，调节亮度即可。

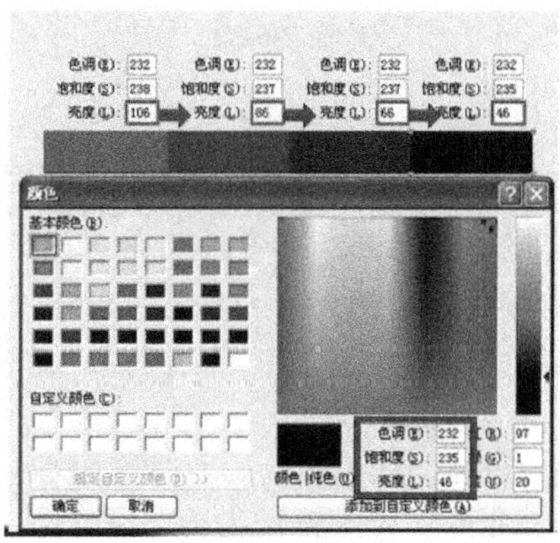

图 2-6-29

（2）选第二种色彩。先选定一种色彩，然后选择它的对比色，如图 2-6-30 所示。

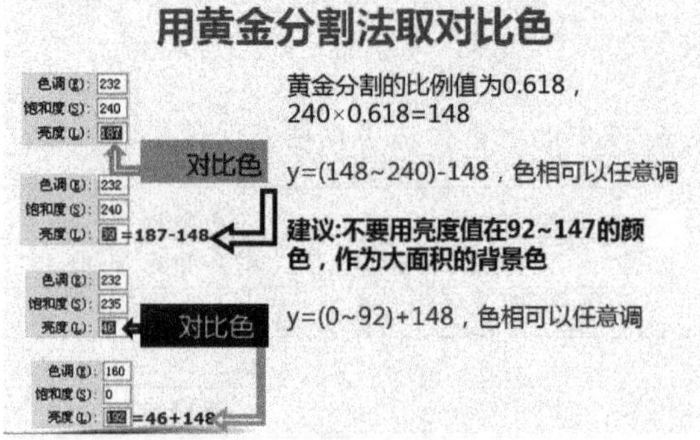

图 2-6-30

（3）用一个色系。简单地说就是用一个感觉的色彩，如淡蓝、淡黄、淡绿；或者土黄、土灰、土蓝。如图 2-6-31 所示，保证亮度不变，调节色相即可。

图 2-6-31

设计范例如图 2-6-32 所示。

图 2-6-32

注意

1. 在配色时，不要将所有颜色都用到，尽量控制在 3 种颜色以内。
2. 背景和前文的对比尽量要大，以便突出主要文字内容。

3．商品分类

在网店首页，商品分类非常重要，特别是店内商品种类繁多时，分类清晰合理、重点突出才能让买家有良好的浏览体验，才能让买家在店内页面停留时间更长，访问深度增加。

引导问题

1. 图 2-6-33 中的第一张图的商品分类存在什么问题？
2. 图 2-6-33 中的第二张图的商品分类有什么特点？
3. 图 2-6-33 中的第三张图的商品分类有什么特点？

图 2-6-33

知识链接

一、添加宝贝分类

（1）首先进入店铺后台，执行“商品”→“分类管理”命令，如图 2-6-34 所示。

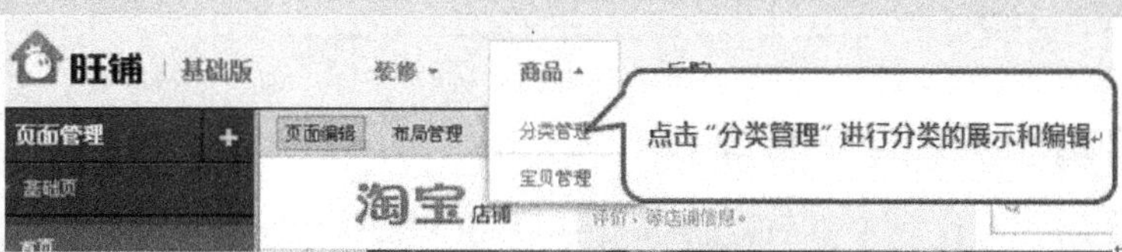

图 2-6-34

（2）可以单击“添加手工分类”按钮，添加分类和子分类，如图 2-6-35 所示。

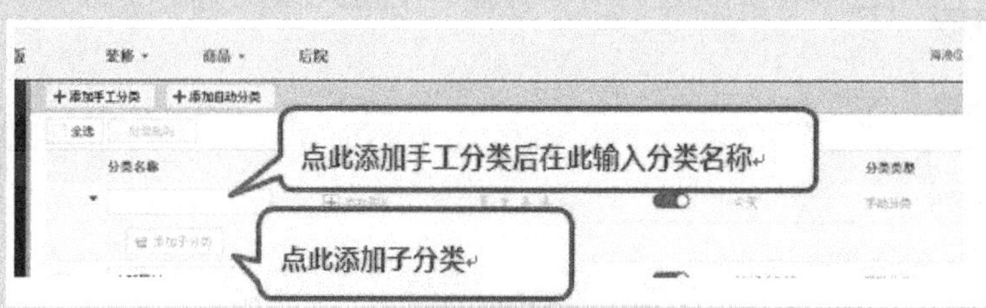

图 2-6-35

（3）可以对每个分类添加图片，也可以删除分类，如图 2-6-36 所示。

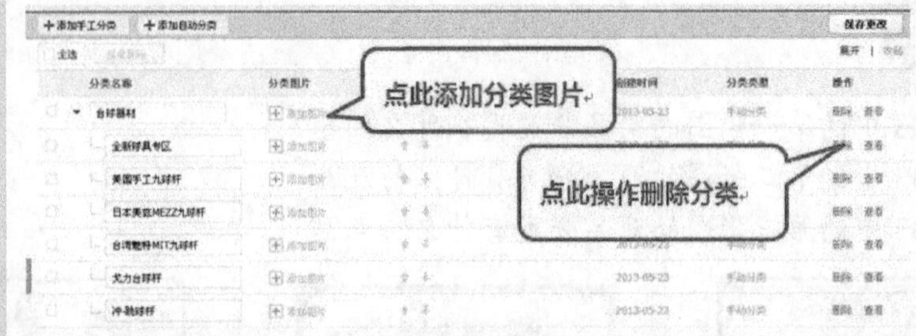

图 2-6-36

二、进行手工分类

（1）执行“商品”→“宝贝管理”命令，进入“宝贝管理”页面，如图 2-6-37 所示。

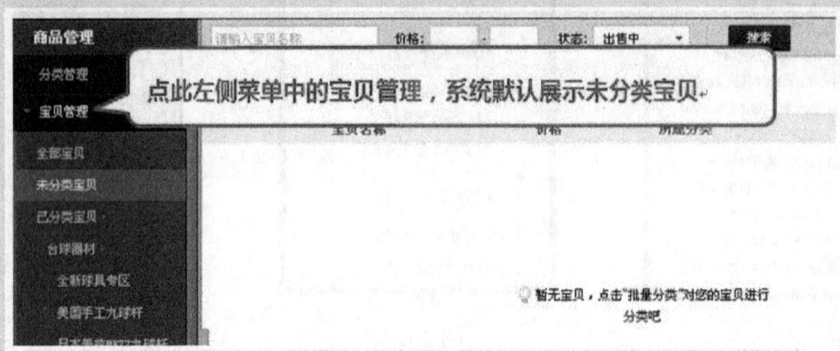

图 2-6-37

（2）可以对单个未分类宝贝添加分类，也可以批量分类，如图 2-6-38 所示。

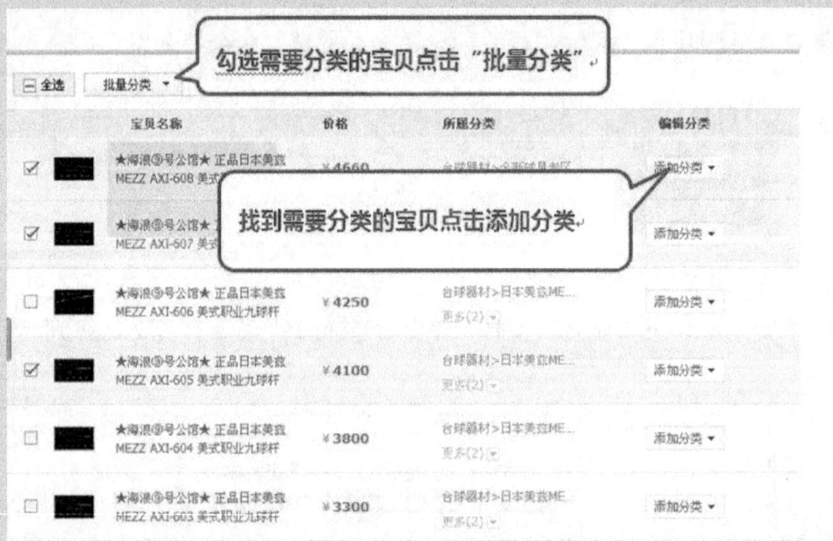

图 2-6-38

（3）勾选你想要分类的宝贝，可以将宝贝同时分到若干个不同的分类里。已经有子分类的一级分类将无法直接勾选，宝贝必须选择其中的某一个子分类，如图 2-6-39 所示。

图 2-6-39

（4）分类完毕之后可以看到如图 2-6-40 所示的效果。单击“更多”按钮，可查看其他分类。

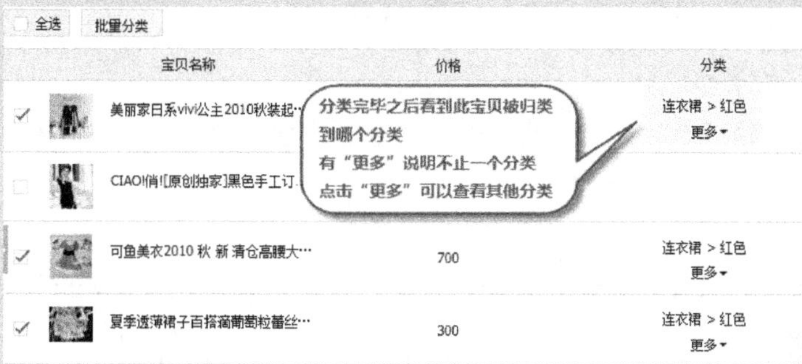

图 2-6-40

（5）删除宝贝分类和添加宝贝分类的操作相同，找到需要分类的宝贝后单击“添加分类”按钮，将需要删除的分类取消勾选即可，如图 2-6-41 所示。

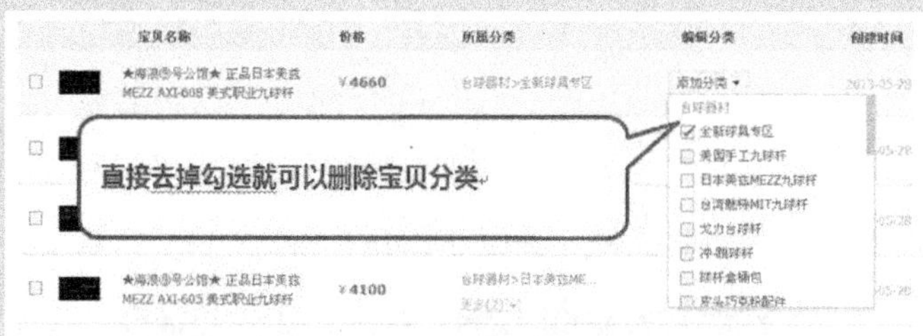

图 2-6-41

（6）除了直接勾选外，还可以输入宝贝名称/价格区间查找宝贝，如图 2-6-42 所示。

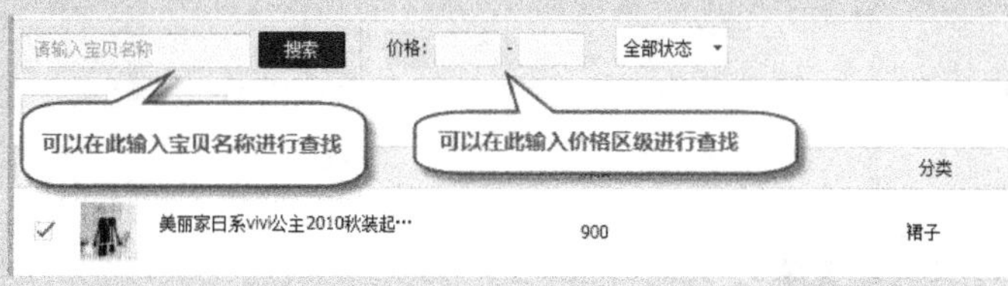

图 2-6-42

（7）宝贝分类之后，可以在左侧导航栏处查看分类效果，如图 2-6-43 所示。

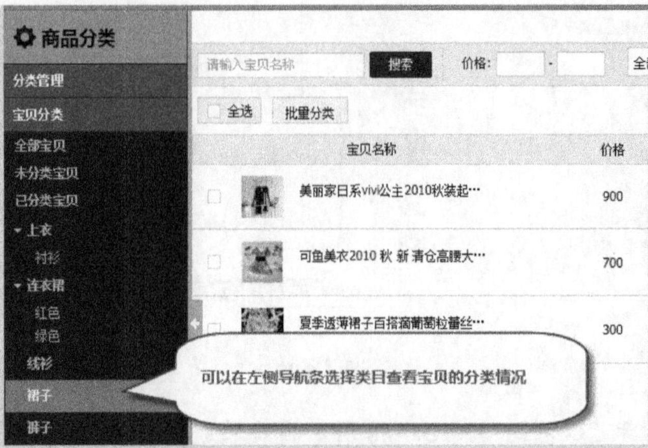

图 2-6-43

三、添加自动分类

（1）首先进入店铺后台，执行“商品”→“分类管理”命令，单击“添加自动分类”按钮，进入自动分类页面，如图 2-6-44 所示。

图 2-6-44

（2）根据需要设置自动分类的条件，如图 2-6-45 所示。

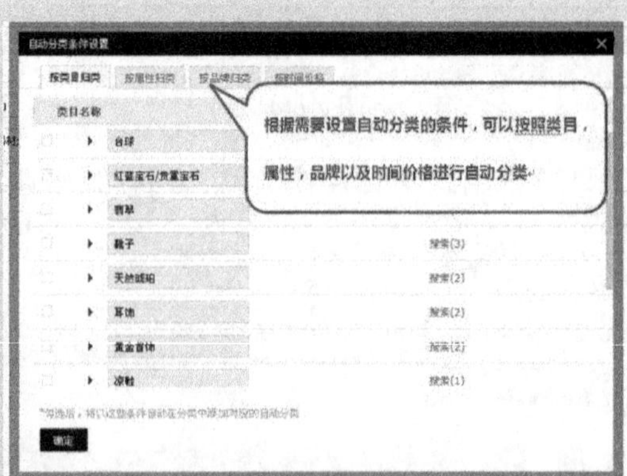

图 2-6-45

在设置按照时间价格分类时，时间和价格至少输入一种，也可以同时设置时间和价格条件，如图 2-6-46 所示。

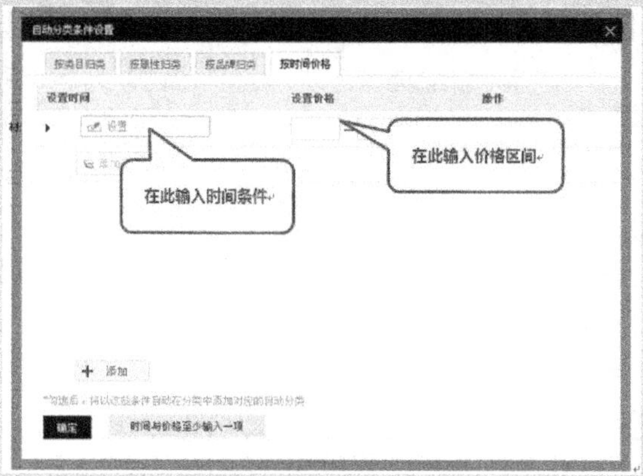

图 2-6-46

至此宝贝分类操作完成。

四、宝贝分类的呈现形式

新旺铺宝贝分类模块有两种展现形式：一种是默认宝贝分类；一种是个性化宝贝分类。默认宝贝分类是读取了刚才后台设置的分类，它的修改编辑和删减都会影响后台宝贝分类的主设置。个性化宝贝分类是读取了刚才后台设置的分类之后，修改编辑和删减都不会影响后台宝贝分类的主设置，具体设置如图 2-6-47 和图 2-6-48 所示。

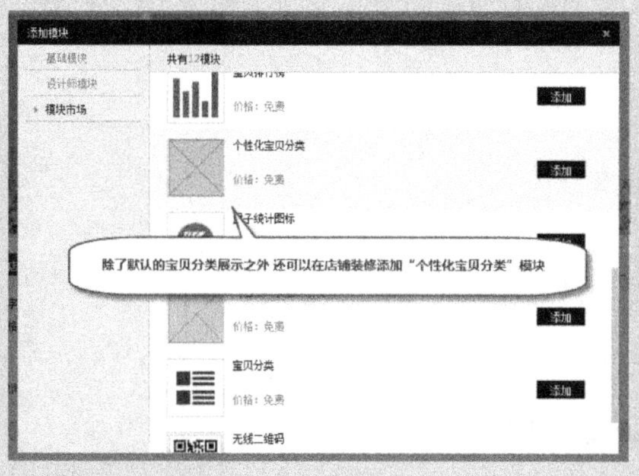

图 2-6-47

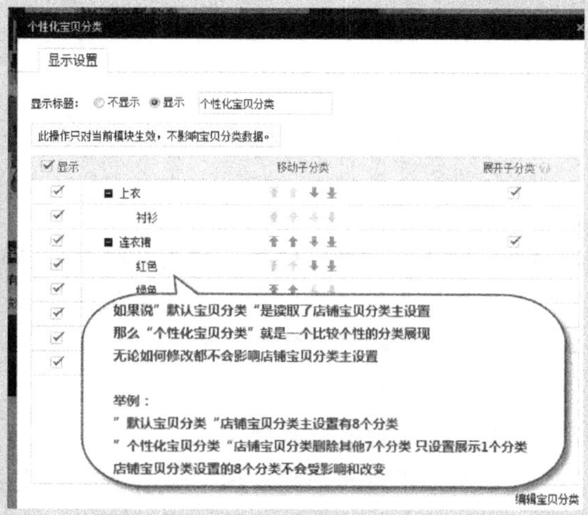

图 2-6-48

拓展练习

1. 在淘宝旺铺专业版或基础版规划布局。
2. 在“样式管理”中，做好网店首页的配色。
3. 规划和设计商品分类。

任务评价

序号	评价项目	评价内容及要求	自评分	第三方评分		总分
				小组互评	教师评分	
1	网店首页规划与美化	模块规划：模块规划符合用户浏览习惯				
2		商品分类：商品分类明细合理，分类图标设计美观				
3		样式：样式配色和谐，颜色表现与店招、广告搭配美观，并且适合所销售的商品				
4		背景：页头背景是店招的延长，页面背景能烘托广告及商品主图				
5	小组汇报	PPT 制作精美，整体布局风格（包括模板设计、版式安排、色彩搭配等）美观合理。整部作品播放流畅，运行稳定、无故障				
6		小组汇报语言规范（普通话），声音洪亮、圆润，吐字清晰，表达准确，无口头语				
7		反应灵活，能够很好地回答评委的提问，结束提问时能够回到结论要点，予以总结				

总结反思

通过研究买家浏览路线，对首页进行规划和美化。

1. 样式管理和配色

（1）根据主营商品的特点修改网店样式。

（2）综合考虑网店的定位、季节的变换。

2. 布局管理

（1）网店模块的布局要符合买家浏览路线规律。

（2）主打商品的广告和商品主图位置显眼。

（3）浏览路线热点有点击引导。

3. 商品分类

（1）首先要确定分类的原则。

（2）根据商品的种类多少、数量多少确定分类的级别。

（3）根据商品的特点设计分类图标。

学习子情境七　网店焦点广告的设计与制作

学习目标

1. 了解焦点广告的促销和转化作用。
2. 掌握焦点广告制作的基本要求。
3. 培养团队有效沟通的素养。

一、网店首页焦点广告的设计原则

漫步佳人鞋店开店成功，店主小美为推广产品，开始对比同类卖家的网店，如图 2-7-1 和图 2-7-2 所示。

A

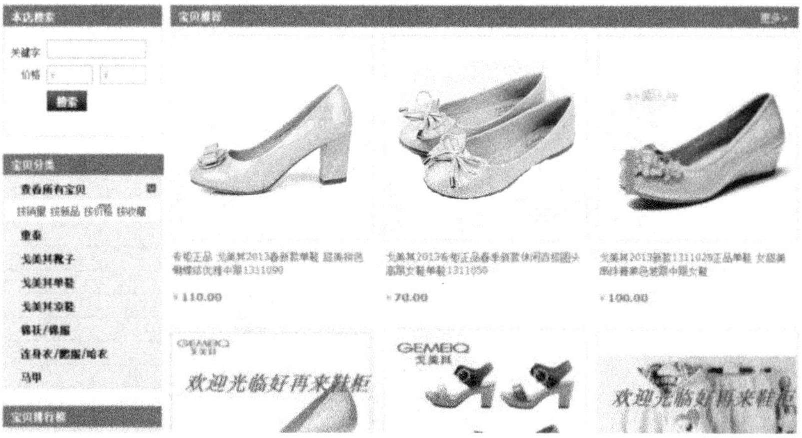

图 2-7-1

B

图 2-7-2

引导问题

1．A 店首页与 B 店首页对比，哪个店的进店率会更高？

2．B 店首页的通栏广告包含了哪些要素？

淘宝网店首页焦点图是网店宝贝风格和形象的一个展示窗口，优秀的首页焦点图能让买家驻足流连，能让买家继续关注，反之，则加速了买家的逃离速度。那么，首页焦点图该如何设计才能抓住买家呢？要注意以下几个原则。

1．原则一：对比

对比的目的是避免出现太多的相似元素并引起观者最先的注意力。如果要不同，干脆就截然不同，如形状、大小、字体、颜色、宽度等，如图 2-7-3 所示。

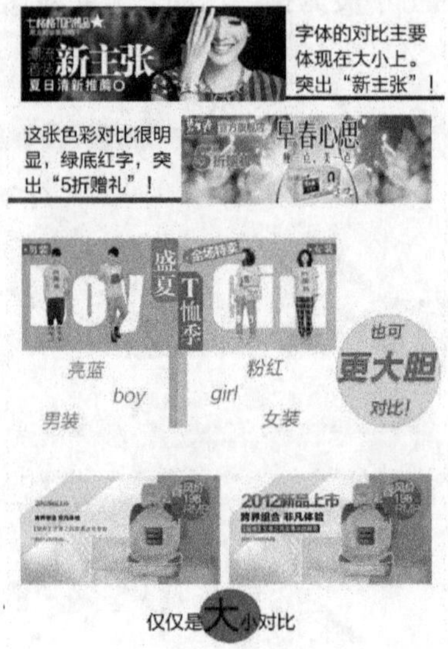

图 2-7-3

2．原则二：重复

重复是为了增强画面的统一性和条理性。重复的元素可以是图形、大小、宽度、材质、颜色等。重复还可使观者加深印象，品牌宣传中重复其 LOGO 是很好的做法，如图 2-7-4 所示。

图 2-7-4

要避免太多地重复同一个元素，重复太多会让人生厌。避免时可注意对比的价值。

3．原则三：亲密性

亲密性的基本思想是构建清晰的结构。将相关项归组在一起，尤其是多个项相关性强时，归组会使它们形成一个视觉单元，而不是零散的元素，如图 2-7-5 所示。

图 2-7-5

4．原则四：对齐

对齐，使画面建立一种清爽的观感。其原理是让任一元素都与画面上某一内容存在一种视觉联系，如图 2-7-6 所示。随意安放是其禁忌。

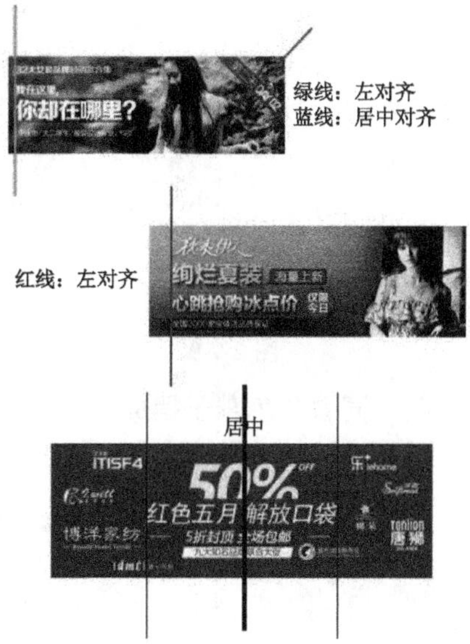

图 2-7-6

学习与思考

焦点广告设计除了上述的 4 个原则，还有 3 个原则，即要在 3 秒内吸引住受众、配色不要超过 3 种、重点不要超过 3 个。观察图 2-7-7 和图 2-7-8 所示的焦点广告，各有哪些问题呢？

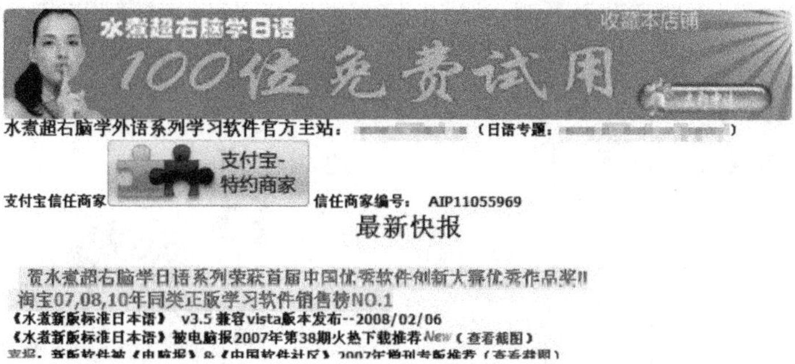

图 2-7-7

图 2-7-8

二、网店首页焦点广告的制作步骤

在设计网店广告焦点图前，要与相关同事详细沟通，明确广告焦点图的主要目标和具体要求。

（1）首先设置一个清新简洁的浅绿色背景，奠定春意的到来，如图 2-7-9 所示。

图 2-7-9

（2）在页面右边放上产品主图，同款各色鞋子摆成彩色花朵，如图 2-7-10 所示。

图 2-7-10

（3）制作简单、直接、有效的促销文案，紧贴促销对象，如图 2-7-11 所示。

图 2-7-11

（4）配上穿着效果图，让顾客心动不已，如图 2-7-12 所示。

图 2-7-12

（5）在脚步前进的方向，写下产品最有优势的卖点：“手工编彩带”，如图 2-7-13 所示。

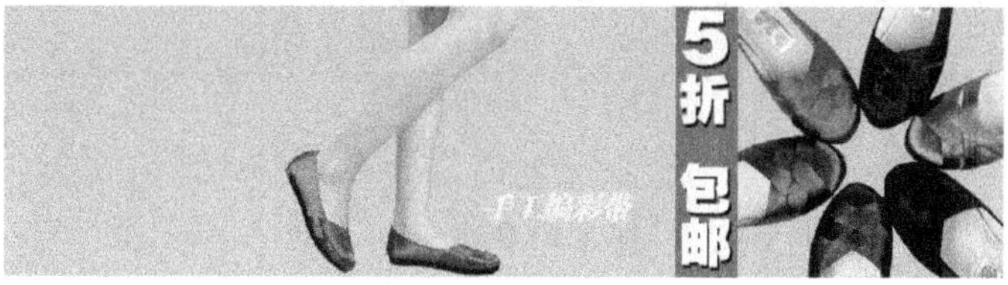

图 2-7-13

（6）加上蝴蝶剪影点缀和七彩的“SPRING”、“Fashion”字样，既表明了鞋子是春季新款，又突出了鞋子的彩带元素，如图 2-7-14 所示。

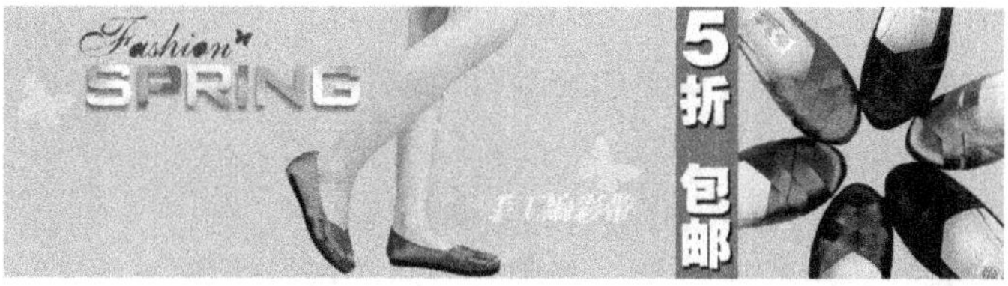

图 2-7-14

（7）最后在左下角盖上礼盒纹样，暗示购买额外有礼品，让消费者确定购买决心，如图 2-7-15 所示。

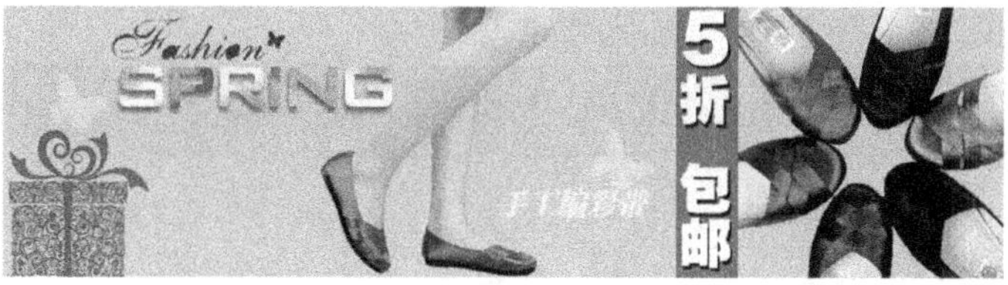

图 2-7-15

任务评价

序号	评价项目	评价内容及要求	自评分	第三方评分		总分
				小组互评	教师评分	
1	网店焦点广告的设计与制作	小组讨论，明确广告的主题和重点，确定产品卖点文案、促销文案、服务文案等				
2		背景图和配色：背景图和配色能体现产品的特性，能衬托产品，达到和谐的效果				
3		布局：主品主图和主体文案的摆放位置要符合黄金分割原则的视觉效果				
4		文案：文案的重点突出，排版美观				
5		品牌：在适当的位置加入品牌 LOGO				
6		整体：设计风格独特，布局合理，表现清晰				
7	小组汇报	PPT 制作精美，整体布局风格（包括模板设计、版式安排、色彩搭配等）美观合理。整部作品播放流畅，运行稳定、无故障				
8		小组汇报语言规范（普通话），声音洪亮、圆润，吐字清晰，表达准确，无口头语				
9		反应灵活，能够很好地回答评委的提问，结束提问时能够回到结论要点，予以总结				

学习子情境八　带数据包的产品发布

学习目标

1. 掌握使用供应商数据包的基本条件和要求。
2. 掌握通过淘宝助理上传供应商提供的数据包来发布产品的方法。

小美在供销平台找到了货源，供应商通过了小美店铺的代销申请，并给小美发来数据包。现在小美要到淘宝助理网站下载淘宝助理，并使用淘宝助理导入数据包，上传发布产品。

（1）通过阿里旺旺接收供应商传来的数据包，并存放在计算机的本地硬盘。

（2）登录淘宝助理网站，下载了淘宝助理并安装。

（3）登录淘宝助理，账号和密码与小美淘宝网店的账号密码一致，如图 2-8-1 所示。

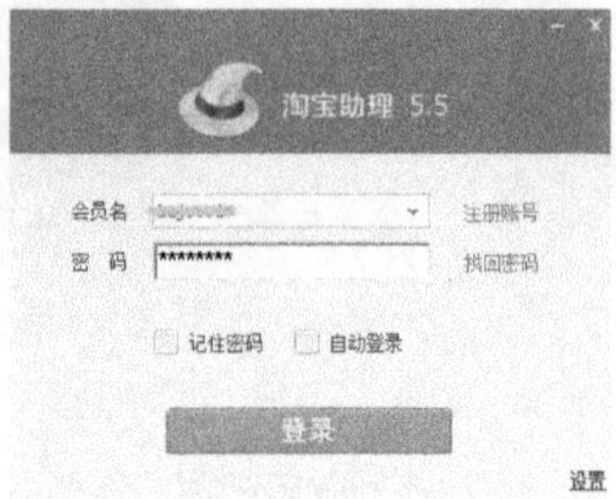

图 2-8-1

（4）执行“宝贝管理”→“本地库存宝贝”→“导入 CVS”命令，在本地硬盘找到从供应商处获得的数据包，打开，开始导入，如图 2-8-2 和图 2-8-3 所示。（增加为新宝贝）

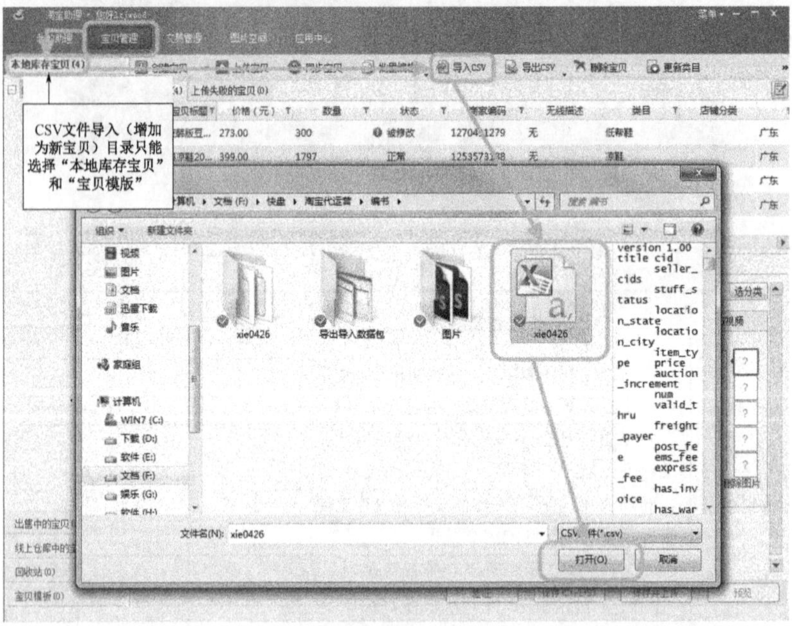

图 2-8-2

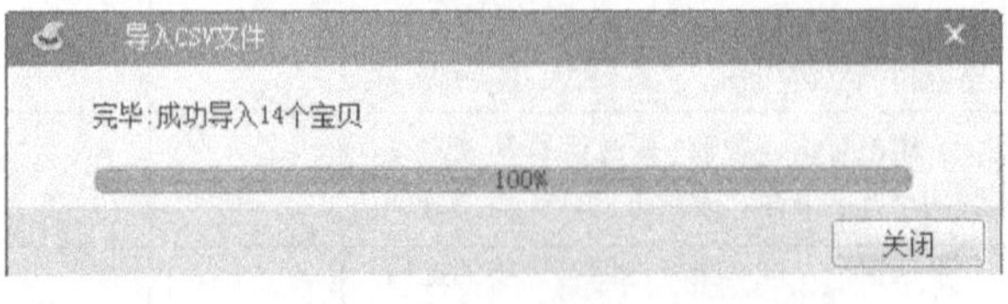

图 2-8-3

（5）导入数据后，产品描述仅在本地数据中，并未在网店上发布。这时，在“宝贝管理”→“本地库存宝贝”里，勾选所有产品，然后单击“上传宝贝”按钮，进行产品发布，如图 2-8-4 所示。

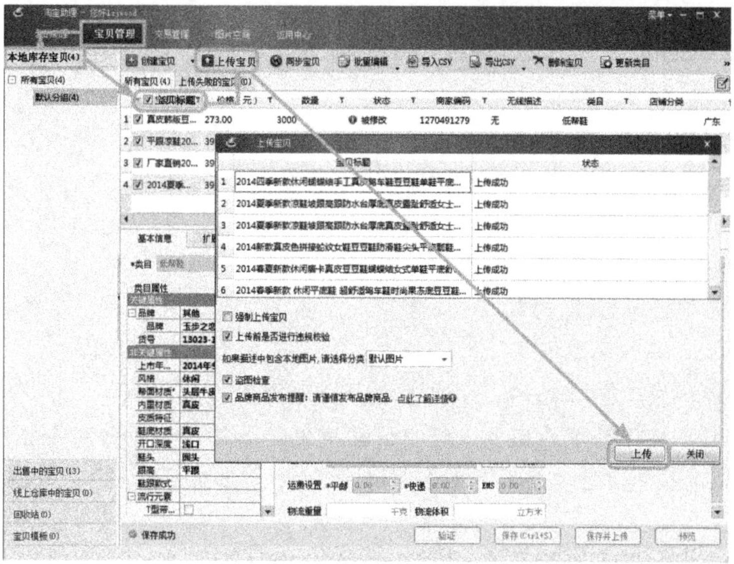

图 2-8-4

（6）上传成功后，小美成功发布了产品，即可到“卖家中心”的后台，在“出售中的宝贝”中对产品进行操作和管理，如图 2-8-5 所示。

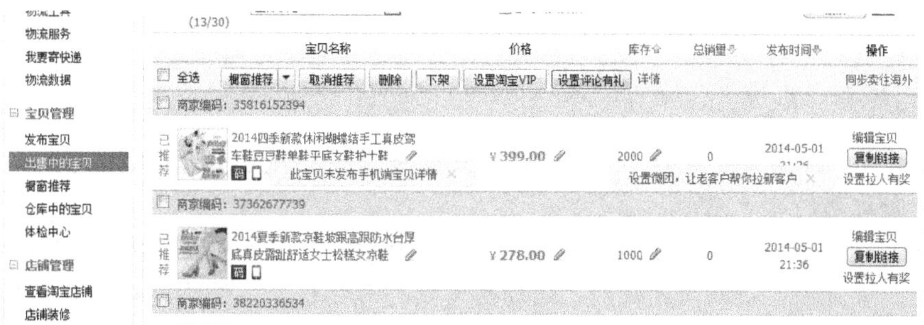

图 2-8-5

引导问题

1. 小美通过供应商提供的数据包上传发布产品，有哪方面的好处？
2. 供应商提供给小美的数据包可以给其他人使用吗？
3. 小美可以使用淘宝助理对产品进行修改吗？

知识链接

淘宝助理软件介绍

1. 淘宝助理的概念

淘宝助理是一款提供给淘宝卖家使用的免费、功能强大的客户端工具软件，它可以使卖家不登录淘宝网就能直接编辑宝贝信息，快捷批量上传宝贝。其强大的批处理功能将省去大量卖家上传和修改商品等信息的时间，大大提高开店效率。从而使卖家有更多的时间关注经营和其他工作。

2．淘宝助理的特点

（1）离线管理、轻松编辑商品信息。

（2）快速创建新宝贝，还可以通过模板让卖家在数秒钟内就建立新的宝贝。

（3）批量编辑宝贝信息，节省宝贵的时间。

（4）通过下载，轻松修改已经发布的宝贝。

（5）修改后批量上传，无须人工操作。

（6）批量打印快递单、发货单，省去大量人工填写工作，还可以自定义打印模板。

（7）批量发货，减少手工操作，针对某些快递单还能自动填写运单号。

（8）批量好评，减少手工操作，方便通过好评进行营销。

（9）图片搬家，提供简单的操作，将宝贝描述中的图片自动迁移到淘宝图片空间。

（10）支持本地图片，上传宝贝时自动将本地图片上传图片空间，让本地图片在宝贝描述中尽情展现。

（11）支持视频、Flash，炫出你的宝贝，让宝贝动起来。

（12）批量编辑宝贝，对宝贝描述、类目、属性全新改版，节省更多的宝贵时间。

（13）交易管理批量编辑，批量编辑物流公司和运单号，减少手工操作。

（14）导入导出 CSV 格式，可更自由地编辑库存宝贝、出售中宝贝、线上仓库中宝贝的商品信息。

学习与思考

小美另外从厂家订购了几款鞋子，需要自己发布产品。小美该如何使用淘宝助理才能最快上传和发布新订购的鞋子呢？

小美通过研究学习淘宝助理的特点，发现淘宝助理有“宝贝模板”功能，可以将几款鞋子相同的属性、宝贝描述中相同的促销、活动信息制作成模板，以便快速新建宝贝。

在新建模板之前，小美先研究了鞋子发布的属性，提取了相同的信息，然后开始新建这几款鞋子的模板，如表 2-8-1 所示。

表 2-8-1

基本信息	销售属性	宝贝描述
1．宝贝标题：玉步 2014 新款夏季 2．宝贝属性相同的类目：风格、面料、皮质特征、鞋底材质	1．进货、库存码数 2．颜色	1．促销信息 2．常见问题解答 3．尺码图 4．厂家

操作步骤：在“宝贝模板”页面中单击“创建模板”按钮，设置“基本信息”、“销售属性”、“宝贝描述”等信息，如图 2-8-6 所示。

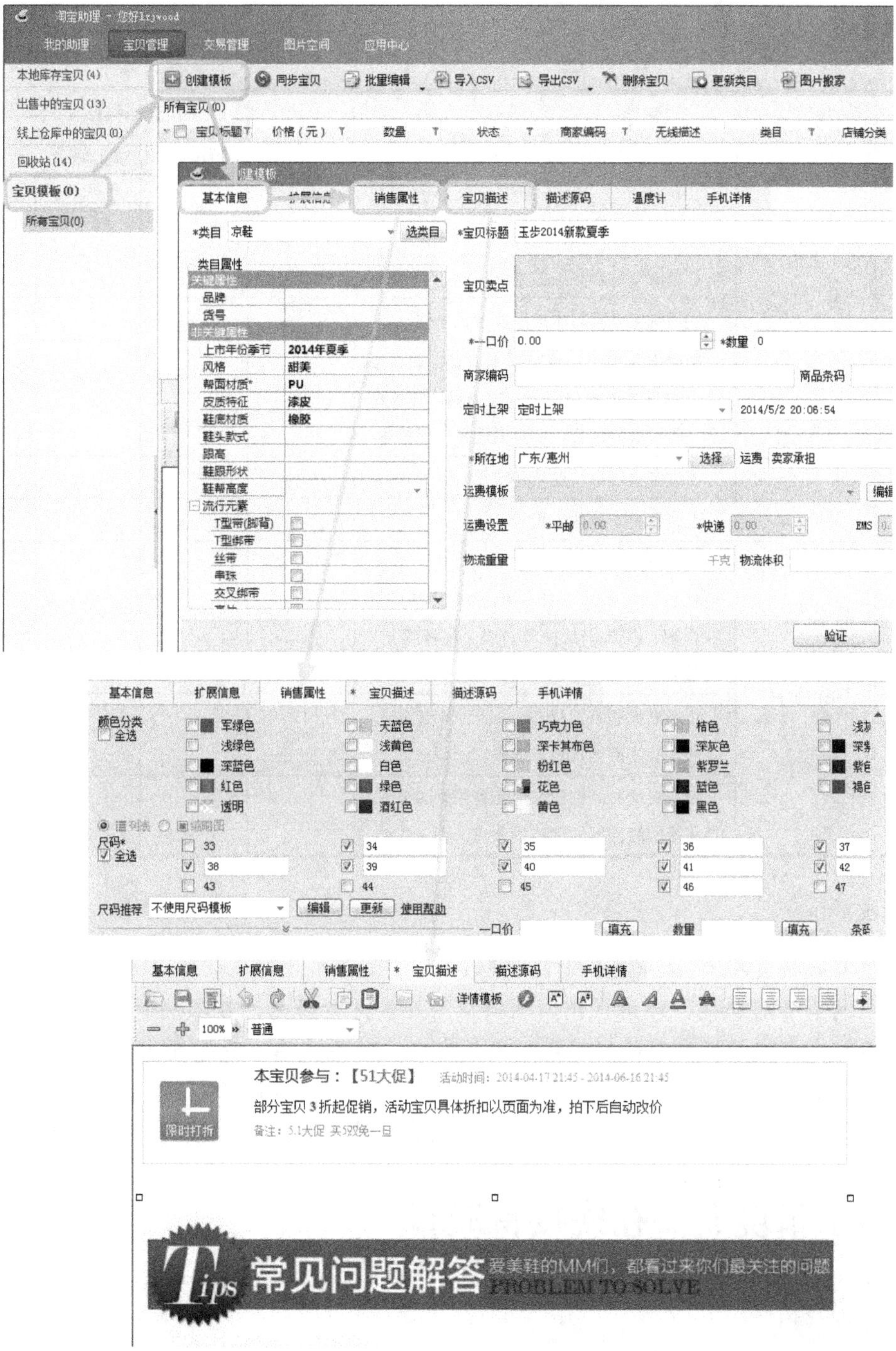

图 2-8-6

拓展练习

1. 使用“玉步 2014 新款夏季”模板新建宝贝。
2. 批量更改产品标题，在所有产品标题前加上“51 大促”。

任务评价

<table>
<tr><th rowspan="2">序号</th><th rowspan="2">评价项目</th><th rowspan="2">评价内容及要求</th><th rowspan="2">自评分</th><th colspan="2">第三方评分</th><th rowspan="2">总分</th></tr>
<tr><th>小组互评</th><th>教师评分</th></tr>
<tr><td>1</td><td rowspan="3">导入数据包，上传发布产品</td><td>从供应商或任课教师处接收产品数据包，并获得图片授权</td><td></td><td></td><td></td><td></td></tr>
<tr><td>2</td><td>使用淘宝助理导入数据到本地库存宝贝</td><td></td><td></td><td></td><td></td></tr>
<tr><td>3</td><td>使用淘宝助理将本地库存宝贝上传发布</td><td></td><td></td><td></td><td></td></tr>
<tr><td>4</td><td rowspan="3">新建模板、新建宝贝</td><td>新建宝贝模板：填写基本信息、销售属性、宝贝描述的相同项。宝贝标题提炼精准、类目属性适合、宝贝描述统一促销等</td><td></td><td></td><td></td><td></td></tr>
<tr><td>5</td><td>通过宝贝模板快速新建宝贝</td><td></td><td></td><td></td><td></td></tr>
<tr><td>6</td><td>上传发布新建的宝贝</td><td></td><td></td><td></td><td></td></tr>
<tr><td>7</td><td rowspan="3">小组汇报</td><td>PPT 制作精美，整体布局风格（包括模板设计、版式安排、色彩搭配等）美观合理。整部作品播放流畅，运行稳定、无故障</td><td></td><td></td><td></td><td></td></tr>
<tr><td>8</td><td>小组汇报语言规范（普通话），声音洪亮、圆润，吐字清晰，表达准确，无口头语</td><td></td><td></td><td></td><td></td></tr>
<tr><td>9</td><td>反应灵活，能够很好地回答评委的提问，结束提问时能够回到结论要点，予以总结</td><td></td><td></td><td></td><td></td></tr>
</table>

总结反思

通过现有数据发布商品要做好以下几点要求。

（1）在网店开店初期，申请代销，从供应商处获得数据包，可以快速开店铺货。

（2）不能完全依赖供应商的数据包，要想在众多同类产品中脱颖而出，需要批量优化宝贝标题等。

（3）要练习通过淘宝助理新建宝贝模板、快速新建宝贝，为以后的工作打好基础。

学习子情境九　在线接待流程

学习目标

1. 掌握在线接待的流程。
2. 掌握自动回复、签名轮播、快捷回复的方法与技巧。
3. 培养懂得倾听的工作态度；培养为顾客保密的职业素养。

小美发布产品后不久，迎来了第一位顾客，可是这位顾客仅仅与小美聊了几句，就离开了。以下是聊天记录：

买家：店主在吗？

小美：在

买家：这款蝴蝶单鞋送鞋垫吗？

小美：不送鞋垫。

引导问题

1. 买家为何只问了两个问题就离开了？仅仅是因为不送鞋垫就不想买了吗？

2. 小美应该如何回复才能留住顾客？

在网络中，语言和聊天表情就是客服的态度。在买家首次咨询时，小美应该友好、热情地回复顾客。

小美总结了首次迎客的失败经验，并且查阅了在网上与顾客沟通的基本要求的资料，为店铺在线接待顾客制定了流程。

知识链接

网店客服服务的基本要求

（1）反应及时（关键字：反应快、训练有素）。顾客首次到访打招呼的时间不能超过15秒。打字速度要快，至少要达到50字/分钟，且不能有错别字；每次回答顾客问题，顾客等待时间不能超过20秒。如回答太长，宜分次回答。

（2）热情亲切（赞美、热情、亲昵称呼、自然、真诚）。用语规范，礼貌问候，让顾客感觉热情，不能用生硬的话语，做到亲昵称呼，自然亲切。

（3）了解需求（细心、耐心、有问必答、准确、找话题）。对顾客的咨询、需求给予准确的回应，并快速提供顾客满意的答复，需求不明确时做到引导顾客产生需求。

（4）专业销售（自信、随需应变、舒服）。以专业的言语、专业的知识、专业的技能，回答顾客异议，让顾客感觉我们是专家并感受上帝般的舒服。

（5）主动推荐和关联销售。善于向顾客推荐公司主推款，并给予关联推荐，乃至达成更高的客单价。

（6）建立信任（建立好感、交朋友）。通过经验，找到和顾客共鸣的话题，想顾客之所想，给顾客恰当的建议，建立销售的信任。

（7）转移话题，促成交易。碰到顾客刁难、啰嗦或公司弱点问题，迅速转移话题，引导销售，并以促成交易为目的。

（8）体验愉悦（解决问题、强化优势、欢送）。服务过程中给顾客找准记忆点，强化顾客记忆，给顾客良好的体验并留下愉悦的回忆。

根据与顾客沟通的原则，在线接待流程可分为8个步骤。

（1）问好：彬彬有礼，当阿里旺旺提示有顾客咨询时，在提问和回答之前要先问好。可以编辑好一个问好的自动回复或者快捷短语，让顾客感受到你的热情和重视。

（2）提问：主动询问顾客有什么需要，看自己是否能为他提供帮助。

（3）咨询：根据顾客的询问，运用行业知识、商业知识、生活经验等做出客观、专业的回答。

（4）谈判：对于议价问题可以根据具体情况酌情处理，如果不能接受议价，可以委婉地拒绝，或者将顾客的注意力转向买赠活动或者买就送之类的折中优惠方式，引导顾客消费，切忌态度生硬、强势，避免引起争执。

（5）推荐：在回答一个商品咨询的同时，要有意识地推荐顾客购买更多的商品，如推荐其他商品给顾客以搭配建议、推荐促销活动商品、推荐最新款式或店铺的购物优惠政策等。

（6）帮助：在顾客购买商品以后，帮助顾客修改运费或指导他们进行在线支付的操作。

（7）核实：确认顾客付款以后，要用阿里旺旺与顾客核实购物清单与收货地址，如果顾客有特殊要求或者需要修改地址，要及时标注在备忘录里。

（8）告别：礼貌地告别。不管是否成交的顾客都要耐心、诚恳，让顾客体会到我们的服务态度。如有需要，可以加为旺旺好友，便于进行客户管理和跟进。

学习与思考

小美决定先要做好第一步友好迎客，并且在阿里旺旺的客服设置里设置了自动回复，如图 2-9-1 所示。请同学们帮小美想想，如何设置买家第一次咨询时的自动回复？

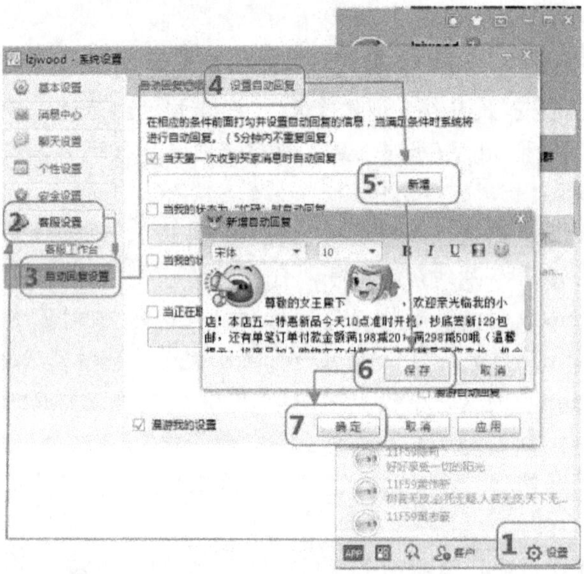

图 2-9-1

自动回复类型：

赠送礼品型：

承诺型：

广告宣传型：

优惠促销型：

咨询：有些顾客关心商品属性信息及推荐，如鞋子穿 41 码的，你们的要穿多少码？这款商品尺码偏大（偏小）吗？什么时间出产的？什么材料？穿着会不会热（冷）？什么材质的？产地是哪里的？重不重？对此的答复可参考表 2-9-1。

表 2-9-1

问题	提问背景	解答参考	掌握和技巧
鞋子穿 41 码的，你们的要穿多少码	平常穿阿迪，准备看下耐克的鞋子	1. 恭维：看得出，您穿阿迪牌子好久了，耐克鞋子，尤其篮球鞋和板鞋很不错，不知道您想看耐克哪个系列的鞋子？我可以帮您推荐一下。 2. 目前我店还没有按尺码查找的功能，不过这两个牌子的尺码还是比较规范的，基本差不多，具体您可以看下您挑选的系列和尺码表对照一下，稳妥一点	客服最好事先知道各品牌的尺码特征（需要销售部提供资料）
这款商品尺码偏大（偏小）吗	以前遇到过此类问题，慎重问一下	如果商品页面没有特别说明，一般都是和平常穿的尺码一样的，您可以参照该品牌尺码表判断一下	客服最好事先知道各品牌的尺码特征（需要销售部提供资料）
商品还有其他颜色吗		1. 是这样的，我们的商品太多了，不太容易记得住，现在实在太忙了，已经挂了十几个旺旺了，不然我可以帮您找下的，抱歉啊！ 2. 如果有时间，可以帮助做推荐	根据时间灵活把握
什么材料？穿着会不会热（冷）	也许是个新手，也许是个专家	您可以仔细看下商品页的属性资料，都会有介绍的。 如果客户具体问到某个细节，再做回答。 服装： 鞋子：	客服要具备各类产品的基本知识（计划在每个品牌页提供产品导购信息供参考）
这款鞋子重不重	很关注鞋子的性能，比较专业或许会用于某个使用环境	1. 问鞋子多少重的人，还真少，您准备在什么地方穿啊？ 2. 这款鞋子（看图片判断）应该是正常的重量。 3. 我的朋友穿了一双和这款差不多的，比一般鞋子要轻得多，走路很舒服的	看具体款式判断来说
什么时间出产的	顾客也许关心的是鞋子是否是新款	鞋子和食品不一样哦，出产时间倒不是最重要的，这款刚上市不久，您挺喜欢是吗（抛出问题，了解需求）	建议多抛一些问题，挖掘出顾客各方面的需求，如款式、喜欢的配色、使用场合、用途、价格段、自己穿还是送人等

谈判：有些顾客希望价格优惠，如这款鞋子价格能不能再低点？最低多少钱？能再打个折扣吗？有无赠品？下次购买有无优惠？能否包邮？能多配双鞋带吗？

小美该如何处理这些问题？对此可参考表 2-9-2。

表 2-9-2

问题	提问背景	解答参考	掌握和技巧
价格能再低点吗？能再打个折吗	顾客养成的习惯问语 碰到较贵的商品 讨价还价的心理	1. 我家的商品是正规渠道进货的，价格已经比线下低很多啦。 2. 售价是公司规定的，我们客服是没有权利议价的，希望理解	1. 话语可以随和一些，缓和气氛。 2. 告知网络购物，已经比线下专卖店便宜很多了
你家卖得挺贵呀	顾客试探性说语	呵呵，不知道您是不是和我们开玩笑说啊？贵与不贵是相对的，我们不是靠低价起家的，如果您了解的话，我们更乐意为您提供一种价值的服务	缓和一下气氛，探听顾客背后有什么信息

续表

问题	提问背景	解答参考	掌握和技巧
有没有赠品	习惯性问法 爱好此类优惠方法	1．直接法：不好意思，公司在节假日搞促销活动时才会有礼品呀。 2．提醒法：公司在节假日都会有一些促销活动，回馈新老顾客，但促销类型也很多，不一定就是送礼品的，届时您可以积极关注一下。大家彼此理解	回复后提醒他积极关注节假日活动，如有必要，可以告知他最近一次促销情况，提早单独告知，让顾客感觉受到礼遇
别家都送礼品了（别家都可以再优惠），你家怎么这么死板啊	其他家也许在促销	1．各家各有各的经，商城竞争也激烈，有的商家卖价格很便宜，但是其他服务根本得不到保证，这个你们可要小心啊。（试探间接问，看他是否会说出别家的促销方式） 2．公司拟定商品价格不是随意轻易定价的，一分价钱一分货，公司一定有计划、合理定价的	1．强调打折或送礼品，其他服务是不是能跟上，做提醒。 2．强调价格是公司行为，有其合理性
你们不优惠我就走了	威胁，但希望在我们家下订单的一种心理	1．通过刚才的话语问候，感觉您还是很识货呀，这款产品在××方面，确实×××，现在对运动鞋能像您这样理解到位的，太少了，顶一下（表情符号）。 2．对于其他商家经营行为，我们是无法干涉的，许多老顾客在我们店买了又买，说实在的，我们公司倡导的是为顾客提供价值，而不是价格。 3．您来到我们店铺也是种缘分呐，您放心，您买过我们的商品就会体会到我们的服务了，您这件商品这几天好像好多人问（买），我先帮您看下库存吧（您如果觉得款式满意，就赶紧拍下吧，到处逛也挺累的）	“三明治”策略 1．先赞美顾客的优点。 2．强调公司的理念“为顾客提供价值”。 3．促成交易行动和话语提出

帮助：有些顾客担心退换货的问题，如尺码不对可不可以换？如果商品不喜欢可不可以换？邮费由谁承担？可以换其他款式的吗？吊牌被拿掉了可不可以退换？退货要用什么快递？退换货邮费可以到付吗？（记住一定要请客户放心，如确实为质量问题我们一定会妥善处理，给客户一个满意的答复）

小美又该如何回复呢？对此可参考表2-9-3。

注：内裤等贴身衣物一经售出，由于商品特殊，不接受退换货。

表2-9-3

问题	提问背景	解答参考	掌握和技巧
尺码不对可不可以换	担心尺码不合适	我们的服务政策：7天无条件退货，15天无理由换货，只要在规定时间内提出，寄回商品不影响二次销售，都是允许的	阐明政策并解释
买了不喜欢，可以换其他款式的吗	担心图片与实物差异	1．15天内可以换同款的不同颜色或尺码。 2．如果超过7天，要换其他款式，那是不行的。 3．为避免不必要的退换货，您在拍下的时候，请慎重考虑哦，想好了再下单并完成付款哦	说明政策，提醒仔细、慎重选款下单
退换货都有什么流程	不了解	1．亲，可以看看我们这里的“退换货须知”。 2．最主要的，有退换货需求，要及时告知我们，说明情况，我们会按合理的流程为您办理的。 3．如果是质量问题，需要发图片给我们审核的	提醒对方详细阅读条款

续表

问题	提问背景	解答参考	掌握和技巧
吊牌被拿掉了可不可以退换	提出可能的问题	1．原则上是不行的（看顾客反应）。 2．（顾客再次咨询和要求）当然，这个不是死的，我们会根据情况判定，以及做人性化处理。 3．呵呵，以前也有这样现象出现过，我记得当时一位顾客退款时候少退了10元吧（不直接说，威慑一下）	提醒下单慎重，穿着时注意
退换货邮费由谁支付？可以到付吗	关心核心问题	1．因质量问题的退换货，由我们支付，其他因款式不喜欢、尺码不对、颜色调换等退换货的往返费用，都需要由顾客来承担的。 2．我们允许退换货，退回来的就是我们的库存呀，到时候都是要亏本销售的，呵呵。 3．到付也是可以的，只不过都是会在您的账户中扣除的	详细说明
退款一般什么时候打到我们账户		如果退换流程顺利和正常，一般3～5个工作日内吧（有时候财务会出差，也有可能需要考虑的，呵呵）	交代正常情况下的执行，并告知不可预测情况

核实：有顾客在小美的店铺下单付款了，但兴奋的小美并没忘记向顾客再次核实订单详情，避免出错。

亲，你在我店购买的鞋子韩版2014款真皮水钻凉鞋：码数36 颜色 黑色 数量 一双。收货地址：广州市天河区布心花园8栋506房，收货人：殷红，联系电话：1382616××××。请核实，我们于下午5点统一发快递给您！请注意查收（表情符号）。

核实的要点：地址、收件人姓名、联系电话，商品名称、型号（款式）、尺码、数量等。

告别：顾客核实确认信息后，小美与顾客礼貌告别。

亲，收到货以后有什么问题可以联系我们哦（表情符号），如果对我们的宝贝满意，请给我打5分鼓励哈。祝您生活愉快！

知识链接

网店客服的用语要求

（1）及时回复：由于现代生活节奏越来越快，网络购物容易比较等特性，在网店客服服务中，有个“黄金6秒”原则，即顾客咨询时，如果客服超过6秒没有回复，顾客多数已转向其他店铺或离开做其他事情了。

（2）用语亲切：加上语气词“哦”、“呢”、“噢”等，令语气不生硬，给顾客展示亲切友好的形象。

（3）为顾客着想：现在是一个快节奏、高效率的时代，时间很宝贵。因此，我们在为顾客服务的时候，首先要考虑如何节省顾客的时间，为顾客提供便利快捷的服务。所以，设身处地为顾客着想，以顾客的观点来看待商品的陈列、商品的采购、商品的种类、各项服务等，才会让顾客感到方便满意。事实上，许多人在服务时，并不了解顾客的需要和期望，不了解顾客迫切需要的是什么样的服务，所以结果往往不理想。

（4）标准化礼貌用语：向顾客展示专业形象，树立顾客对店铺的购物信心。

（5）搭配旺旺表情：可进一步提高亲和力，为友好服务加分。

拓展练习

为网店制定标准在线接待流程及标准回复话术，包括友好迎客、接待咨询、议价、尺寸问题回复、物流相关等，并将标准回复话术导入到阿里旺旺的快捷回复里。

知识链接

在阿里旺旺聊天窗口中，单击“快捷短语”图标，然后单击“新建”按钮，弹出“新建快捷短语”对话框，可以输入回复话术，并指定快捷键，如图 2-9-2 所示。

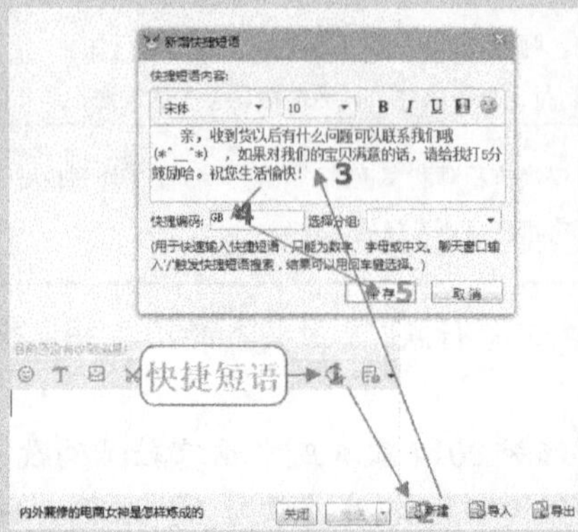

图 2-9-2

任务评价

序号	评价项目	评价内容及要求	自评分	第三方评分		总分
				小组互评	教师评分	
1	在线接待	每个接待流程均设有标准回复话术				
2		话术语气友好，句子通顺，无错别字				
3		问题回复设计周全，能应对多数顾客的询问				
4		能适当加入表情符、表情图				
5		正确设置各种情况下的自动回复				
6		正确将话术增加到快捷回复，快捷回复键设置合理、易记				
7		小组间互相模拟接待				
8	小组汇报	PPT 制作精美，整体布局风格（包括模板设计、版式安排、色彩搭配等）美观合理。整部作品播放流畅，运行稳定、无故障				
9		小组汇报语言规范（普通话），声音洪亮、圆润，吐字清晰，表达准确，无口头语				
10		反应灵活，能够很好地回答评委的提问，结束提问时能够回到结论要点，予以总结				

总结反思

通过在线接待顾客及汇报，总结网店客服在线接待不仅要遵循在线接待流程，还要避免出现以下问题。

（1）责任心：态度冷漠，话语生硬，动作消极。

（2）立场：言语措词恶劣或欠妥，攻击或损伤顾客。

（3）专业：知识不够技能浅，服务不到位，给网店造成损失。

（4）细心度：促销活动理解不深，细节不清楚，顾客不明白，效率低。

学习子情境十　物流发货

学习目标

1. 掌握从 1688 物流发货的流程。
2. 掌握订单状态的监视、订单内容的审核、物流的跟踪。
3. 培养守时、即时、争分夺秒的工作态度。

一、从 1688 进货的物流发货

小美代销的商品有了订单，并且买家已付款。现在小美要从 1688 的供应商处下单发货。小美网店订单的状态如图 2-10-1 所示。发货操作流程如图 2-10-2～图 2-10-4 所示。

图 2-10-1

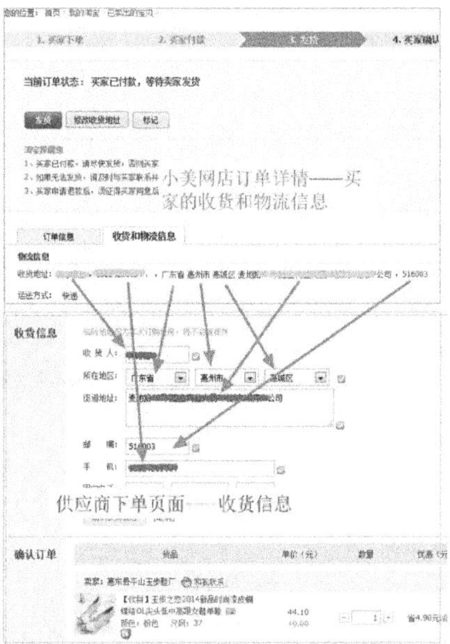

图 2-10-2

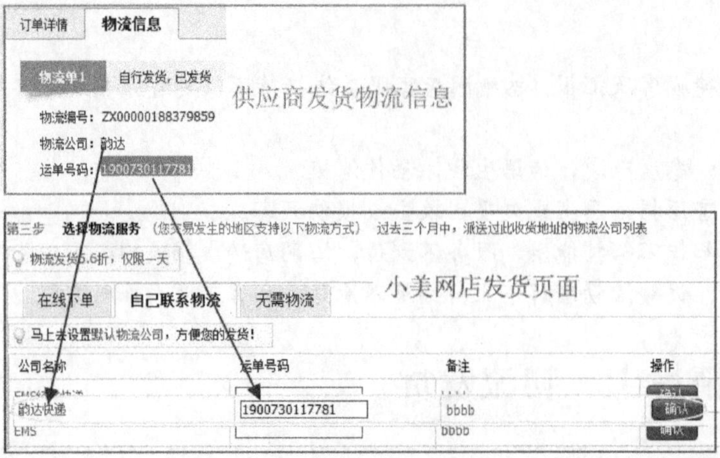

图 2-10-3

图 2-10-4

小美发货成功了，兴奋的小美对第一笔订单特别关注，如图 2-10-5 所示。

图 2-10-5

知识链接

一件代发

一件代发是指货源供应商为淘宝等网店分销商提供的一件代发货服务。浅显地说，就是你卖一件，我就给你直接发一件，不需要分销商进货压库存，从而实现零库存、零成本，也节省了分销商大量的人力物力。这种形式对于草根创业很有优势，但对于出货量大的卖家可能就会引发爆款掣肘。在学习阶段、创业初期可以采用这种模式。

如何在1688上寻找一件代发货源？

在1688网上有很多一件代发的厂家，在搜索框中输入关键字“一件代发”即可找到相关厂家。例如，“一件代发 女鞋 凉鞋”的搜索结果如图2-10-6所示。

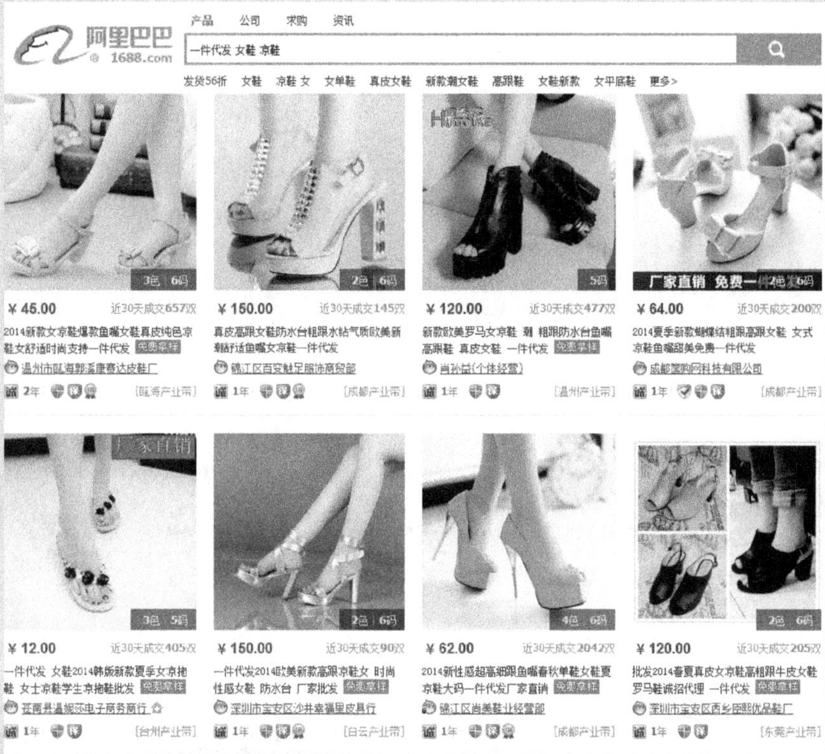

图2-10-6

二、从仓库发货

网店经营一段时间后，小美网店的订单开始多了起来。这时，为了加快发货速度，打造爆款，小美凭自己的研究和判断，从厂家订购了一批A款鞋子。现在，小美销售A款鞋子都是自己联系物流，自己发货。

引导问题

1. 小美自行发货要考虑哪些问题呢？
2. 请帮助小美设计仓库发货流程。

使用淘宝助理，可以打印发货单和快递单。

启动淘宝助理→“交易管理”→“下载订单”→“打印发货单”、“打印快递单”，如图2-10-7～图2-10-9所示。

在“交易管理”左下角，有“模板管理”选项，内有常用快递公司的快递单模板，可以根据需要调整打印内容、位置等，以达到最好的打印效果。

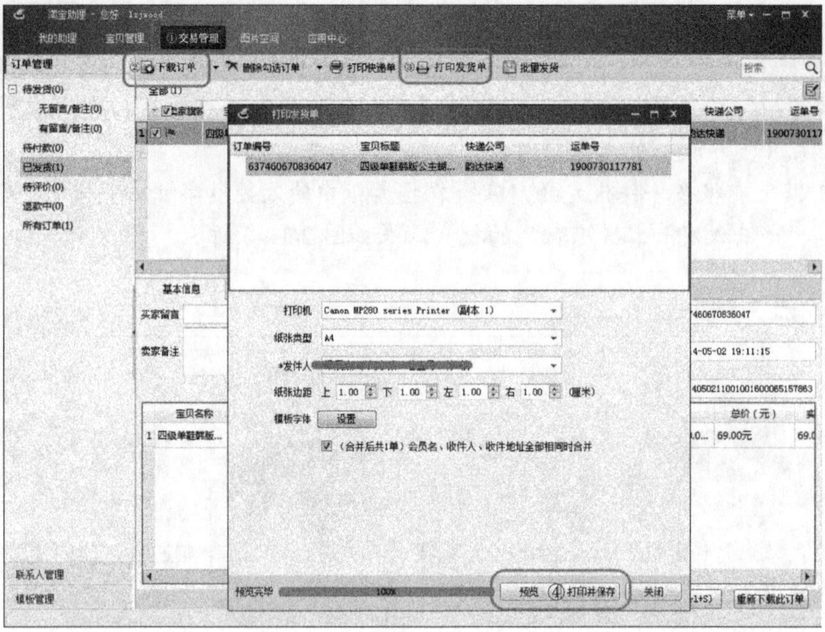

图 2-10-7

发货单 637460670836047

收件人: 昵称: 联系方式: 地址: 广东省惠州市 公司

序号	商品名称(销售属性)	商品简称	商家编码	单价(元)	数量	优惠	金额(元)
1	四级单鞋韩版公主蝴蝶结单鞋 漆皮中跟ol职业女鞋浅口糖果色凉鞋(颜色分类:粉色;尺码:38)		1270431332	299.00	1件	230.00	69.00
总计					1件		69.00

优惠折扣:系统优惠:0.00 卖家优惠:230.00元 运费:0.00元 实付款:69.00元

发件人: 联系方式: 地址: 广东省惠州市

打印时间: 2014-05-04 12:26:28 发货时间:2014-05-03 23:14:08

图 2-10-8

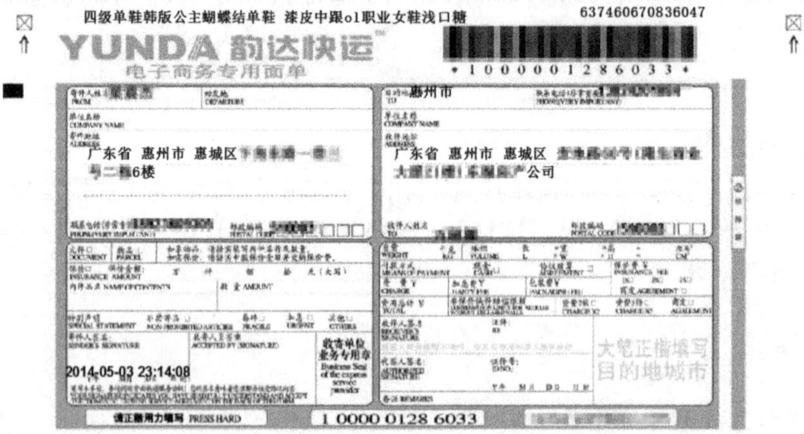

图 2-10-9

知识链接

1. 包装材料的选择

包装是否结实是保证商品寄送质量的重要环节，绝大多数商品价格不仅包括了货物本身，还需要客户支付运费，其中包装费是必不可少的。因此不合格的包装最容易受到客户的指责和投诉，如何选择最合适的包装材料，是我们应该加倍重视的问题。

（1）纸箱（图 2-10-10）：最常用的包装材料，可从邮局购买，但成本较高，也可以用其他自备纸箱或自制纸箱。因为在邮寄过程中，纸箱内部不可以有太大的空隙，如果纸箱大小不合适，就必须塞满填充物，这样增加了重量，就要多支付运费，所以用一些废旧的硬纸板自制纸箱，既可以利用再回收资源，又可以减少不必要的运费支出。

图 2-10-10

（2）布袋（图 2-10-11）：搜集一些粗白布袋，或者用价格便宜的粗白布自行缝制布袋，用于邮寄一些比较柔软的商品，是一个非常好的选择。因为布袋成本低，重量轻，可以大大节约运费。但其保护性差，对于硬件商品不适用，选择包装材料时要注意只能用于合适的商品运送，如服装、毛绒玩具等物品。

图 2-10-11

（3）塑料快递袋（图 2-10-12）：有些快递公司可以提供结实的塑料袋，对于软硬适度，又无太高防挤压要求的商品，可以直接用物流公司提供的优质塑料袋，如软提包、小件日用品等。

图 2-10-12

（4）气泡袋（图 2-10-13）：这种包装相对来说，本身重量轻，保护性较强，防挤压效果好，对于量小质轻的扁平型商品比较适用，如光盘、礼盒等。

图 2-10-13

（5）牛皮纸袋（图 2-10-14）：多用于印刷品的邮寄，对体积小、外形成型性强不易变形的商品适用。

图 2-10-14

（6）填充物：① 废旧的报纸、废纸等揉成纸团或撕成纸条填充（图 2-10-15）；② 搜集一些塑料泡沫，或到批发市场购买专门用于填充的泡沫（图 2-10-15）；③ 用无漏洞的塑料袋充气后封口作气囊（图 2-10-16）。

图 2-10-15

图 2-10-16

（7）胶带（图 2-10-17）：用于封箱，封箱时注意所有的开口处都要用胶带封严密，包括边角部位。

图 2-10-17

2．不同商品的包装方式

针对各种不同商品的特性，应采取不同的包装方式。

（1）书籍类：书籍最常用的包装就是牛皮纸信封袋，这是印刷品包装采用的最佳方式，如果担心封面卷曲或者弄皱，可以在上、下表面各放一块硬质纸片或纸板，就能很好地保护商品。

（2）服装类：首选布袋，因为服装柔软不易损坏，不怕挤压，但需要注意防潮防污，所以最好先用塑料袋将待运送商品包好密封，再装入布袋内封好口。

（3）香水、化妆品类：此类商品属于敏感度较高的商品，有些配送人员可能会拒绝寄送，因此要预先与客户协商可能会发生延迟现象，也可以多选择几种配送方式以备不时之需。内包装一定要严格做好防漏、防破损措施，必要时可在客户同意的情况下，拆开化妆品的原包装对盛装化妆品的容器采取进一步密封和防撞措施。

（4）首饰类：用纸箱包装，并且在包装箱内的空隙处装入填充物，防止首饰在运输途中因剧烈晃动而损坏，外包装一定要密封好，各边角及缝隙都用胶带贴严密，以防止包装开缝首饰漏出。

（5）数码产品类：此类商品价值较高，对防震防损的要求也较高，而且寄送过程中最好填写保价金额，以免出现差错时无法赔偿。包装防护手段要做足，商品的原包装泡沫或海绵不要轻易破坏，产品外层最好再用一层气泡袋包裹，商品和外包装之间要装满填充物，卖家收货时才能保证包装完好而不至于拒收。

（6）光盘类：可以选择专用光盘包装纸箱，也可以将已经用气泡袋包裹严密的光盘放入硬纸质信封内邮寄，如快递经常采用的纸质信封等，再用胶带密封严实即可。

（7）食品类：食品要注意品质、保质期等因素，如果是易破损或溢出商品，则特别注意防挤压，包装要保证结实坚固，对于易腐食品要注意寄送时间的长短。最好采用快递方式。

（8）大件物品：大件物品可以有多种运输方式，无论采取哪一种，都要注意挤压和堆码的限度，因为运输途中会有被放置在下层的可能。必要时可以在包装表面标注好有特殊要求的标识。根据重量和体积可以采用结实坚固的纸箱或者木箱。

学习与思考

1. 交易管理中的订单状态有几种？订单在哪个状态下我们需要发货？

2. 小美的网店销售的商品是女鞋，她在发货包装的时候应该选择什么包装物和填充物？

任务评价

序号	评价项目	评价内容及要求	自评分	第三方评分		总分
				小组互评	教师评分	
1	打印出货单、快递单	使用淘宝助理调整出货单、快递单模板				
2		下载订单，使用模板打印出货单、快递单				
3		出货单内容完整，资料信息齐全				
4		快递单信息元素对齐相应区域，资料信息齐全				
5	拣货及包装	根据出货单拣货				
6		拣货过程符合标准，有检查、有核对				
7		装箱：装箱时，装箱人员有第二次核对、检查商品				
8		包装：包装材料、填充物使用合理				
9	小组汇报	PPT制作精美，整体布局风格（包括模板设计、版式安排、色彩搭配等）美观合理。整部作品播放流畅，运行稳定、无故障				
10		小组汇报语言规范（普通话），声音洪亮、圆润，吐字清晰，表达准确，无口头语				
11		反应灵活，能够很好地回答评委的提问，结束提问时能够回到结论要点，予以总结				

总结反思

淘宝网店发货的速度、正确率等，对网店经营有非常大的影响，其中，物流指数可以清楚地看到发货速度和到货速度，是淘宝对卖家服务质量考核的一个新标准。

1. 网店运营初期，要制定发货流程，确保正确发货

（1）拣货和包装需要各核对一次发货单、快递单。

（2）拣货人员和包装人员最好不是同一人。

（3）工作人员要培养负责任、工作细心的职业素养，杜绝错发、漏发、多发等现象。

（4）工作人员要树立时间观念，养成当天事情当天做的工作习惯，尽快将货物发出去。

2. 商品的包装

（1）商品包装的首要原则是能保护好商品，不会在物流途中损坏。

（2）在确保能够保护好商品的前提下，要注意包装的成本。

（3）包装也要注意包装的体积、重量，避免不必要的超重、超大收费。

自拍商品网店运营

学习子情境一　让图片会说话

学习目标

1. 掌握商品图片优劣评价标准，能够正确评价网店主辅图。
2. 掌握买家购物心理分析方法，能够选择合适的图片吸引客户。
3. 掌握商品卖点分析方法，能够选择合适的图片展现商品特色。
4. 培养细致耐心的工作态度。

乐淘网店新购进了一批牛仔裤，店主小美决定将商品上架到淘宝店，为了能让自己的商品更有吸引力，小美决定先去研究其他畅销牛仔裤是如何拍图、做商品描述的。

打开淘宝网首页，在搜索栏中输入关键词“牛仔裤”，在搜索结果页面中选择按销量排序，打开销量排名靠前的商品，如图 3-1-1 和图 3-1-2 所示。

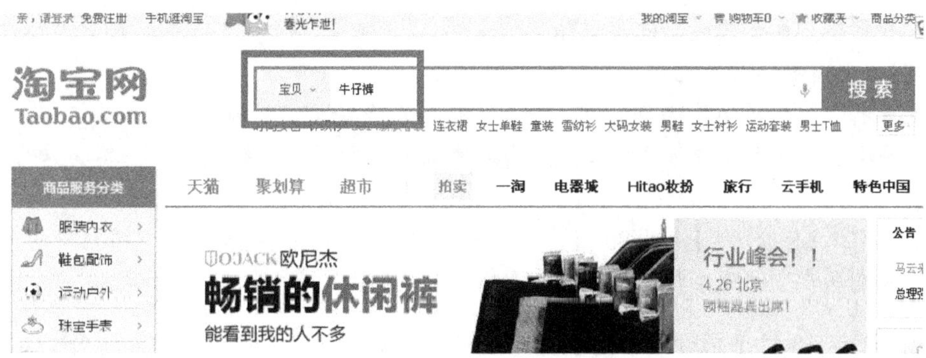

图 3-1-1

图 3-1-2

引导问题

1. 商品页面中主辅图有几张？图片从哪些方面展示商品？
2. 商品主图的功能是什么？它都会出现在哪些页面中？

知识链接

淘宝网店商品主辅图的要求

1. 商品主辅图图片的功能

（1）实物图：突出商品主体，真实地反映商品全貌。

（2）细节图：客观地反映商品的做工和商品重要信息的提示。

（3）效果图：要求客观，实事求是。

2. 商品主辅图拍摄的几点要求

（1）清晰、色彩与实物相符、细节表现到位；卖点突出、精益求精。

（2）图片展现要素直达客户内心，激发客户的购买欲望，引导客户拉动页面继续了解商品详情。

（3）当商品主图尺寸制作成 800 像素 × 800 像素或大于这个值时，淘宝将启动放大镜功能，有助于买家进一步了解商品信息。

从 2012 年 10 月 1 日开始，为了更好地提升买家的用户体验，同时提高卖家商品的点击转化率，给卖家带来更多优质流量，搜索将会对搜索结果页的质量较差主图进行淘宝 SEO 排序调整。商品主搜图是否有牛皮癣（在淘宝卖家的展示商品主图上打上类似“促销”、“销量”、

“性能”、“好评”等非商品名字的文字和图画，误导和诱惑消费者，淘宝称之为“图片牛皮癣”）将作为搜索展现的重要权重，多个类目将进行整改，以恢复主搜图的美观形象。

学习与思考

服装网店要想博得买家的好感，商品照片是否精美非常重要。小美在刚开始拍照片的时候会遇到各种各样的问题，请你帮她指出图 3-1-3 ~ 图 3-1-7 存在的问题，并分析可能存在的原因，提出改进意见。

图 3-1-3

图 3-1-4

图 3-1-5

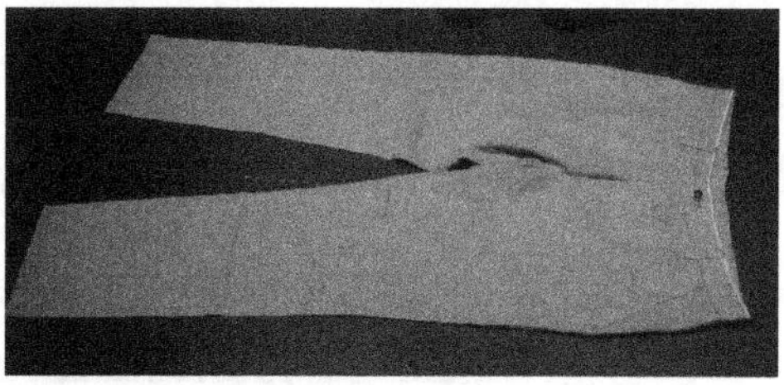

图 3-1-6

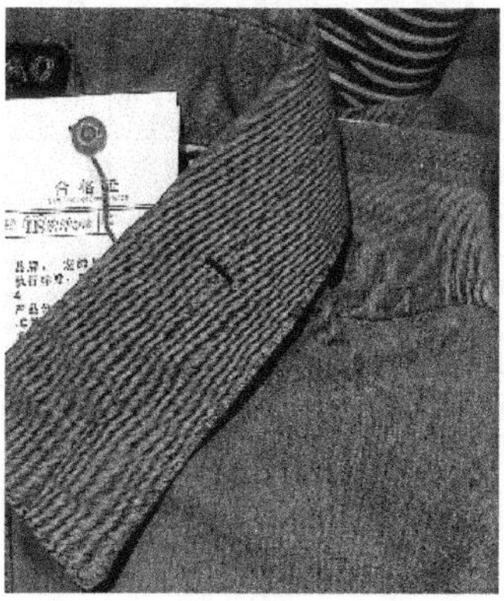

图 3-1-7

知识链接

网店商品拍摄要求

商品拍摄的总体要求：将商品的形、质、色充分表现出来，而不夸张。

（1）形，指的是商品的形态、造型特征及画面的构图形式。买家是通过图片来感知商品的，所以拍摄时一定要注意角度选择和构图处理，千万注意不要失真。拍摄时尽量和被照物体保持水平，这样拍出的照片和产品的外形相差不大。要将消费者最想知道的和产品外观特点真实地展现出来。

（2）质，指的是商品的质地、质量、质感。商品拍摄对质的要求非常严格，也是展现商品价值的绝好手段。宝贝细节必须清晰、细腻、逼真。用恰到好处的布光角度，恰如其分的光比反差，以求更好地完成对质的表现。

（3）色，即商品的色彩还原，以及图片整体注意色彩的统一。选择合适的背景，尽可能与商品保持一定反差，调整好相机白平衡可保证色彩还原准确。拍摄后要及时核对图片与实物，防止出现色差引起售后纠纷。在图片整体色彩的处理上应力求简、精、纯，避免繁、杂、乱。

拓展练习

挑选一件服饰类商品，用手机或者相机拍摄5张以上图片，要求对商品进行简单的分析，挑选出能够展现商品的特色与卖点的图片，以小组为单位制作PPT向全班宣讲商品特点、拍摄角度选取、背景设计、图片处理前后对比说明。

任务评价

序号	评价项目	评价内容及要求	自评分	第三方评分		总分
				小组互评	教师评分	
1	商品拍摄质量	清晰度：图片清晰，不能模糊有重影				
2		色彩：图片明亮鲜艳但不能失真，主辅图应保持一致				
3		角度：能完整体现商品的外观，主次面清楚，布局合理，构图新颖，但商品不能变形				
4		画面：背景干净不能穿帮，商品上无明显杂质				
5		主图设计：背景能衬托主体，但不能喧宾夺主，有较强的视觉冲击力				
6		辅图（细节图）设计：充分体现商品的属性、功能和特色				
7		图片添加水印或者LOGO，并且不破坏图片的整体效果				
8	小组汇报	PPT制作精美，整体布局风格（包括模板设计、版式安排、色彩搭配等）美观合理。整部作品播放流畅，运行稳定、无故障				
9		小组汇报语言规范（普通话），声音洪亮、圆润，吐字清晰，表达准确，无口头语				
10		反应灵活，能够很好地回答评委的提问，结束提问时能够回到结论要点，予以总结				

总结反思

通过商品拍摄及汇报，总结拍摄商品图片之前需要做好如下工作。

1. 了解拍摄要求

（1）网店装修风格和宝贝图片风格要求。

（2）收集同类商品图片拍摄信息（包括主辅图内容、拍摄构图、布景、设计）。

（3）商品特点、卖点及拍摄要求。

2. 商品拍摄准备

（1）商品清洁整理。

（2）商品拍摄器材准备。

（3）商品拍摄时间、地点。

（4）拍摄饰品准备。

3. 商品拍摄思路

（1）主图构图、背景布置。

（2）4 张辅图构图、背景布置。

（3）其他细节图构图、背景布置。

学习子情境二 用手机拍摄商品图片

学习目标

1. 掌握手机拍摄图片的注意事项。
2. 掌握商品摆拍构图、用光、配饰运用技巧。
3. 掌握商品挂拍构图、用光、配饰运用技巧。
4. 培养细致耐心的工作态度。

乐淘网店店主小美通过研究其他网店牛仔裤的图片，明白了商品拍摄图片主要用于展示商品的属性、功能、效果等，图片质量直接影响了商品销量，一张好的图片往往会大幅度提高店铺的浏览量、宝贝点击率及成交率。小美刚开店，没有专业的单反相机和摄影棚，也请不起专业的摄影机构帮忙拍摄。在没有器材的情况下，能否拍出效果良好的商品图片呢？小美决定先用手机来尝试拍摄商品图片，看能否寻求更廉价、更简单、效果更好的拍摄方法或经验。

引导问题

1. 你拥有的手机是哪个品牌？你的手机摄像头的像素是多少？
2. 你的手机是否自带闪光灯？如果有闪光灯请画出控制键图标，并说明其含义。
3. 你的手机拍摄照片是否有变形？
4. 你的手机是否有变焦功能？变焦之后图像和照片质量是否有变化？

一、拍摄准备

1. 认识手机的照相功能

以小米 3 手机为例。小米 3 手机（图 3-2-1）是小米公司（全称北京小米科技有限责任公司）研发的一款高性能发烧级智能手机。小米手机坚持“为发烧而生”的设计理念，将全球最顶尖的移动终端技术与元器件运用到每款新品，小米手机超高的性价比也使其每款产品成为当年最值得期待的智能手机。

图 3-2-1

小米 3 手机的感光元件（图 3-2-2）为索尼 Exmor RS 系列，高达 1300 万像素，画面精致细腻。采用 5 组特制镜头及蓝玻璃红外滤光片，并配备飞利浦双 LED 闪光灯，还原真实色彩。一般智能手机都具备自动拍摄模式，相机会自动侦测拍摄环境，通过预设公式，自动完成对焦、曝光，甚至调色等功能。这对于大多数日常拍摄来说是奏效的。小米 3 手机的优点就是可以像专业单反相机一样通过切换到手动模式，完全控制相机的各项参数，准确地告诉相机拍什么及如何拍，可以更高效地完成拍摄。

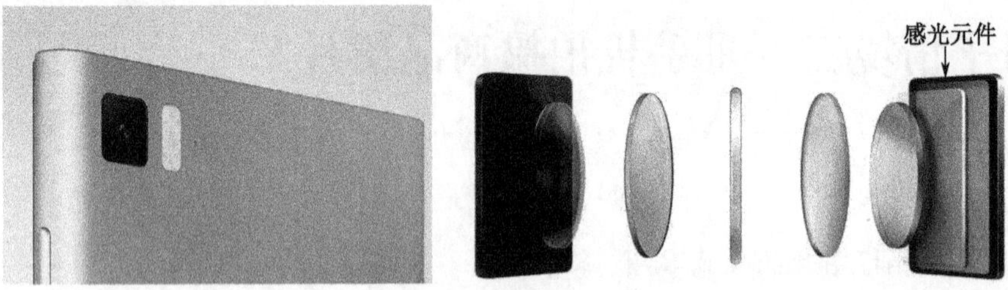

图 3-2-2

手机拍摄各按键功能如图 3-2-3 所示。

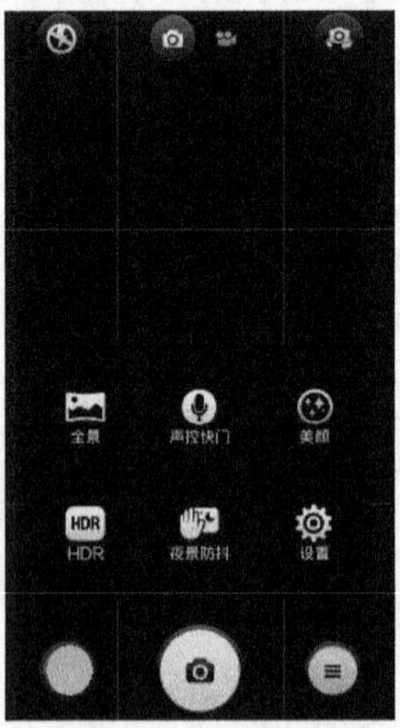

图 3-2-3

2. **焦距控制方法**

小米 3 手机调整焦距在照相界面，通过双指聚合和分开来调整焦距，如图 3-2-4 和图 3-2-5

所示。

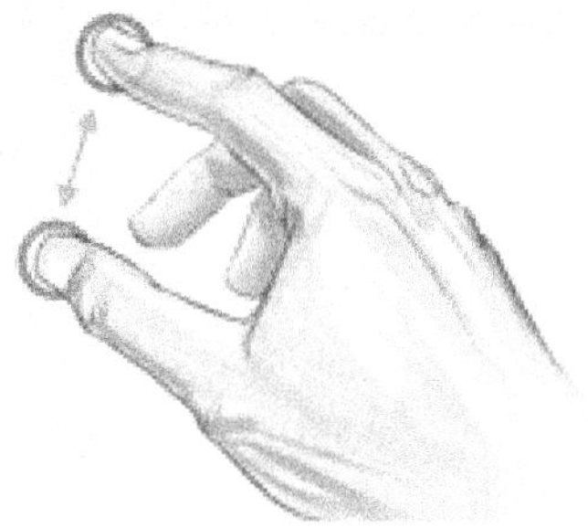

图 3-2-4

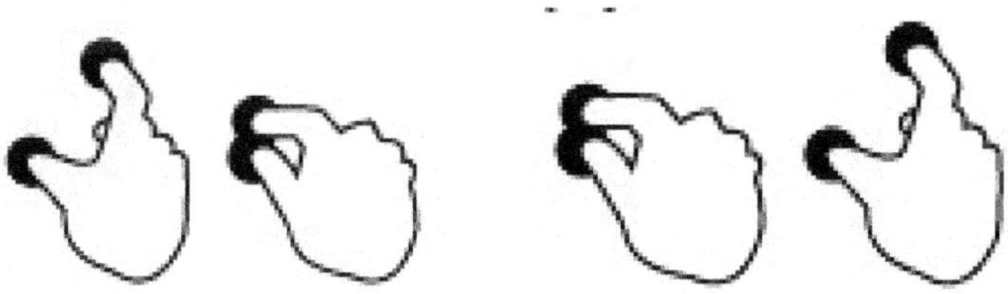

图 3-2-5

知识链接

手机拍摄商品图片的要点

现在手机的拍照功能越来越强大了，不过要想使用照相手机拍出高品质的照片，必须先掌握几点技巧。

1．选准焦点

不同的焦点，能营造不同的效果。选择焦点时，应使被拍摄对象处于画面中间，一般情况下应该选取画面上最吸引人的部分，也就是你最想表现的部分。在对准焦点以后（要稍微等一下以便相机对焦），再从容地按下拍照键，避免拍摄出的照片发虚。

2．注意光线

光线充足，商品拍摄的效果才好，因此需要随时相应地改变拍摄角度，并注意观察光线的照射方向，顺着光线拍摄，尽量使被拍摄物体能自然地被光线照射到。

3．尽量不用手机变焦功能

大部分手机是数码变焦，只能放大图像在手机上看看而已。上传到计算机上时，图像不是变小就是变得模糊。

4．持稳拍摄

手机照相的延迟现象比较明显，在按下拍照键的瞬间如果手抖动了，拍出的照片会发虚或模糊不清。所以在拍摄时一定要持稳手机。

二、拍摄地点的选择

受手机功能的制约，用手机拍摄商品对环境要求会比较高，为了使宝贝的图片足够清晰，色彩足够明亮，必须选择室外或者明亮的窗边来拍摄。因为手机是自动调整光圈快门和感光度的，如果光线暗淡，图片容易模糊，且画面的噪点很多。在天气晴朗的户外或者窗边拍摄，为了避免太阳光直射让商品留下浓重的阴影，要找个阴凉的地方或者用白纱、白布、透光好的玻璃纸遮挡阳光。

引导问题

请仔细观察下面几幅图光线，将图与拍摄环境文字连接起来，如果图片拍摄效果不好，请指出存在的问题。

太阳强光下拍摄

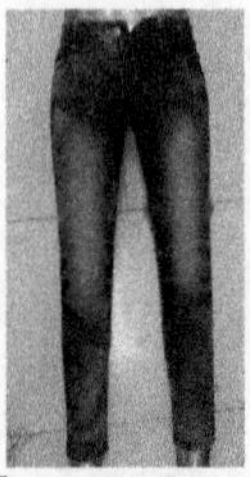

照片存在的问题：________________

室内弱光下拍摄

照片存在的问题：________________

手机测光不准，曝光不足

照片存在的问题：________________

手机测光不准，曝光过度

照片存在的问题：________________

强光直射商品容易导致商品明暗对比强烈，阴影部分失去细节，如何能保证光线充足，又不至于产生很重的阴影呢？只需要借助硫酸纸（工程晒图用的纸）制作一个简易的摄影棚就可以解决强光照射的问题，硫酸的纸特点是具有一定的透光性，还可以起到扩散光线、反射光线的作用，这样就可以使阴影部分看起来更加柔和，画面整体明亮，色彩鲜明。

（1）材料准备：需要一张硫酸纸、剪刀、双面胶带。

（2）将硫酸纸卷成帽子形状，尽量保证帽子底部足够宽大。

（3）用剪刀将帽子底部裁剪平整，确保能够直立在地面上。

（4）在帽子的中间部位剪出一个小孔，方便镜头取景。

这样就做好了一个简易的摄影棚，拍摄时只要确保光线不直接从帽子顶部或者小孔直射进入就可以，要根据拍摄的商品调整光线的位置，一般可以选择让强光从镜头方向侧面或者侧上方照射进摄影棚，这样就可以拍摄一些明暗过度柔和的商品图片。

学习与思考

如果拍摄的物品是衣服等大件商品，应该如何搭建简易摄影棚？

拓展练习

1. 请搭建一个如图 3-2-6 所示的简易摄影棚，并写明所需的材料和制作流程。

图 3-2-6

2. 利用教室窗台搭建简易摄影场景，并拍摄自选商品。

材料准备：课桌、1 开的白纸（或其他颜色）2 张、透明胶布、硫酸纸（或者窗纱、蚊帐）、反光板（或者汽车银色防晒罩、泡沫板、KT 板、镜子）。

第一步：观察教室光线，太阳光从教室____边射入，____边的第____个窗口光线适中，既不会有阳光直射商品，窗边也比较亮。

第二步：清理窗台，将课桌垫高。

第三步：在桌面上贴上整张白纸，在桌面上贴白纸作用是________________。

第四步：将另外一张白纸固定在墙面或者架子上，让白纸自然下垂到桌面，与桌面形成一个弧面。布置成弧面的原因是________________________。

第四步：在窗户玻璃上贴上硫酸纸，或者用纱布遮挡。观察遮挡前后商品表面光线的情况，遮挡的作用是________________________________。

知识链接

背景材料和颜色的选择

1. 背景材料的选择

（1）背景纸。

背景纸是背景材料中最便宜的一种，它颜色选择较多，厚度薄，但是最大的缺点是不可重复多次使用，因为纸比较容易产生褶皱，影响拍摄效果。选择纸来拍摄有两点要注意：一是要选择亚光的背景纸（如哑粉纸，高档的可以购买进口的仙丽背景纸），这样在拍摄的过程中就不会有太强的反光引起局部曝光过度；二是背景纸一定要卷轴收藏，这样不容易产生褶皱。

（2）无纺布。

无纺布既便宜，又可多次重复利用，拍摄的效果也很理想，所以淘宝很多卖家选择用无纺布做背景。但是无纺布表面纹理在照片中可以看得很清楚，如果用来拍摄细小物品或者高档珠宝就不能衬托出高档商品的品质。

（3）地毯、粗麻布等。

粗麻布、地毯等纺织材料的价格是最高的，但是拍摄效果也是最好的，它能很好地衬托服装的品质和档次。

2. 背景颜色的选择

材料选择好后，下面要考虑选择颜色了。选对了颜色可以衬托你的商品，选错了颜色导致商品不能凸显，即使用再好的背景也无济于事。关于颜色的选择，要针对拍摄商品的颜色。

深色的背景如咖啡色、黑色、深棕色，适合颜色较浅的商品。

鲜艳色背景如大红色、桃红色、玫红色，也是适合颜色较浅的商品。

浅色背景如白色、米色、浅驼色，适合多种颜色的商品。

总结反思

1. 使用反光板与未使用反光板拍出的照片有什么区别？

2. 变换手机拍摄角度和拍摄距离，看看图片有哪些变化？

3. 制定拍摄方案。

某网店淘宝商品的拍摄方案如下。

（1）每款商品拍摄两类图片：展示图（正面白底图、背面白底图、正面平放场景图、正面支撑场景图、背面支撑场景图、打开内部图）、全家福。

（2）每款商品有多色时，每色拍摄一套展示图。

（3）白底图：着重商品的展现，要求质感清晰，无色差。

（4）场景图：着重场景、氛围的体现，色温和光线根据场景需要调节，允许少许色差。

（5）场景与拍摄公司沟通后，由拍摄公司提供3个不同场景，根据商品差异选择场景。

（6）所有图片要求拍摄公司提供最大像素原图文件。

（7）特殊商品展示图片另行沟通。

知识链接

服装细节图拍摄要求

（1）款式设计细节：领口、袖口、褶皱、袋口、拼接、袋盖、绣标、下摆、绣花、磨破、磨白、印染、铆钉、亮片、钉珠、镶钻、金属挂件等。

（2）做工细节：走线、里料、接缝、内衬、拷边等。

（3）面料细节：微距拍摄面料材质、面料纹路、颜色等。

（4）辅料细节：皮牌、拉链、纽扣、洗水唛、标签、吊牌等。

引导问题

根据上述拍摄方案，请你帮小美设计牛仔裤拍摄的具体内容，填写表 3-1-1。

表 3-1-1

序号	图片名称	拍摄方式	拍摄角度	场景要求	工具准备
1	正面图				
2	背面图				
3	正面图				
4	背面图				
5	袋口				
6	绣标				
7	磨白				
8	接缝				
9	里料				
10	面料纹路				
11	拉链				
12	纽扣				
13	洗水唛				
14	标签、吊牌				

任务评价

序号	评价项目	评价内容及要求	自评分	第三方评分		总分
				小组互评	教师评分	
1	摄影棚制作	能否自行设计简易摄影棚制作方案				
2		能否进行废物利用制作出简易摄影棚				
3		摄影棚能否满足小件商品拍摄任务				
4	小组任务	是否通过小组协作完成				
5		能否按时完成任务				
6		能否正确使用相关工具，完成之后是否做好工作场所“5S”工作				

总结反思

1. 在正式拍摄商品之前我们需要做好哪些准备工作？
2. 在资金有限的情况下，我们应该如何完成拍摄任务？

三、服装平铺拍摄技巧

在网上购物消费者看不到实物，只能通过照片和文字描述来了解商品。服装网店要想博得买家的好感，商品照片是否足够精致起到了决定性的作用。现在进入人人淘宝的竞争时代，为什么卖同样的衣服，有些网店价格高还可以卖出更多，有些网店采用低价策略也难以成交几笔。关键是你能否让图片说话，通过图片诠释商品比用文字描述效果要好得多。乐淘服装店的店主小美在研究了其他网店的商品之后，决定自己动手拍摄牛仔裤的照片。因为条件限制，小美只能从平拍开始。

平拍是指拍摄点与被摄对象处于同一水平线上，以平视的角度来拍摄，如图 3-2-7 所示。

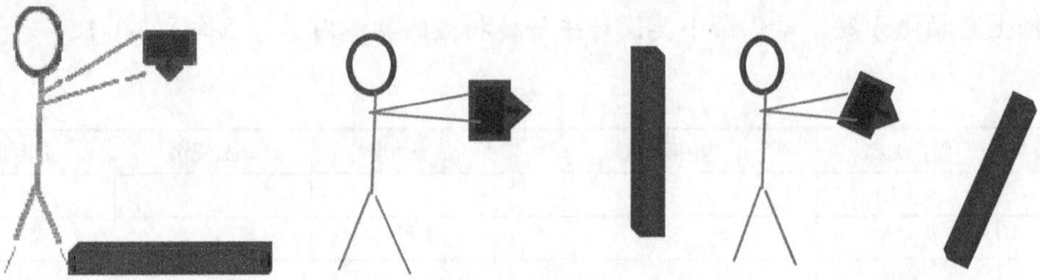

平拍（俯拍）　平拍（立拍）　平拍（倾斜）

图 3-2-7

牛仔裤拍摄之前要先熨烫，全新的牛仔裤刚拆开时候由于衣服折叠、堆压，表面会有很多皱纹，需要把这些折叠的痕迹烫平整。使用家用的熨斗（图 3-2-8）就可以，熨斗的工作原理是利用高温蒸汽软化衣物纤维，起到定型作用。现在一般用悬挂蒸汽熨斗（图 3-2-9），不需要专门的熨烫板，也可以防止操作失误带来面料损坏和新的折痕。

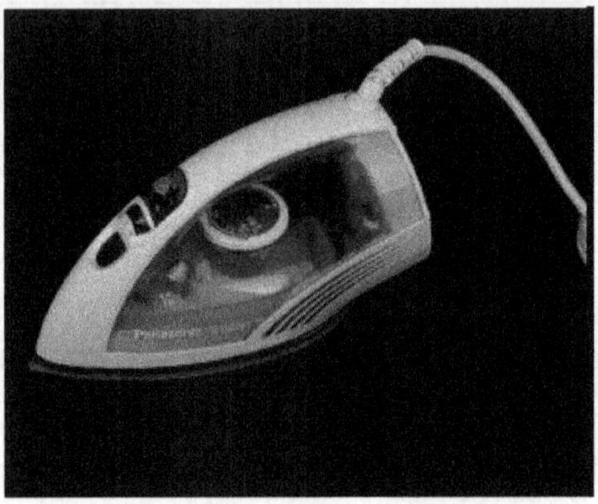

图 3-2-8

图 3-2-9

注意

1. 电熨斗和挂烫机使用时温度较高，一定要按正确的方法操作，否则容易引发烫伤。

2. 使用完毕的电熨斗，要及时切断电源，竖立放置在通风处，让其自然冷却，切忌平放在干燥、易燃的衣物上，否则，较高的余热会引燃衣物，造成火灾。

引导问题

请上网查询挂烫机的使用方法，并写下来。

将牛仔裤平铺在背景上，摆放要一步到位。如果是前期摆放不整齐，拍出来的照片就不够精致。或者是通过后期修图来处理，这样增加的工作量比前期摆放大得多，而且图片过度修饰会让消费者感觉不真实，即便是下单购买了，也可能带来中差评。

引导问题

请比较图 3-2-10 中的两幅图片，你认为这两款哪个更高档、精致一些？为什么？

图 3-2-10

牛仔裤摆放技巧：从裤裆至裤腿，根据侧缝顺势叠入背后，如图 3-2-11 所示。

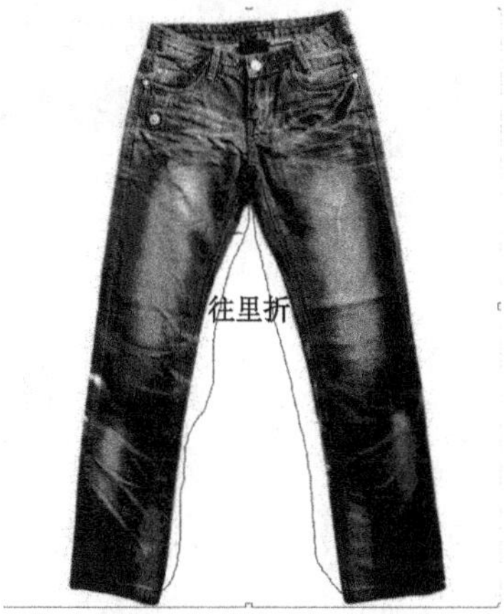

图 3-2-11

引导问题

这样折叠之后的牛仔裤是否改变了商品裤型？

小美刚开始知道这个方法也质疑这样是否改变了牛仔裤的裤型，其实这样才是衣服最真实的形态。因为身体是立体的，裤子穿到身上，从正面看过去，裤子内外两侧缝合部位是几乎看不到的，如果一张商品的正面图片把内外两侧缝合线暴露在买家眼前，势必会觉得裤腿太宽、很臃肿，给人不协调的感觉。所以裤子平铺正面图，应该忠实于穿上身之后的视觉效果，收起内侧缝合处才是还原真实。当然我们要把握好调整的度，过分收起从而把直筒改为修身的裤型就不合适了，误导买家对商品的认知，给自己带来不必要的麻烦。

拍摄好牛仔裤正面和反面图之后，小美接着拍摄牛仔裤折叠起来的图片，可是不管小美用什么办法折叠出来的牛仔裤总是显得很单薄。牛仔裤的折叠方法如图 3-2-12 所示。

牛仔裤普通折叠方法　　牛仔裤丰满折叠方法

图 3-2-12

拓展练习

请带一条牛仔裤到课堂，按照牛仔裤平铺折叠法折叠牛仔裤。

（1）把裤子折平整，皮标朝下平放，价格牌要收好不可外露。

（2）把裤脚折起大约 3 厘米。

（3）再把裤脚折起大约 15 厘米。

（4）把裤折到与后袋距离大约 4 公分的位置（图 3-2-13）。

（5）再进行最后一折。

图 3-2-13

小美拍摄完牛仔裤平铺和折叠图之后，接下来需要拍摄细节图。根据前面整理的拍摄方案，我们需要拍摄以下内容。

1．商标特写

商标是区别不同商品或服务最重要、最本质的功能和来源，引导消费者认牌购物或消费。在淘宝网上生产牛仔裤的厂家成百上千，相同或者类似款式的比比皆是，消费者选择哪家的商品或服务呢？商标可以帮助消费者达到识别之目的。由于商标是商品或服务的标志，代表着生产者或经营者的信誉，因此，商标能起到引导消费者获得满意商品或服务的作用，如图 3-2-14 所示。

丝印绣花商标　　牛仔裤皮标

图 3-2-14

知识链接

如何拍好皮标

皮标的材质通常有以下几种：真皮牌，如羊皮牌、牛皮牌、猪皮牌、金色/银色皮牌，超纤，帆布，马毛，PVC，TPU等。皮革既不像金属那样完全反光，也不像棉布那样吸光，因此皮标自身能反射一定程度的光线并吸收一定程度的光线。如果光线过多，因为光线反射局部看起来泛白，引起曝光过度；但是如果光线不够，则无法体现皮质的质感。要想拍出图3-2-14的效果，需要在天气较好的时候利用窗边射入的光线，这种光线自然，明暗过渡对比柔和。

引导问题

请仔细观察图3-2-14中皮标的反光，判断光线是从哪个方向射入的，并在图3-2-15中把箭头涂上颜色。

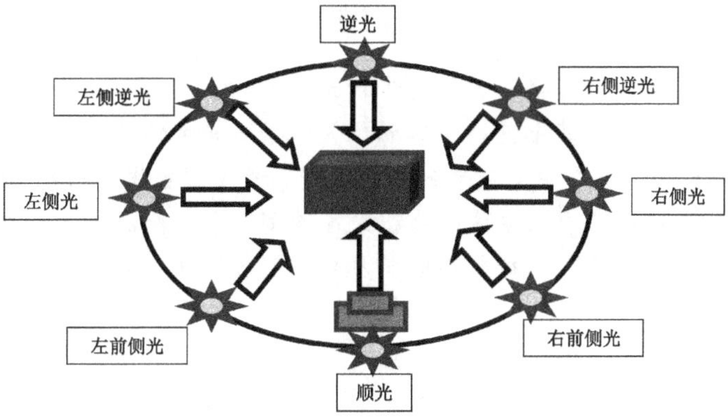

图3-2-15

2．金属拉链、纽扣特写

牛仔裤拉链、纽扣都是金属做的，表面光滑，对光线有很强的折射或者镜面反射效果，拍摄时要利用这一点表现光泽，如图3-2-16所示。拍摄时可以采用光线从上往下照射到拉链或者纽扣上，或者拍摄时候上下左右移动，寻找合适的角度拍摄。

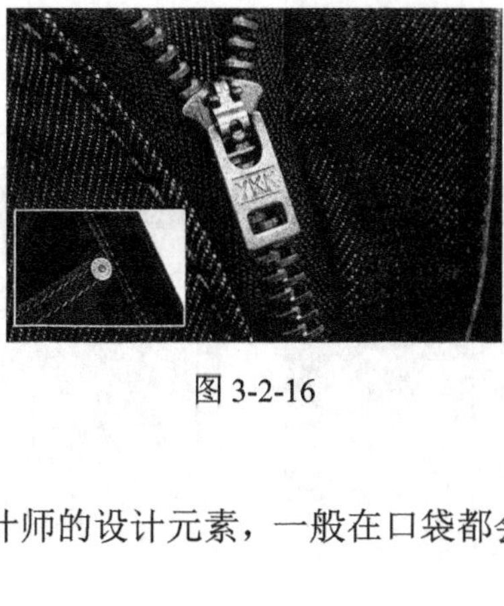

图3-2-16

3．前后口袋特写

牛仔裤前后口袋体现了设计师的设计元素，一般在口袋都会加上铆钉、各种图案来体现时尚元素。

引导问题

请观察图 3-2-17 中的两张口袋照片，你觉得哪张更能彰显服装的个性？

图 3-2-17

知识链接

拍摄构图知识

商品的布局，在这里我们可将其理解为静物画面的构图。商品在画面中布局的过程，就是建立画面各种因素的开始。这其中包括主体的位置、陪体与主体关系、光线的运用、质感的表现、影调与色调的组织与协调、画面色彩的合理使用、背景对主体的衬托、画面气氛的营造等。按照构图的基本要求，在简洁中求主体的突出；在均衡中求画面的变化；在稳定中求线条和影调的跳跃；在生动中求和谐统一；在完整里求内容与形成的相互联系。构图时要根据不同的拍摄对象做不同的安排。

对称构图：为了在视觉上突出主体，我们常常将主体放在画面的中间，左右基本对称，或者把视平线放在中间，上下空间的比例大体均分。如图 3-2-17 左图所示，对称构图最大的好处在于稳定性和视觉重点都得到了保障，缺点是画面显得过于呆板。

对角线构图：把主体安排在对角线上，如图 3-2-17 右图所示。这样拍摄能有效利用画面对角线的长度，同时也能使陪体与主体发生直接关系。在这种构图形式中，由于主体的倾斜，加强了画面的冲击力度，给人以强烈的动感，显得活泼，容易产生线条的汇聚趋势，吸引人的视线，达到突出主体的效果。

拓展练习

请在图 3-2-18 上画出商品拍摄时摆放的方位（构图视觉引导线，如图 3-2-19 所示）。

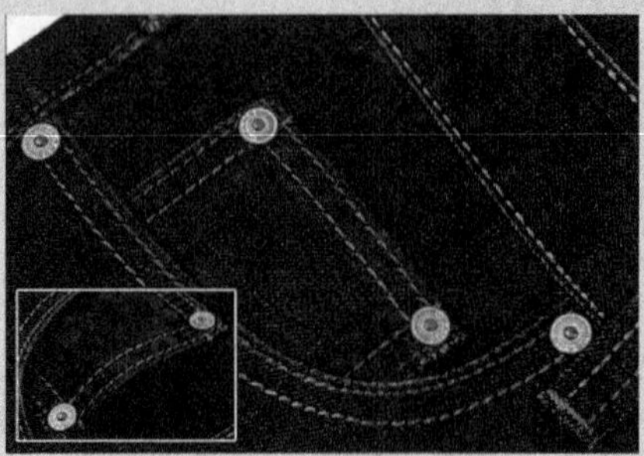

图 3-2-18

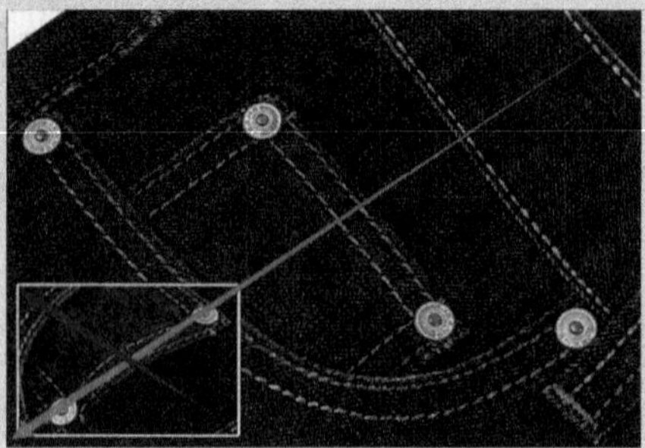

图 3-2-19

4．面料细节特写

面料细节图要能客观反映牛仔裤的面料材质、面料纹路、颜色等。

通过图 3-2-20 可以非常清楚地看到面料细节，而且人工洗水效果非常美观。

图 3-2-20

引导问题

图 3-2-20 的图片拍摄采用的是对称构图还是对角线构图？请在图上画出视觉引导线。

5．做工细节特写

体现牛仔裤做工的主要有车缝的走线、内衬、接缝、拷边等。在拍摄时候要仔细检查牛仔裤有没有线头、车线走歪的情况，挑一处车线工整的地方拍照，如图 3-2-21 和图 3-2-22 所示。

图 3-2-21

图 3-2-22

四、服装挂拍技巧

乐淘网店的店主小美完成了牛仔裤的平铺拍摄，可是她觉得不是很满意，平铺拍摄可以很好地体现牛仔裤的面料和质感，但是裤子的整体效果展示不足。她决定把裤子挂起来拍照试试。

引导问题

请仔细观察图 3-2-23 中的两幅图片，请问你更喜欢哪种展示？原因是什么？

牛仔裤的挂拍需要用衣架或者晾衣夹将衣服挂起来，裤子表面因为有了阴影和凹凸的细节变化，就会显得更加生动。如果再搭配一些小装饰物就会显得更加与众不同，我们可以想象到衣服穿在身上的感觉。

图 3-2-23

拍摄过程如下。

（1）寻找光线好的地方（走廊或者窗户边），将背景板垂直摆放好，如果没有背景板，找一面白墙或者贴有白纸的墙面。

（2）将衣物挂在衣架上，裤子最好使用裤夹夹好，悬挂在背景板的前方。

（3）为了更好地控制裤子上的褶皱，可以使用大头针将裤子固定。

（4）取景按动快门完成拍摄。

任务评价

序号	评价项目	评价内容及要求	自评分	第三方评分		总分
				小组互评	教师评分	
1	牛仔裤拍摄	能否用平铺、挂拍方式拍摄正面图、背面图及细节图				
2		拍摄光线是否恰当				
3		拍摄构图是否合理				
4	小组任务	是否通过小组协作完成				
5		能否按时完成任务				
6		能否正确使用相关工具，拍摄完成之后是否做好工作场所“5S”工作				

总结反思

1. 牛仔裤细节图拍摄是否清晰？图片放大之后为什么会变得模糊？如何避免图片放大模糊的问题？

2. 手机距离商品太近为什么不能对焦？

学习子情境三　用单反相机棚拍商品图片

学习目标

1. 了解单反相机的基本特性，能够正确设置相机各项参数。

2. 了解拍摄过程中各种辅助工具的作用，能够根据拍摄的商品调整三脚架、灯光、反光板等工具位置。

3. 掌握拍摄构图的基本原理，能够根据商品调整摆放位置和拍摄角度。

4. 培养细致耐心的工作态度。

乐淘网店店主小美在掌握了用手机如何拍摄出精致的商品图片后，也发现了用手机拍摄时存在的一些问题，如照片放大之后很模糊，一旦需要裁减整个画面清晰度下降；手机难以拍出很好的虚化效果；用自然光拍摄的照片总是灰蒙蒙的，不够通透；白色背景在计算机中看总是灰色的……如何才能拍出与淘宝的大卖家一样的商品照片呢？小美决定参观一家网店的摄影棚来一探究竟。

一、单反相机

单反相机是指采用单镜头反光技术的相机，采用这种技术的照相机只有一个镜头，这个镜头既负责摄影也负责取景。这样一来就能基本上解决视差造成的照片质量下降的问题。而且用单反相机取景时来自被摄物的光线经镜头聚焦，被斜置的反光镜反射到聚焦屏上成像，再经过顶部五棱镜反射，摄影者通过取景目镜就能观察景物，而且是上下左右都与景物相同的影像，因此取景、调焦都十分方便。在摄影时，反光镜会立刻弹起来，镜头光圈自动收缩到预定的数值，快门开启使感光元件感光；曝光结束后快门关闭，反光镜和镜头光圈同时复位。单反相机与手机最大的区别就是单反相机可以交换不同规格的镜头，而且单反相机手动控能完备，对于特殊环境下或者需要特殊创意的拍摄很有用，适合专业摄影使用。而手机及普通消费级数码相机追求操作使用方便、简洁，适合大部分普通用户使用。单反相机如图 3-3-1 所示。

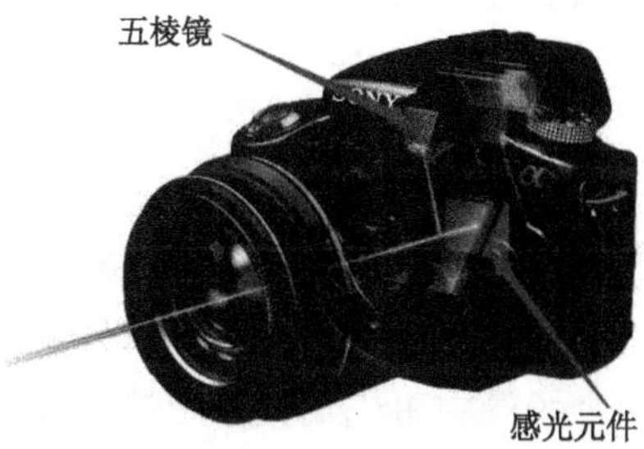

图 3-3-1

1. 单反相机和手机的区别

单反相机和手机虽然都可以拍照，但是存在以下差别。

（1）图像传感器。

对于数码相机来说，感光元件是最重要的核心部件之一，它的大小直接关系到拍摄的效果，要想取得良好的拍摄效果，最有效的办法其实不仅仅是提高像素数，更重要的是加大 CCD 或者 CMOS 的尺寸。无论是采用 CCD 还是 CMOS，数码单反相机的传感器尺寸都远远超过了手机。因此，数码单反的传感器像素数不仅比较高（目前一般都在 1200 万像素以上），而且单个像素面积更是手机的 10 倍以上，因此拥有非常出色的信噪比，可以记录宽广的亮度范围。同样 1200 万像素的数码单反相机的图像质量绝对超过采用 1200 万像素的手机的图像质量。单反传感器与手机传感器与如图 3-3-2 所示。

单反传感器

手机传感器

图 3-3-2

（2）镜头。

数码相机作为一种光、机、电一体化的产品，光学成像系统的性能对最终成像效果的影响也是相当重要的，拥有一支优秀的镜头对于成像的意义绝不亚于图像传感器的选择。佳能、尼康等品牌都拥有庞大的自动对焦镜头群，从超广角到超长焦，从微距到柔焦，用户可以根据自己的需求选择配套镜头。同时，由于传感器面积较大，数码单反相机比较容易得到出色的成像。但是手机镜头结构简单，光学素质与专业镜头相差甚远。

（3）响应速度。

手机拍照最大的一个问题就是快门时滞较长，在商品拍摄时掌握不好经常会导致拍摄的画面和取景时不一样的情况。单反相机由于其对焦系统独立于成像器件之外，它们基本可以实现所见即所得。

（4）手控能力。

虽然手机自动拍摄的功能越来越强，但是拍摄时由于环境、光线、拍摄对象的情况是千变万化的，因此要求相机具有手动调节的能力，满足商品拍摄特别是细节特写的拍摄要求。而在众多的手动功能中，光圈大小、快门、曝光补偿、白平衡是最常用的。一般拍摄时为了减轻后期制作的压力，摄影师往往在一个场景中事先调试好相机参数，然后用全手动档来进行强制调整，保证拍出的照片曝光一致，方便后期批量修改。使用手机拍摄同一个场景，软件自动判断经常会改变，拍出的照片出现曝光变化过大，以至于每张照片都需要单独调整，加大了后期制作的工作量。

（5）外接设备。

数码单反相机还可以使用专业的闪光灯，以及其他的一些辅助设备，以增强其适应各种环境的能力。例如，大功率闪光灯、环型微距闪光灯、电池手柄、定时遥控器，这些丰富的附件让数码单反可以适应各种独特的需求，而手机只能用自带的闪光灯，难以拍出满意的照片。

引导问题

请在网上查询你的手机和任意一款单反套机的数据资料，比较它们在拍照功能上的差异，并填写在表 3-3-1 中。

表 3-3-1

项目	手机型号：	单反相机型号：	优胜者
价格			
重量			
最大像素			
感光元件面积			
光学变焦			
镜头最大光圈			
感光度（ISO）范围			
快门速度范围			
白平衡是否可调			
曝光补偿是否可调			
可否外接闪光灯			

小美听摄影师介绍了单反数码相机与她所使用的手机的区别后，想借相机试拍一张照片，可是拿到单反相机之后却傻眼了，手机拍照只有几个按键，而摄影师用的一台中低端单反相机全身都是按键。请你在网上查询单反相机介绍，并将主要按键功能在相应框中写出来。

如图 3-3-3 所示的是数码相机的正面，正中央白色的就是反光镜，反光镜背后是图像传感器。此图是没有安装镜头时的状态，今后我们在正式拍摄时会根据需要，在卡口上安装标准镜头、微距镜头、广角镜头或者长焦镜头。快门按钮是所有相机拍摄照片时必须使用的指令按键，一般拍摄时都是先半按快门按钮对焦，然后完全按下快门按钮来完成拍摄。

图 3-3-3

如图 3-3-4 所示的是数码相机的反面，正中央的是液晶监视器，通过监视器可以回看所拍摄的照片及菜单设置等文字信息。监视器上方的小黑框是取景器目镜，大部分时候我们是通过取景器目镜观察镜头中拍摄物的景物的。在拍摄照片时，如果想在不改变构图的前提下，清晰地拍出商品某个部位的标志或者细节，就可以使用自动对焦模式选择按钮来选择对焦点。除此以外，在相机的背面还有菜单按钮，可以显示调节相机各种功能时所使用的菜单，配合设置按钮来移动选择菜单项目，我们可以使用回放按钮来及时查看照片的拍摄效果，也可以用删除按钮来删除拍摄效果不理想的照片。白平衡和曝光补偿按钮，可以快速调整各项参数。

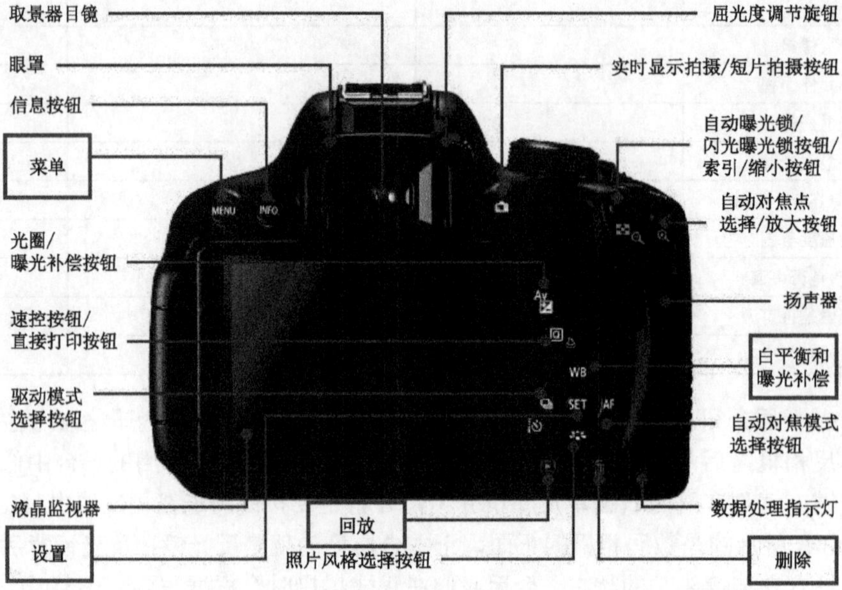

图 3-3-4

如图 3-3-5 所示的是相机的顶面，拍摄时首先要打开电源开关，如果要拍摄视频，需要将按钮继续拨动一格。我们可根据拍摄环境的亮度条件，通过 ISO 感光度设置按钮来调节不同的感光度，如一般室外拍摄环境可用 ISO100 的感光度，这样拍出来的画面更细腻，在光线不足的拍摄环境下，则可以选择 ISO400 或更高的感光度，当 ISO 值升高时，拍出来的照片放大看会有很明显的粗微粒，俗称“噪点”。热靴插槽是用来接外置闪光灯或者控制摄影灯的引闪器，选择模式转盘主要用来调节相机各种拍摄模式满足摄影师拍摄不同的需求。

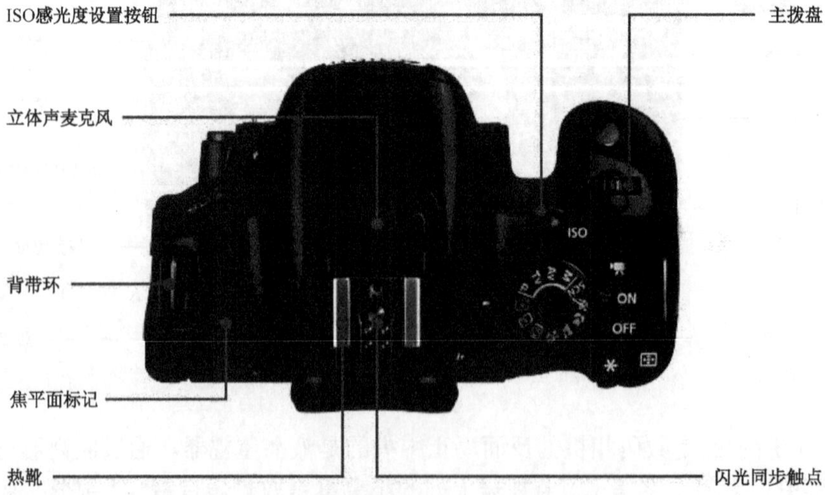

图 3-3-5

如图 3-3-6 所示的是相机的底面，电池更换都是通过相机底面的电池仓来操作的，为了保持长时间曝光时相机的稳定性，我们可能会配置各种型号的三脚架，相机底部的三脚架接孔是通用标准，可以连接任何厂家生产的三脚架。如果有竖式拍摄手柄，也是安装在底面这个三脚架接孔上的。

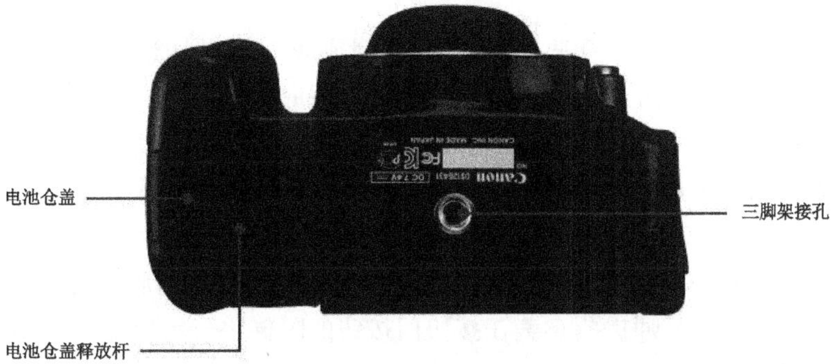

图 3-3-6

相机左右两侧主要是一些外接插孔和插槽，如图 3-3-7 和图 3-3-8 所示。

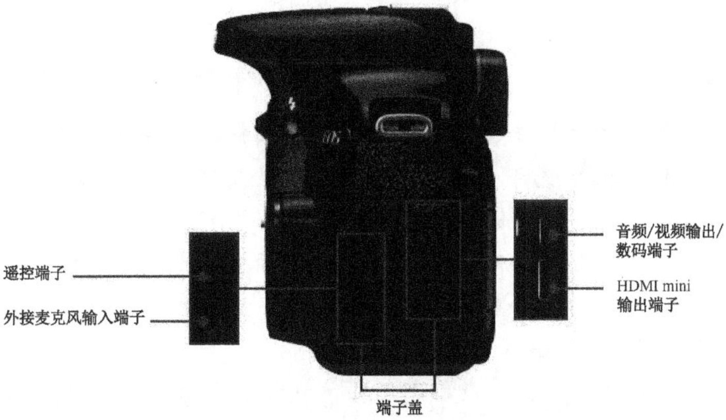

图 3-3-7

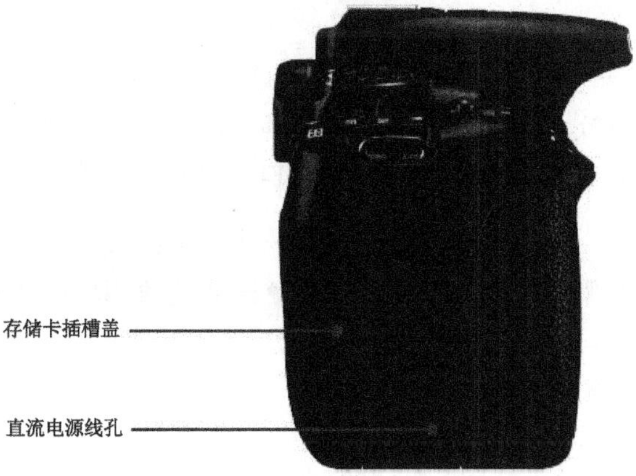

图 3-3-8

2．单反相机的拍摄步骤

在了解了相机各个按键的作用之后，小美决定动手拍摄一张照片，摄影师教她拍摄步骤。

（1）进行正确的参数设定。

小美是第一次使用单反相机，摄影师建议她采用全自动模式。首先将模式转盘调到全自动模式，接下来就是取景工作。

（2）取景。

在选择好被拍摄的对象后，就要进行取景，摄影师建议小美通过取景器目镜来观察拍摄对象，这样在按下快门按钮的时候最终拍摄的画面就会是取景器中看到的画面。调节画面的远近和大小通过旋转镜头（变焦镜头才可以调节远近，定焦镜头只能移动脚步来改变画面大小）上的变焦环来实现，确定最后的取景效果，然后就可以按下快门按钮了。

（3）按快门按钮。

先半按快门按钮对焦，当我们在取景器上看到获焦成功的提示后，再接着按下快门按钮，即完成了照片的拍摄。摄影师提醒小美在按快门按钮的时候手一定要稳，不要晃动，否则拍摄出来的图片就是模糊的。

知识链接

摄影姿势

1．持机的正确姿势

（1）右手紧握相机一侧的握手位，食指轻触快门按钮，以备随时拍摄。

（2）以左手手掌托住机身底部，用拇指和食指握住相机来稳定镜头。

（3）两手上臂紧贴身体，尽量保持自然下垂的状态并向身体靠拢。千万不要耸起双肩。因为长时间用耸起双肩的姿势拍摄，双肩关节会出现疲劳感，更难稳定相机。

（4）垂直握持相机拍摄时，一般左手在下，右手在上，也要注意左臂紧贴身体。

2．站立或坐下摄影时的注意事项

（1）站立摄影时，双脚宜微张，或以前后步方式站立，以便将整个身体的重量平放到双脚上。如果能借助一些固定的物体作为依靠，如背靠树干或墙壁等，则效果更佳。

（2）坐下摄影稳定性已经很高，但仍可借助外物进一步稳定身体。以椅子的靠背或桌子为依靠是不错的选择。

3．跪下摄影时的注意事项

跪下摄影时左脚应该弓起，右脚跪地，托起机身底部的左手则支撑在弓起的左脚上。一般情况下，跪姿拍摄较难稳定身体，最好也能借助固定物体做依靠，如树、墙等。

只需上述这 3 个步骤，我们就可以拍摄出第一张清晰的数码照片了，这是拍摄工作的第一步，如果想要拍出淘宝上那些精美的商品照片，就需要更改相机的各项参数，让相机根据我们的需要拍出各种效果照片。

3．适合拍摄细节特写的大光圈镜头

引导问题

请你观察图 3-3-9 中的两张图片，图片是想告诉我们产品的哪些信息？

通过左图我们可以很清楚地看到纽扣的形状，而背景其他部位对焦点区域则很模糊，很容易判断是要告诉我们纽扣的情况。而右图整个图片都是很清晰的，图片需要告诉我们的是纽扣还是车缝的工艺就不是很清楚了。

大光圈拍摄效果图　　小光圈拍摄效果图

图 3-3-9

拓展练习

请伸出你的食指，把手指放在眼前 10 厘米左右的位置，然后集中视力看清楚这根手指时，你会发现手指________，背景________，这便是小景深效果；当我们伸长手臂，把手指尽量伸到远离自己的地方，会发现手指________，背景________，这便是大景深效果。请同桌观察你两次看手指时的瞳孔大小，第一次瞳孔________，第二次瞳孔________。相机的光圈就是根据人眼的这个原理来设计的，光圈相当于人眼的瞳孔，当瞳孔放大时，看近处的物体显得非常清晰，远处的画面就模糊；当瞳孔缩小时，视力范围内的距离在眼中都是清晰的，调节光圈产生的景深效果也是如此。

知识链接

景深

景深是指在镜头聚焦调节中，所能清晰成像的最远部分和最近部分之间的距离。在拍摄需要突出主体的细节照片时，我们会采用小景深拍摄，当需要拍摄商品全貌时，我们就会采用大景深拍摄，将商品整体都清晰地呈现出来。

决定景深的 3 个基本因素如下。

光圈：光圈大小与景深成反比，光圈越大，景深越小。

焦距：焦距长短与景深成反比，焦距越大，景深越小。

物距：物距大小与景深成正比，物距越大，景深越大。

平拍图片展现商品细节时很难利用焦距和物距来改变景深，一般都是通过调节光圈大小来控制景深的，如图 3-3-10 和图 3-3-11 所示。我们只要牢记“大光圈小景深，小光圈大景深”的原则，就能拍出有远近层次和虚实效果的照片。

大光圈（f/1.4）　　小光圈（f/16）

图 3-3-10

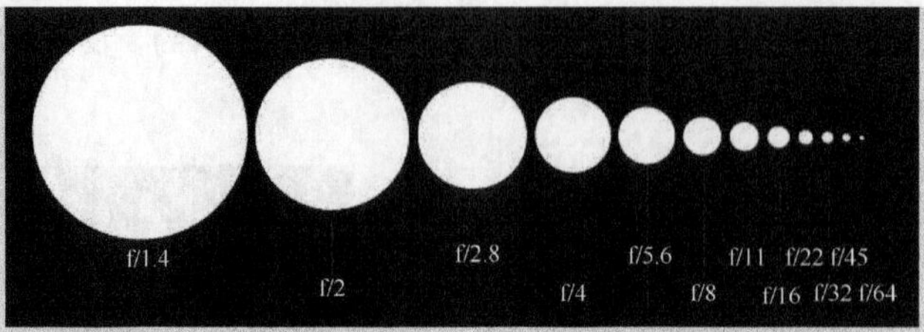

图 3-3-11

（1）佳能 EF 100mm f/2.8L IS USM（图 3-3-12）。

这是一款高成像性能的中远摄微距镜头。手持拍摄时也能够对各种手抖动进行良好的补偿，从而得到清晰锐利的图像。光圈全开可到 f/2.8，可以实现很好的虚化效果。购买价格为 6000 多元，是一款专业级定焦镜头。

（2）佳能 EF 50mm f/1.8 II（图 3-3-13）。

这是一款轻巧及经济实用的标准镜头。该镜头采用了高斯型镜片设计的 6 片 5 组光学结构，提供 f/1.8 的最大光圈，大光圈不仅能增加镜头的通光量，同时还能营造出浅景深的效果。购买价格为 600 多元，是一款入门级的定焦镜头。

图 3-3-12

图 3-3-13

学习与思考

请上网查询相机镜头上的数字和字母分别代表什么含义。

4．相机设置和拍摄方法

小美了解了相机镜头的知识之后，决定通过拍摄一张带有虚化效果的细节图，接下来向摄影师请教相机设置和拍摄方法。

（1）相机曝光模式设置（图 3-3-14）。

图 3-3-14

自动曝光模式（A+）是由相机自动判断快门速度和光圈，以求得到理想曝光效果的拍摄模式。由拍摄者决定光圈，相机决定快门速度的模式叫“Av（光圈优先自动曝光）”，与之相反的叫做“Tv”（快门优先自动曝光）。而被称为“P”（程序自动曝光）的模式可由相机同时决定快门速度和光圈，采用了高级算法来确定各设置值。小美希望拍摄出来的照片可以达到虚化效果，将转盘拨到 Av 模式下。

（2）主拨盘改变光圈值（图 3-3-15）。

使用主拨盘对光圈进行变更。

（3）观察光圈数值变化（图 3-3-16）。

图 3-3-15

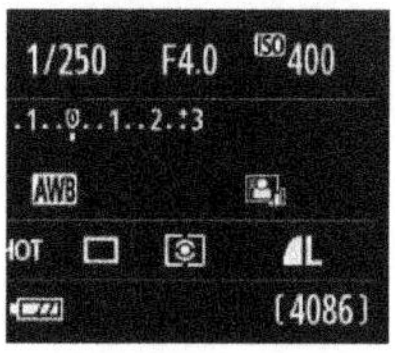

图 3-3-16

通过相机背面的液晶监视器观察光圈数值的变化，高档相机带有肩屏可以直接读出数值。

（4）调整对焦点（图 3-3-17）。

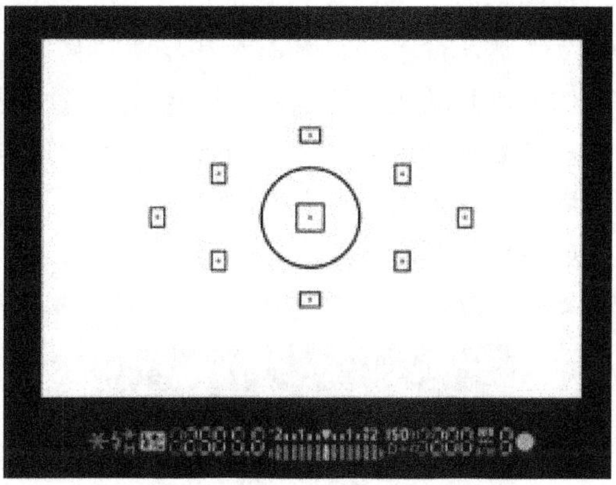

图 3-3-17

半按下快门按钮后，自动对焦功能将启动，开始进行自动对焦。当相机发出“噼噼”音，提示已经合焦。但在对焦点自动选择模式下，相机会自动合焦于近前的被摄体。如果清楚自己希望对焦的位置，可按下自动对焦模式选择按钮，启动该功能，如图 3-3-18 所示。

按下自动对焦模式选择按钮后，所有的自动对焦点都将闪亮一下。旋转主拨盘进行选择，自动对焦点将按顺序循环被激活，可从所有自动对焦点中选择一点，如图 3-3-19 所示。

图 3-3-18

图 3-3-19

在观察取景器的同时，旋转主拨盘，选择自动对焦点。在选好适当的一点后停止操作。再次半按快门按钮进行合焦，通过电子提示音及取景器内成像进行确认后，按下快门按钮。

小美将拍摄出来的照片复制到计算机中，放大后观看图片发现图片中物体的颜色与实物相比有色差，于是她接着去问摄影师原因，摄影师要小美先回答问题再告诉她答案。

引导问题

你见过日出么？日出时候天空的颜色有些什么变化？为什么天空在短时间内会有这么多种颜色变化？

知识链接

白平衡

物体反射出的颜色受光源色彩的影响很大，人的大脑可以侦测并更正光源引起的这种色彩改变，因此我们看到的白色物体都是白色的，然而数码相机不同，它所侦测到的由不同光源产生出来的“白色”不尽相同，有的呈浅蓝色，有的呈黄色或红色。为了使最后拍出来的照片还原出被拍摄物体正确的色彩，即在最终的照片中，使白色物体能够呈现出人类肉眼所看到的正常的白色，数码相机就必须模仿人类大脑，根据光源来调整色彩，这种调整就叫“白平衡”。

一般单反数码相机多采用按照光源种类来区分的设置方式，在机器背面的右侧可看到一个WB按钮，按下此按钮就可以进入白平衡设置功能，如图3-3-20所示。

图3-3-20

1．自动白平衡

这种设置为相机的默认设置，相机中有一结构复杂的矩形图，它可决定画面中的白平衡基准点，以此来达到白平衡调校。一般情况下，自动白平衡的准确度还是比较高的，但在环境色温过高或过低时，它的效果就有些差强人意了。

2．日光白平衡

这是室外摄影最应当使用的一种白平衡设置，根据一般情况下日光的色温来进行色彩调整。由于日光是最理想的摄影光线，光线中各种颜色光的比例也是最恰当的，因此在日光条件下，自动白平衡一般都不会出现大的偏差，所以，在室外光照适宜的条件下反而是最不需要手动设置的，多数情况下用自动白平衡就可以应付。

3．多云、阴影白平衡

多云天气或者大面积阴影下，由于光线中红色部分被吸收或遮挡，色温偏高，如果使用自动或者日光白平衡，照片就会偏蓝，色彩还原不正确，尤其是人像的肤色会很难看，这就需要选择使用恰当的白平衡设置来校正色彩。

4．白炽灯白平衡

普通白炽灯所发出的光线色温要比太阳光低很多，如果白平衡设置不当，所拍摄的照片就会偏黄，为此，多数数码相机专门设置了针对白炽灯光的白平衡，在白炽灯下拍摄时，只要设置成这种白平衡，就可以获得基本正确的色彩还原。在这样的灯光下如果使用自动白平衡，人的肤色会偏黄，使用白炽灯白平衡就能获得基本正常的肤色。因此，在拍摄有模特穿着的服装照片时要特别注意。

5．荧光灯白平衡

荧光灯是最复杂的一种光源，因为荧光的类型有很多种，如冷白和暖白，因而有些相机并不只有一种荧光白平衡调节。拍摄者必须确定照明是哪种荧光，才能对相机采取效果最佳的白平衡设置。

6．闪光灯白平衡

虽然电子闪光灯的色温与日光非常接近，但如果用闪光灯作为主光源，最好设置为专门的闪光灯白平衡，这样，照片的色彩才会更真实。

7．手动设置白平衡

手动设置白平衡不需要将相机对准参照物聚焦，只需把相机改为手动对焦模式，将镜头设置为无限远对焦，然后拿一张白色打印纸或名片，放在镜头前完成手动设置，或者因地制宜，在现场找一些白色的东西做参照物来帮助我们完成手动白平衡的调整。

小美重新设定了白平衡之后拍出的照片颜色更加准确，只是在白色背景下拍摄的照片整体颜色偏暗，而对着黑色裤子拍摄发现照片整体偏亮。这又是什么原因呢？这次摄影师没有卖关子，直接告诉小美原因：单反相机曝光是测量被摄体反射的光量得到的。因此在画面内有较多白色的被摄体时，相机会判断画面过亮而降低曝光；画面中较多黑色被摄体时，相机会判断画面过暗而增强曝光。相机自动得出的曝光与摄影师意图不符时，可以利用曝光补偿功能进行调整。被摄对象亮度比较高（白色背景）时需做曝光正补偿，被摄对象亮度较低（黑色物体）需做曝光负补偿，即“白加黑减”。

图 3-3-21

具体设置方法如下。

（1）调整拍摄模式。

转动模式转盘，选择创意拍摄区（图 3-3-21 中的红色部分）的模式。注意在自动模式下是无法调节曝光补偿的。

（2）设置曝光补偿。

按住曝光补偿按钮，旋转主拨盘进行操作。向右为正补偿，向左为负补偿，如图 3-3-22 所示。

（3）确认数值。

可通过取景器或液晶监视器内显示的内容对补偿情况进行确认，如图 3-3-23 所示。设置好之后拍摄几张，通过相机观察图片效果，再调整曝光补偿数值，直到满意为止。

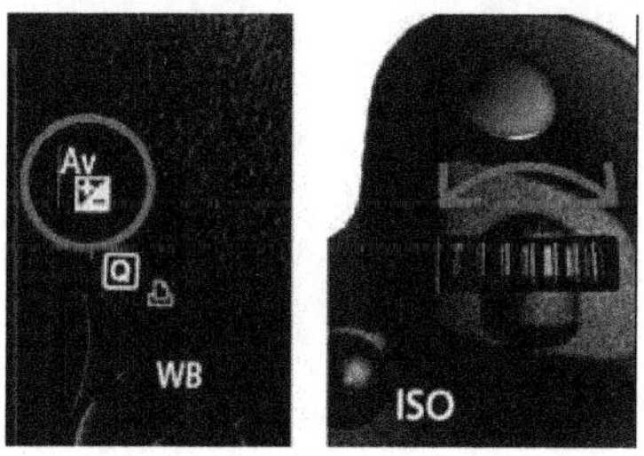

图 3-3-22

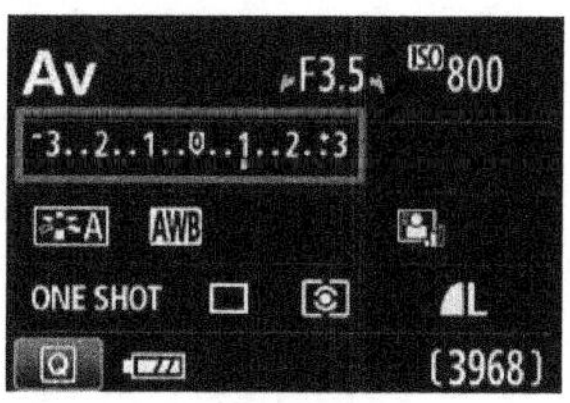

图 3-3-23

拓展练习

在了解单反相机和镜头的基本知识之后，小美决定去购买一套单反相机。请你上网查询相机和镜头的相关资料，为小美制定 4000 元、8000 元、12000 元的购机方案，并说明单反相机机身和镜头的搭配理由，以小组为单位制作 PPT 向全班汇报购机方案，并评选出各价位的最优方案。

任务评价

序号	评价项目	评价内容及要求	自评分	第三方评分		总分
				小组互评	教师评分	
1	购机方案	预算 4000 元的方案				
2		预算 8000 元的方案				
3		预算 12000 元的方案				
4	小组汇报	PPT 制作精美，整体布局风格（包括模板设计、版式安排、色彩搭配等）美观合理。整部作品播放流畅，运行稳定、无故障				
5		小组汇报语言规范（普通话），声音洪亮、圆润，吐字清晰，表达准确，无口头语				
6		反应灵活，能够很好地回答评委的提问，结束提问时能够回到结论要点，予以总结				

总结反思

1. 购买数码单反相机是需要一次到位，还是循序渐进逐渐升级？
2. 是不是越贵的相机和镜头拍摄出来的照片效果越好？

二、灯光设备

1. 白炽灯

白炽灯（图 3-3-24）一般家庭用照明光源，白炽灯色温低，大约只有 2100K（偏黄色），耗电大效率低，已经逐渐被节能灯和 LED 灯代替，一般在商品摄影中很少使用。

图 3-3-24

知识链接

色温

色温是表示光源光谱质量最通用的指标。一般用 Tc 表示。色温是按绝对黑体来定义的，光源的辐射在可见区和绝对黑体的辐射完全相同时，此时黑体的温度就称此光源的色温。低色温光源的特征是能量分布中，红辐射相对来说要多些，通常称为“暖光”；色温提高后，能量分布中，蓝辐射的比例增加，通常称为“冷光”。一些常用光源的色温为：标准烛光为 1930K（开尔文温度单位）；钨丝灯为 2760～2900K；荧光灯为 3000K；闪光灯为 3800K；中午阳光为 5600K；电子闪光灯为 6000K；蓝天为 12000～18000K。商品拍摄为了还原真实颜色，一般选择 5500K 的灯具拍摄。色温光谱图如图 3-3-25 所示。

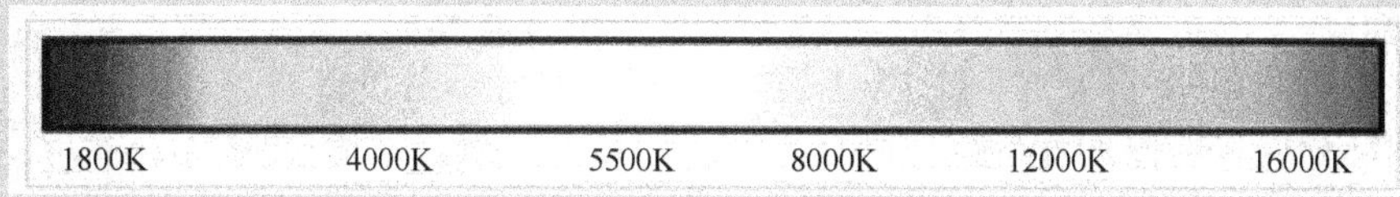

图 3-3-25

学习与思考

请观察一天中太阳颜色的变化，对照色温光谱图指出对应的色温区间范围：

日出、日落阳光色温< 5500K

正午阳光色温= 5500K

日出之前、日落之后色温> 5500K

2．节能灯

节能灯又称省电灯泡、电子灯泡、紧凑型荧光灯及一体式荧光灯，是指将荧光灯与镇流器（安定器）组合成一个整体的照明设备。1 瓦节能灯相当于 5 瓦的白炽灯的亮度。节能灯色温是 6400K（偏青蓝色），虽然可以用手动白平衡调正，但是节能灯的显色指数很低于 60，部分的产品还达不到 60。也就是说，即使色温人为校正了，也有很多颜色是显示不出来的。所以千万不要购买 6400K 的大功率节能灯供摄影用。

知识链接

显色指数

光源对物体的显色能力称为显色性，是通过与同色温的参考或基准光源（白炽灯或画光）下物体外观颜色的比较。光所发射的光谱内容决定光源的光色，但同样光色可由许多、少数甚至仅仅两个单色的光波纵使而成，对各个颜色的显色性亦大不相同。相同光色的光源会有相异的光谱组成，光谱组成较广的光源较有可能提供较佳的显色品质。当光源光谱中很少或缺乏物体在基准光源下所反射的主波时，会使颜色产生明显的色差（Color Shift）。色差程度愈大，光源对该色的显色性愈差。

白炽灯的理论显色指数为 100，但实际生活中的白炽灯种类繁多，应用也不同，所以其 Ra 值不是完全一致的。只能说是接近 100，是显色性最好的灯具。

常见的光源显色指数 Ra 如下：白炽灯 97，日光色荧光灯 80～94，白色荧光灯 75～85，暖白色荧光灯 80～90，卤钨灯 95～99，高压汞灯 22～51，高压钠灯 20～30，金属卤化物灯 60～65，钠铊铟灯 60～65，镝灯 85 以上。

3．**小型携带式闪光灯**

一般相机和手机上都会自带闪光灯，这种小型携带式闪光灯（图 3-3-26）主要有以下优点：闪光时间短，被摄物不会震动模糊；连续闪烁不会产生高温；易于携带，使用方便。但是也存在一些缺点：光束狭小，光源无法均匀分布整个画面，导致距离相机近或者画面中心部位局部曝光过度，其他部位曝光不够。

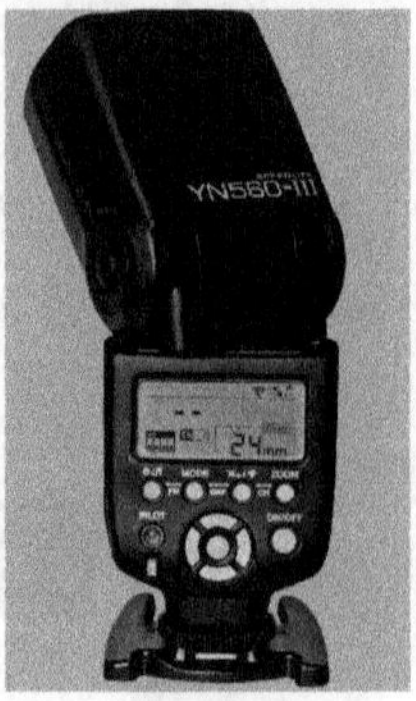

图 3-3-26

外接闪光灯，现在一般专业和业余摄影师都在使用，优点是色温为 5500K，方便携带，使用 5 号电池；缺点是离机使用需要引闪器，外接闪光灯不方便安装柔光罩和柔光伞，一般在外拍时使用较多。

4．**四联灯**

淘宝很多卖家会购买四联灯（图 3-3-27），一般四联灯套装价格在 500 元左右，这种常亮灯的优点是价格比较便宜，光质比较柔软，能看到布光效果。缺点是一般四联灯用 5500K 三基色灯泡，灯泡大多色温不稳定，很难拍摄出色彩漂亮的照片，灯泡亮度低，拍出来的画质不清晰。体积比较大，使用寿命比较短，大功率的灯耗电比较厉害。

常亮持续光源四联灯　　四联灯灯头

图 3-3-27

5．**大型闪光灯**

一般拍摄服装等较大的商品用大型闪光灯（图 3-3-28），优点是色温为 5500K，色温准确，色彩还原好；亮度足，是常亮灯亮度的 10 倍左右，拍出的照片画质清晰。缺点是价格相对昂贵，另外还需要引闪器和接收器才能受到相机的遥控。

金贝闪光灯　　闪光灯灯头

图 3-3-28

摄影棚的灯光器材，无论是闪光灯，还是常亮灯，其打光方式皆非单灯打光法。一般摄影时为了使照片画面的明暗光比较完美，摄影棚皆采用复灯打光，所以需规划多盏以上的灯光来组合。各灯所负责的功能及所打出的效果如表 3-3-2 所示。

表 3-3-2

名称	打光	功　能
主灯	主光	将主题最亮的部位打亮，是拍摄时最主要的光源
辅灯	补光	主题暗部补光之用，在控制光比时调节光比强弱的辅助光源
背景灯	背景光	属效果光之一，打亮背景区域，否则主题与背景缺少光域与层次感，而且会产生很重的背景阴影
发灯	发光	属效果光之一，使头发与深色背景分离，唯背景是浅色系时不适用
聚光效果灯	背景光主题光	制造强光特效，如果插上特制形状的插片，可得到不同形状的光影效果，经常用在制造背景光影时
其他效果灯	效果光	其他亦有使主题轮廓凸显的“背面光”等效果灯，使用技巧与功能视摄影师的需求而定

三、背景器材

要想拍出内涵丰富的照片，背景的衬托是不可缺少的。背景可以分为平面式布景和以真实景物来设计形成的立体式实景两类。

1．平面式布景

纯色背景一般用采用仙丽背景纸，这种背景纸具有颜色鲜艳、色彩饱和度好、品质细腻、纸质坚厚、吸光性好等特点。

主题背景纸一般将场景图片喷绘在防水 PP 纸上，如图 3-3-29 所示。

图 3-3-29

2．立体式实景

棚内实景就是利用一些小道具，如沙发、桌椅等来搭建的一个场景，还有一些背景纸等，如图 3-3-30 所示。

图 3-3-30　摄影棚实景

四、其他道具

在打光时，为了改善各灯光的光质与色彩，如直射光改变成散射光，或改成光束集中的聚光等光质，可以使用灯光的附属设备，如利用反光伞、无影罩、四叶遮板等设备来改变不同的光质。其重点设备及功能如下。

1．反光伞

将反光伞装置于灯光前，利用此伞的反打功能，将裸灯（无任何遮蔽物的灯）转变为跳灯（有反射物的灯），这种形式的打光法，使光质变成散射光的性质，从而得到较柔和的光质。常装于辅灯或主灯上。其材质有银色或白色的，但以白色较为常用，光质较柔和，如图 3-3-31 所示。

图 3-3-31

2．无影罩

无影罩是最简便而直接的散射光转换装置，如图 3-3-32 所示。其作用是将一半透光的白布制成灯罩，直接套于灯头，直射光经过这块布罩，便扩散为散射光的光质，操作简便，是摄影棚最重要且普遍使用的改变光质的设备，常用于主灯或辅灯上。

3．束光筒

束光筒是与无影罩功能相反的装置，这种类似猪嘴巴的漏斗形圆筒，装设于灯头前时，会将裸灯的光更集中地导引于投光处，形成聚光的状态，是发灯聚光效果最常用的导光设备，如图 3-3-33 所示。

图 3-3-32

图 3-3-33

4．四叶遮板

四叶遮板为多功能用的配备。其外形为一个由四个活动遮片组合而成的罩子，可以依叶片所开的大小孔径而得到大范围或者是小范围的照明，是改变照明范围的最佳创作设备，如图 3-3-34 所示。还可以利用其插孔插上任何色片，而得到色彩改变的色光。操作简便迅速，是很重要的多功能设备，常用于背景灯的变化。

5．反光板

白色反光板（图 3-3-35）：白色反光板反射的光线非常微妙。由于它的反光性能不是很强，所以其效果显得柔和而自然。需要稍微加一点光时，使用这种反光板对阴影部位的细节进行补光，可以让阴影部位的细节更多一点。

银色反光板（图 3-3-35）：由于银色反光板比较明亮且光滑如镜，它能产生更为明亮的光。银色反光板是最常用的一种反光板。

金色反光板（图 3-3-35）：在日光条件下使用金色反光板补光。与银色反光板一样，它像光滑的镜子似地反射光线，但是与冷调的银色反光板相反，它产生的光线色调较暖。金色反光板更常用作为主光。

黑色反光板（图 3-3-35）：从技术上讲它并不是反光板，而是“减光板”或称为“吸光板”。使用黑色反光板则是运用减光法来减少光量。

柔光板（图 3-3-35）：在灯光与被摄物或人之间起到阻隔减弱光线的作用，可以使光线柔和，降低反差。在光线强烈，而又不想调换摄影角度损失背景的情况下，或柔和光线以减少被摄物投影时可以使用。

图 3-3-34

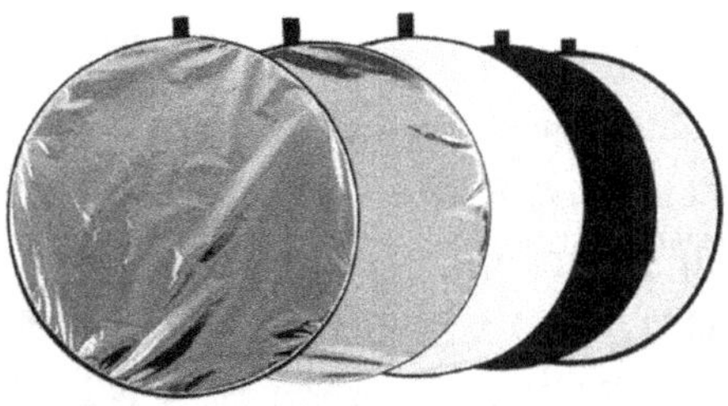

图 3-3-35

6．三脚架

三脚架是我们从事商品拍摄乃至其他各类题材摄影不可或缺的主要附件，如图 3-3-36 所示。使用三脚架可以避免相机晃动，保证影像的清晰度。

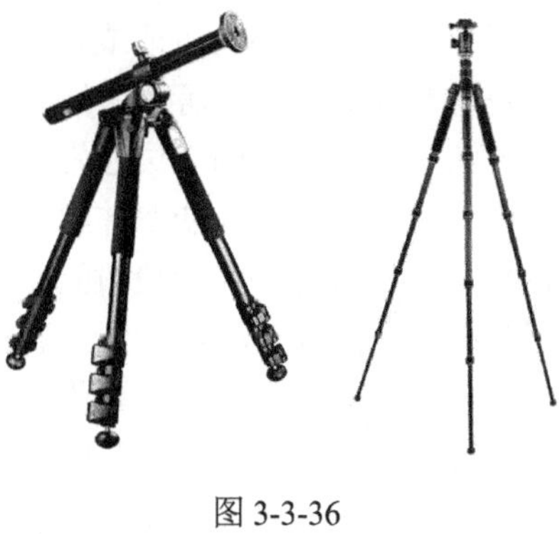

图 3-3-36

拓展练习

在了解灯光、背景及其他器材的基本知识之后，请帮小美设计一个以拍摄服装为主的摄影棚购置方案，以小组为单位制作 PPT 向全班汇报摄影棚方案。

任务评价

<table>
<tr><th rowspan="2">序号</th><th rowspan="2">评价项目</th><th rowspan="2">评价内容及要求</th><th rowspan="2">自评分</th><th colspan="2">第三方评分</th><th rowspan="2">总分</th></tr>
<tr><th>小组互评</th><th>教师评分</th></tr>
<tr><td>1</td><td rowspan="3">购机方案</td><td>灯光选择</td><td></td><td></td><td></td><td></td></tr>
<tr><td>2</td><td>背景选择</td><td></td><td></td><td></td><td></td></tr>
<tr><td>3</td><td>其他器材</td><td></td><td></td><td></td><td></td></tr>
<tr><td>4</td><td rowspan="3">小组汇报</td><td>PPT 制作精美，整体布局风格（包括模板设计、版式安排、色彩搭配等）美观合理。整部作品播放流畅，运行稳定、无故障</td><td></td><td></td><td></td><td></td></tr>
<tr><td>5</td><td>小组汇报语言规范（普通话），声音洪亮、圆润，吐字清晰，表达准确，无口头语</td><td></td><td></td><td></td><td></td></tr>
<tr><td>6</td><td>反应灵活，能够很好地回答评委的提问，结束提问时能够回到结论要点，予以总结</td><td></td><td></td><td></td><td></td></tr>
</table>

总结反思

1. 为什么灯光亮度不够，拍摄出来的画面清晰度不够？

2. 在白炽灯、荧光灯下拍摄，如何通过相机的白平衡设置改变偏色问题？

五、摄影棚的布光方式

服装实物拍摄时，很多人由于掌握不了光线而不能拍出好看的图片，拍出来的商品毫无生气，看不出商品的特点，布光是让塑造的形象更具有表现力的关键。服装拍摄因为大部分为静物室内拍摄，要展现质感和细节，所以在光线使用的问题上比较复杂，不同的产品在使用灯光时有不同的拍摄技巧，在拍摄中运用不同的布光来表现出商品的软硬、粗细、轻重、薄厚甚至冷热的视觉感受，使消费者直观地看到商品的不同形态，由此去联想他们在享受商品时可能获得的感受。

1．平铺拍摄布光

（1）吸光体的布光方式：各类服装布料它们的质地或软或硬，表面粗糙不光滑，因此对光的反射比较稳定，即物体的固有色比较稳定统一，而且这类商品通常本身的视觉层次就比较丰富，我们为了再现吸光体表面的层次质感，布光的灯位通常以侧光、侧逆光和逆光为主，照射角度适当放低，这样可以使其层次和色彩都表现得更加丰富，如图 3-3-37 所示。

牛仔裤较长，采用侧逆光拍摄未能把灯光均匀地投射到整条裤子上，会造成裤子上半部分明亮，下半部分灰暗的现象。因此需要利用反光板或者一盏辅助灯使原本较重的阴影变淡，显得自然一些。使用辅助光时要注意，辅助光光线强度不要强于主光，主光灯的高度要高于辅光灯的高度，可以利用灯的远近或者亮度调节来控制，这个位置布光的作用在于对暗面进行补光处理，同时减弱由主灯照射带来的商品阴影。加反光板的服装拍摄布光图如图 3-3-38 所示，使用辅助光的服装拍摄布光图如图 3-3-39 所示。

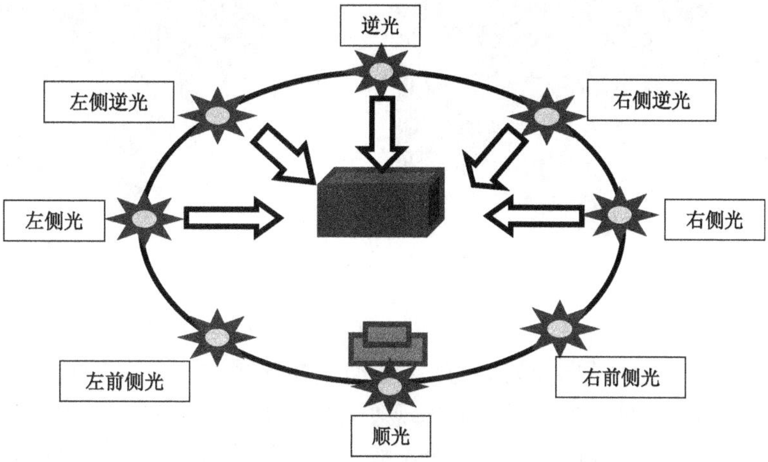

图 3-3-37

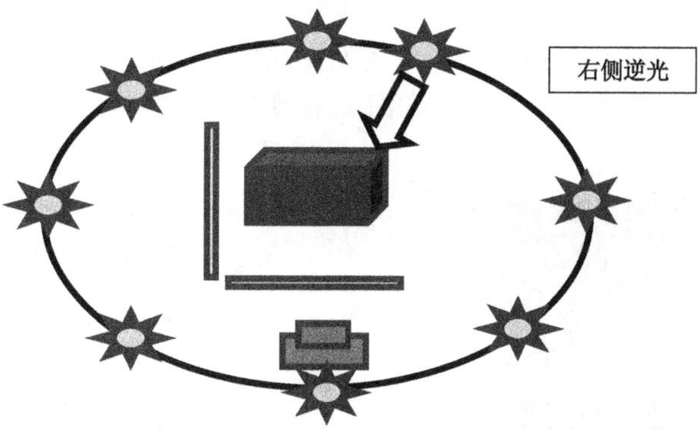

图 3-3-38

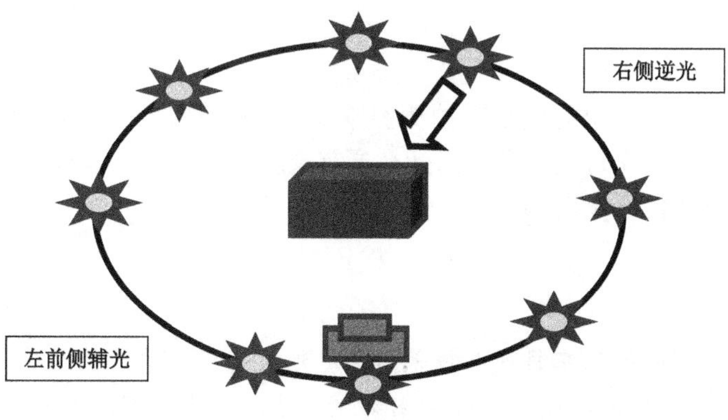

图 3-3-39

学习与思考

请仔细观察图 3-3-40 中牛仔裤拍摄图片的阴影，在图上画出灯光的方位。

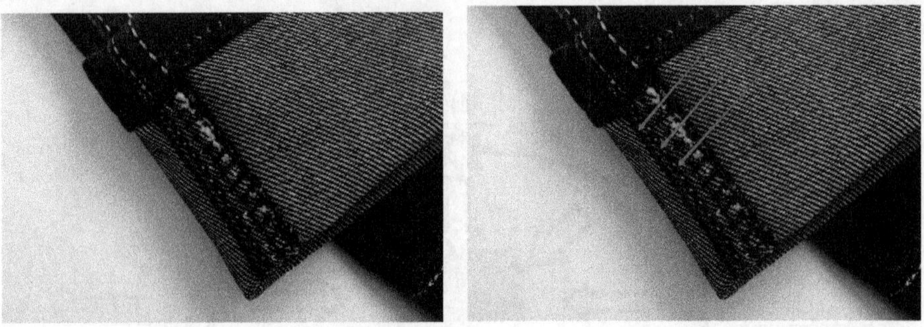

图 3-3-40

（2）反光类商品的布光方式：一些表面光滑的商品，如牛仔裤铜扣、拉链等，它们的表面结构光滑如镜，具有强烈的单向反射能力，直射灯光聚射到这种商品表面，会使光线改变，产生强烈的眩光。拍摄反光体一般都是让其出现“黑白分明”的反差视觉效果，要表现出表面的光滑质感，就不能使一个立体面中出现多个不统一的光斑或黑斑，因此最好的方法就是采用大面积照射的光或利用反光板照明，光源的面积越大越好。大多数情况下，反射在反光表面上的白色线条可能并不均匀，但必须保持统一性和渐变效果，这时可以使用大面积的柔光屏来扩大光源面积，另外根据光线衰减与距离的平方成反比的特点，倾斜柔光屏或者顶灯来营造渐变效果，这样才会显得真实。牛仔裤金属拉链和纽扣细节图如图 3-3-41 所示，金属拉链拍摄布光图如图 3-3-42 所示。

图 3-3-41

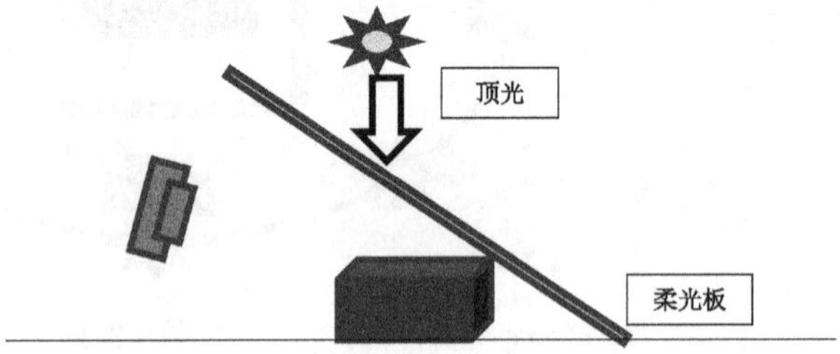

图 3-3-42

2．挂拍布光

服装挂拍最基本的一个位置就是在拍摄物体一侧（左或右）上方 45° 的位置，也就是布光图里左下方或右下方这两个灯的位置。为什么要首选这个位置呢？理由只有一个，模拟自然光的照明效果，符合一般的视觉习惯。

知识链接

主光位置决定了照明的基本目的和效果，但是光效是有视觉质感差异的，也就是一般所说的“软”、“硬”。“软”是指柔光，“硬”是指聚光。初学布光，软光容易上手见效。所以可以在这个灯上装上柔光装置，如柔光箱或反光伞。

室内多灯拍摄，要遵循一个原则，就是只有一个太阳，再多的灯，也只是起到效果和辅助的作用，主灯只有一个。不管灯位如何变化，主灯是整个拍摄的关键。当使用两个灯时，一个作为主光，而另一个作为补光或叫辅光。在全黑的摄影棚里只有一个主光，所以在主光没有照到的拍摄物的一些皱折处和物体边缘的背景上会留下比较明显的阴影和投影（这些影子的深浅和边缘清晰程度由主光的软硬程度所决定）。如果希望减弱这些影子的黑度，这时可以添加第二个灯，也就是辅光。在实际拍摄中，许多辅光也是可以由大块的反光板来充当的。辅助光的强度一定要弱于主光，这样辅光就不会产生阴影。可以通过调节光线的强弱，或者辅光灯与商品的距离，使辅光灯稍微远离商品。

服装挂拍布光图如图 3-3-43 所示。

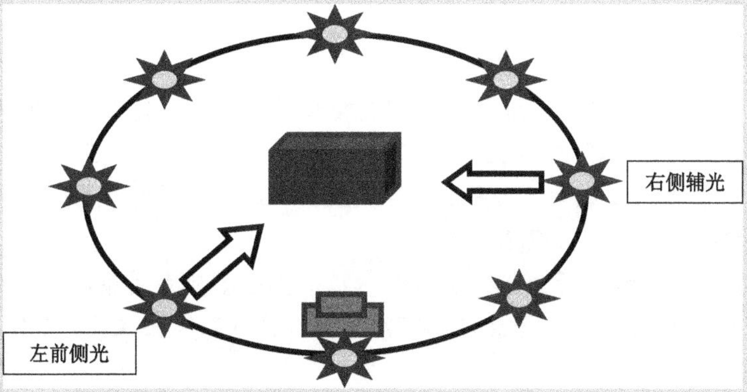

图 3-3-43

拓展练习

请根据平拍和挂拍的布光图，利用摄影室的灯光、道具布置拍摄场景，拍摄牛仔裤的照片，以小组为单位向全班汇报拍摄图片和光位介绍。

任务评价

序号	评价项目	评价内容及要求	自评分	第三方评分		总分
				小组互评	教师评分	
1	商品拍摄	布光恰当				
2		构图合理				
3		图片整体清晰，能体现产品特质				
4	小组汇报	PPT 制作精美，整体布局风格（包括模板设计、版式安排、色彩搭配等）美观合理。整部作品播放流畅，运行稳定、无故障				
5		小组汇报语言规范（普通话），声音洪亮、圆润，吐字清晰，表达准确，无口头语				
6		反应灵活，能够很好地回答评委的提问，结束提问时能够回到结论要点，予以总结				

总结反思

1. 尝试拍摄左右前侧顺光拍摄平铺和挂拍商品，如果两边光亮度一样图片有什么变化？如果区分主辅光图片有什么变化？

2. 在网上查询玻璃等透明体的拍摄布光方法，并画出布光图。

六、棚拍服装构图

掌握了基本拍摄技巧就能拍摄出清晰的照片，可是网上同类商品众多，我们要拍得一张吸引人的服装美图，常常要考虑到很多方面，其中很重要的一点当属构图。被摄主体放到什么位置是构图中最难解决的问题，很多照片都是把主体放到照片中间的位置，而这种位置很难让人有什么感觉，为什么会出现这样的问题？当你看到最吸引人的景物时，如何创作和构图才能让人有被冲击的感觉？要解决这个问题，就要从我们自己开始，景物是我们眼睛看到的，而怎么把景物体现在照片上，是要经过剖析的。

知识链接

构图最主要的目的是强调及突出主题，同时把烦琐的、次要的东西恰当地安排为陪衬。好的构图令照片看起来均匀、稳定、舒服、有规律，而且可以引导视线到主题点。构图不当，会出现杂乱、左右不平衡、头重脚轻及因主题过多反而变成没有视觉焦点等问题。

要获得好的构图，一定要注意以下几点。

（1）照片不应太过单调，否则照片会显得呆板。但也不应太复杂，否则会令人觉得混乱。

（2）要选择适合的背景。好的背景不但有助于衬托主题及突出主角，亦会丰富照片的内容，增添画面的色彩。

（3）要了解主体和陪衬物在照片中的关系，并适当地安排它们，以有效地表达主题，避免喧宾夺主的情况。

（4）要考虑各个物体色彩上的对比。鲜明的对比有助于突出主题，但若颜色混乱则会产生相反的效果。

（5）要掌握光线的照射角度及所产生的明暗阴影，它们都会影响照片的色彩和效果。

（6）要多利用照明、透视、重叠和影纹的层次变化，这将有助于在平面的照片内增加立体感。

摄影构图的基本模式如下。

1．均衡式构图

均衡，就是平衡。它区别于对称。用这种形式进行构图的画面不是左右两边的景物形状、数量、大小、排列的一一对应，而是相等或相近形状、数量、大小的不同排列，给人以视觉上的稳定感，是一种异形、异量的呼应均衡，是利用近重远轻、近大远小、深重浅轻等透视规律和视觉习惯的艺术均衡。均衡式构图，给人以宁静和平稳感，但又没有绝对对称的呆板无生气，所以是商品拍摄在构图中常用的形式，均衡也成了摄影构图的基本要求之一。均衡式构图如图 3-3-44 所示。

图 3-3-44

2．三角形式构图

以 3 个视觉中心为景物的主要位置，有时是以三点成面几何构成来安排景物的，形成一个稳定的三角形，如图 3-3-45 所示。这种三角形可以是正三角形，也可以是斜三角形或倒三角形，其中斜三角形较为常用，也较为灵活。三角形构图具有安定、均衡但不失灵活的特点。

图 3-3-45

3．圆形构图

圆形构图是把景物安排在画面的中央，圆心正是视觉中心，如图 3-3-46 所示。圆形构图看起来就像一个团结的团字，用示意图表示，就是在画面的正中央形成一个圆圈。圆形构图给人以团结一致的感觉，没有松散感，但这种构图模式，活力不足，缺乏冲击力，缺少生气。

图 3-3-46

4．S 形构图

S 形实际上是条曲线，只是这种曲线条是有规律的定型曲线。S 形具有曲线的优点，优美而富有活力和韵味。同时，读者的视线随着 S 形向纵深移动，可有力地表现其场景的空间感和深度感。S 形构图如图 3-3-47 所示。

图 3-3-47

5．十字形构图

十字形是一条竖线与一条水平横线的垂直交叉。它给人以平稳、庄重、严肃感，表现成熟而神秘，健康而向上。十字形构图的场景，并不都是简单的两条横竖线的交叉，而是相仿于十字形的场景均可选用十字形构图。也可以这样讲，凡是在视觉上能组成十字形形象的，均可选用十字形构图。十字形构图如图 3-3-48 所示。

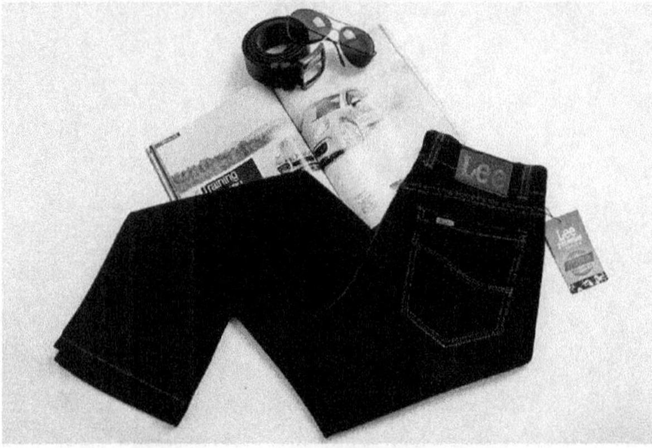

图 3-3-48

在拍摄商品照片之前，必须先设计出一个最佳的摆放角度，为拍摄时的构图和取景做好前期准备工作。商品采用什么摆放角度和组合最能体现其产品性能、特点及价值，这是我们在拿起相机拍摄之前就要思考的问题，因为拍摄前的商品摆放决定了照片的基本构图。牛仔裤怎样摆放会更有立体感呢？这或许是很多人都遇到过的问题。摆拍牛仔裤，一要有搭配，二要摆得生动，三可加些饰品做点缀，如图 3-3-48 所示的牛仔裤在拍摄时，搭配皮带、眼镜、杂志等。另外，衣服摆放时最好不要横平竖直地摆放在地上，可以选择倾斜一定的角度，这样能让图片看上去更生动，如图 3-3-49 所示。

图 3-3-49

牛仔裤切忌平整死板地摆放，衣服也要有“姿势”，裤腿部分不要平铺在两边，要做出一些造型，如图 3-3-50 所示。

图 3-3-50

现在淘宝店很多牛仔裤拍出来的褶皱很自然，富有立体感和动感，如图 3-3-51 所示。

图 3-3-51

图 3-3-51 左图的这种褶皱是靠手工折出来的，如果不是很熟练需要花很长时间，必须借助一些小道具，如在牛仔裤下方垫弯成波浪形的硬卡纸。右图的波浪形褶皱是将小瓶装的罐子塞进裤腿中，然后用手把牛仔裤上面一层压平的，最好下摆的部分也要做出些褶皱，可以一边略微地翻开，这样拍出的效果会很好。拍出来的照片经过后期处理之后就可以达到图 3-3-51 所示的效果。

学习与思考

仔细观察图 3-3-51 的右图，数数一共需要多少个小的罐子。

知识链接

服装摆拍要求

（1）精度，裁切后的用图必须全面高清，不能出现单点高清，周边模糊。

（2）洁净度，任何一张图片中，必须非常干净，拍摄前先做洁净处理，去除杂毛和灰尘。

（3）平整度，图片中服装的任何部分必须平整，拒绝起皱（因为造型需要除外），拍摄前先做整烫处理。

（4）亮度，所有图片亮度统一，清晰可见，不能暗沉或者出现局部曝光过度。

（5）局部和特写图片。局部，是指某个拍摄内容，必须全部呈现在图片中，同时，图片可能会留空一部分，使买家感受到局部在整体中的位置；特写，只拍摄对象的其中一部分，并全部充满在画面中，且特写内容需出现在画面正中。拍摄时选择的服装颜色，尽量用黑色、红色和白色以外的同款其他颜色拍摄商品细节，某款式商品只有黑色的除外。

（6）所有款式的图片，同一个拍摄内容，角度必须统一。

（7）多个颜色的立体图，如果能确保后面调图，可只拍一个颜色，后期调色。

七、附件拍摄

经营网店的推广成本不断上升，做好关联营销，能有效利用来之不易的流量，提高转化率和客单价，从而降低推广成本。小美决定除了销售牛仔裤外，还附带销售腰带、墨镜等商品。

知识链接

如何做好关联商品销售

（1）选好主推商品，吸引流量，带动关联商品销售。店铺的主推商品必须是本店或者当季流行的热销款商品，给店铺引入大量的流量。

（2）做好产品描述，展现关联商品。在店铺内部选出与店铺主推商品相关联的商品，可以是属性相同的商品，或者是属性相容的商品，也可以是不同属性的商品，把这些商品展示在主推商品详情页面中，进行关联销售。例如，店铺的主推款是一款时尚牛仔裤，在牛仔裤详情页面中还看到有皮带、眼镜、T 恤搭配，这就能让买家同时看到了店铺的多种商品，勾起了买家购买店铺其他商品的欲望，实现通过一件人气商品带动店铺其他商品的人气、流量、销量。

（3）搭配好关联商品，提高客单价。包括首先推荐与推广宝贝同类或相似的宝贝，抓住买家最初的购物意向。对于牛仔裤等服饰类目，关联销售可以推荐跟推广宝贝相似的宝贝款式，也可以推荐与推广宝贝的搭配宝贝，抓住买家关联购买的欲望。

（4）运用店内促销设置，吸引买家购买。首先，进行满就送、满就减、满就包邮、搭配套餐等，提高店铺客单价；其次，店铺进行限时折扣、缓解清仓、季节/庆典促销、买赠活动等提高店铺关联商品销量；再次，进行收藏有奖、现金折扣、推荐新客户有奖、主题买家秀（可通过试用推广收集）等提高店铺黏性；最后，进行积分换购、发放红包、折扣券、新品促销、商品试用、抽奖等活动回馈消费者，全面提高店铺销量。

腰带，特别是皮制腰带在拍摄时要注意：摆放时可以卷曲或平铺，拍摄时镜头要俯视，这样就不会看出其过多的印痕，如图 3-3-52 所示。

图 3-3-52

腰带的特点是细且长，如果将腰带平卷起来拍摄，画面会显得比较呆板，如图 3-3-53 所示。

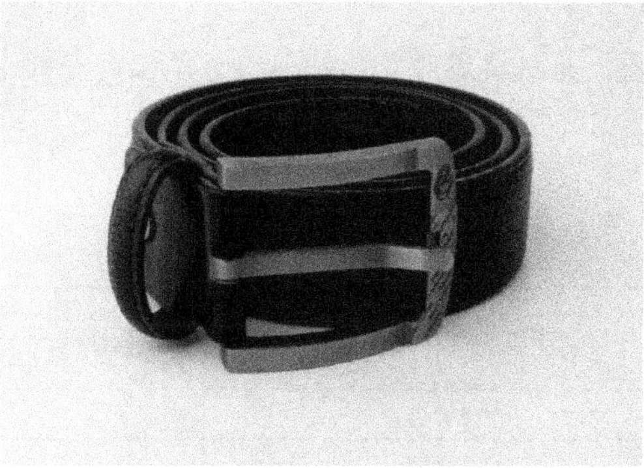

图 3-3-53

调整皮带的造型后，要注意皮带扣上的反光是否凸显金属材质，如图 3-3-54 和图 3-3-55 所示。

图 3-3-54

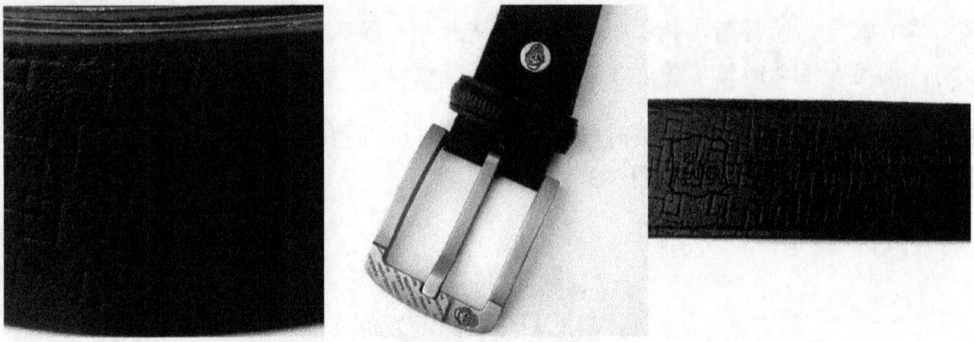

图 3-3-55

拍摄皮带需要一定的角度，以皮带扣为拍摄重点，起强调作用，顺带展示出皮带的材质。除此之外，皮带的造型也很重要，皮带本身属于细长型，如果直接放置在拍摄台上，画面中的空白地方太多，会显得单调又乏味，将皮带弯曲叠放在拍摄台上，除了表面纹理、花色之外，皮带扣还应该摆放在视觉中心的位置上，尽量靠前，可以显示其尊贵或华美。

皮带类的商品图片建议不要只以一种单一形式来展示，可以选择平面拍摄+模特立体拍摄或悬挂拍摄+模特拍摄搭配的方式进行。

拓展练习

请设计牛仔裤拍摄构图，并拍摄成照片，以小组为单位向全班汇报拍摄构图方法和如何展现商品的特点。

任务评价

序号	评价项目	评价内容及要求	自评分	第三方评分		总分
				小组互评	教师评分	
1	商品拍摄	布光恰当				
2		构图合理				
3		图片整体清晰，能体现产品特质				
4	小组汇报	PPT 制作精美，整体布局风格（包括模板设计、版式安排、色彩搭配等）美观合理。整部作品播放流畅，运行稳定、无故障				
5		小组汇报语言规范（普通话），声音洪亮、圆润，吐字清晰，表达准确，无口头语				
6		反应灵活，能够很好地回答评委的提问，结束提问时能够回到结论要点，予以总结				

总结反思

1. 牛仔裤平铺或者挂拍除了给出的几种摆放造型外，你还能设计出更多的摆放造型或者搭配造型吗？

2. 在网上查询皮质商品的拍摄布光方法，并画出布光图。

学习子情境四　模特实拍商品图片

学习目标

1. 掌握模特棚拍构图、布光方法。
2. 掌握模特外拍构图、布光方法。
3. 掌握模特拍摄姿势，能够选择合适的图片展现商品的特色。
4. 培养细致耐心的工作态度。

乐淘网店店主小美掌握了牛仔裤平铺拍摄和挂拍方法，但是淘宝网上牛仔裤的图片同样化很严重，搜索一条牛仔裤，就会看到很多店用的图片都是一样的广告图片。当然用广告图片有它的优点所在，但这样势必会引起激烈的价格战。而且，现在很多买家都对广告图片有一定的排斥心理。小美希望通过模特实拍图片来体现差异，赢得买家的肯定。怎样才能把牛仔裤的特点完整地表现出来呢？

一、棚拍布景、布光

棚内拍摄最好是使用一个可以将背景纸卷起来的支架，这样不仅可以方便我们根据不同服装的颜色来更换相配的背景纸，而且不容易将背景纸弄出皱褶，影响最终的拍摄效果，如图 3-4-1 所示。

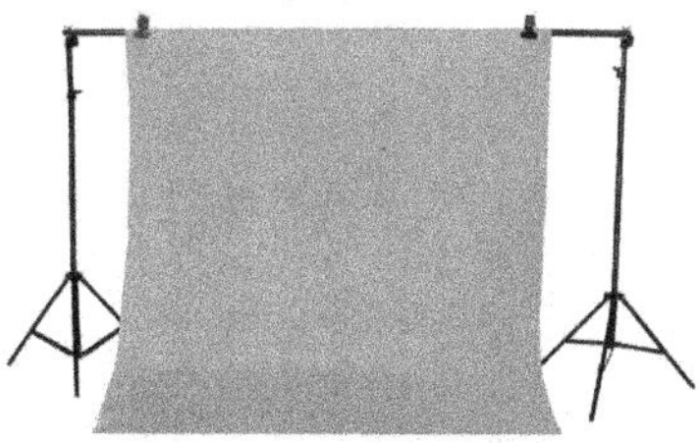

图 3-4-1

主灯位于相机的左（右）前侧，辅助灯是右（左）侧光，如果条件许可，可以在模特身后的左侧，面对背景墙的位置放置一盏加入色片的辅助灯，使光线呈渐变的方式被投射到白色背景墙上，由此产生出漂亮的光影效果。棚拍布光如图 3-4-2 所示。

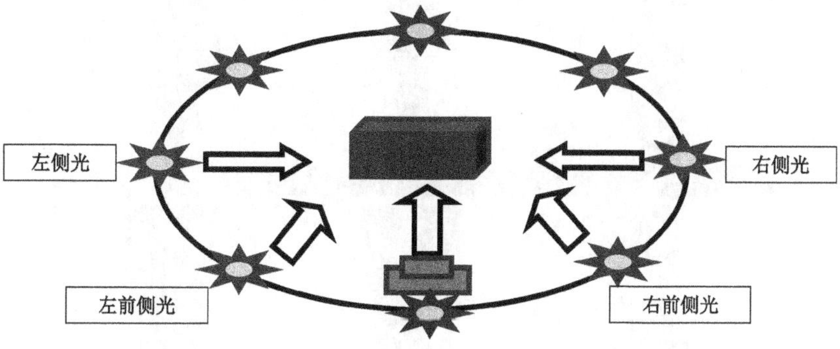

图 3-4-2

二、模特姿势

真人模特已经成为服装网店赚钱的法宝之一，如何让模特摆出合适的姿势一直是个难题。

如果模特表现得死板或者做作，将直接影响一张照片的质量，并直接影响服装的效果。模特摆姿势需要注意以下事项。

1．头部和身体忌成一条直线

头部和身体若成一条直线，难免会有呆板之感。因此，当身体正面朝向镜头时，头部应该稍微向左或是向右转一些，照片就会显得优雅而生动；同样道理，当被摄者的眼睛正对镜头时，让身体转成一定的角度，会使画面显得生气和动感，并能增加立体感。拍摄时，还应该注意手的姿势，手的姿势可以和人的面部形成一个明显对应。让画面变得比较丰富，同时通过手的表现更可以感受模特和服装的性格。有一点一定要注意：在摆这种姿势时，一定要让模特的手指伸长，增加身体曲线美。

2．双臂和双腿忌平行

无论被摄者是持坐姿或是站姿，千万不要让双臂或双腿呈平行状，因为这样会让人有僵硬、机械之感。妥当的做法可以是一曲一直或两者构成一定的角度。这样，就能既造成动感，姿势又富于变化。双手叉腰、单手叉腰等，这种注重手部动作的 Pose 非常适合拍摄环境人像，手臂的曲线可以打破人体只有直线的感觉，让画面变得非常有张力。

3．尽量让体型曲线分明

对于女模特来说，表现其富于魅力的曲线是很有必要的。通常的做法是让人物的一条腿实际上支撑全身的重量，另外一条腿稍微抬高些并靠着站立的那条腿，臂部要转过来，以显示其最窄的一面，同时人物的一只手可以摆在臀部，以便给画面提供必要的宽度。

知识链接

模特挑选小技巧

商品拍摄与人像拍摄不同，拍摄的重点放在衣服上，因此挑选合适的模特不需要一味地追求漂亮或者帅气，关键是模特的身材，模特最好瘦一点（但是过瘦也容易让衣服撑不起来），要以将服装的版型、设计穿出来为佳。穿上后建议把重点放在衣服上，脸可以切掉，避免买家分散注意力，如图 3-4-3 所示。也有很多网店将模特的脸用卡通图案遮挡或者打上马赛克，打马赛克的美观度要差一些。

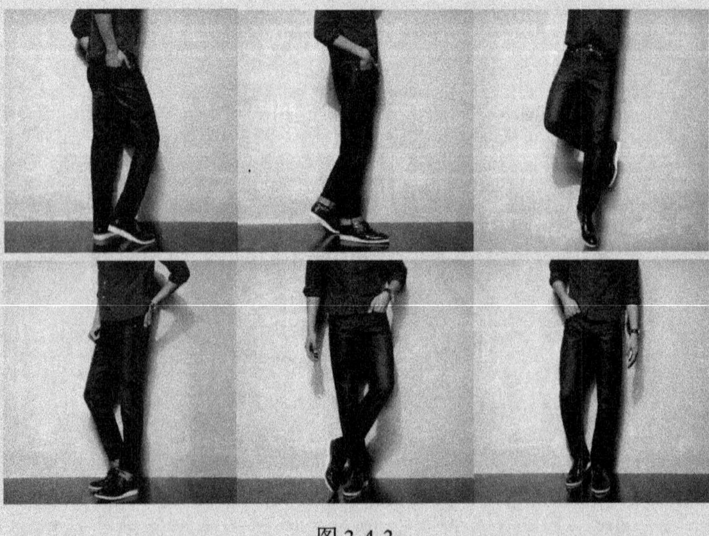

图 3-4-3

引导问题

1. 模特姿势从哪些方面展示商品？
2. 模特手的姿势如何摆放？

三、模特实拍拍摄角度

拍摄角度的选择包括拍摄方向和拍摄高度的选择。拍摄角度的选择在模特实拍中十分重要，拍摄角度的稍微变化就会对被摄物体产生明显的影响。拍摄方向的变化是指以被摄者为中心，照相机在水平位置上的前、后、左、右位置的变化。有时候也可以请模特改变方向，以获得不同方向的拍摄效果。在服装真人模特拍摄时对拍摄方向的选择主要有正面、侧面、前侧面、背面几种（图 3-4-4），通过不同的拍摄方向，多方面地展示产品。

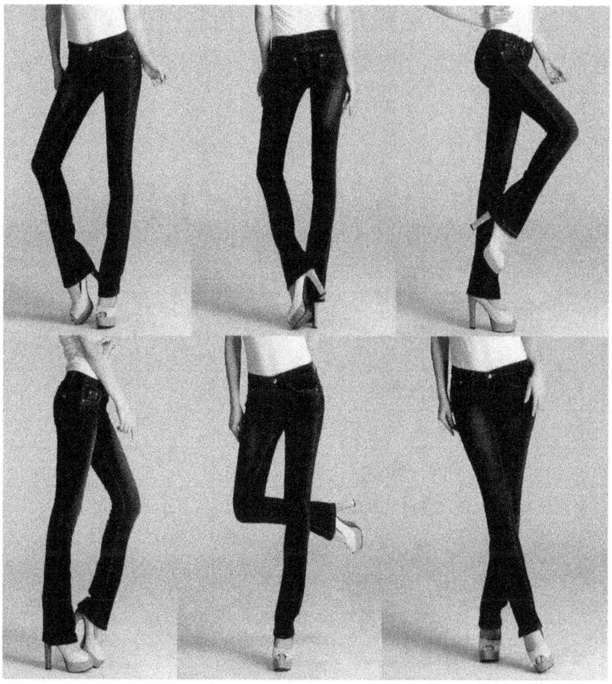

图 3-4-4

1．拍摄方向

（1）正面照：采用正面的方向拍摄人物，能很好地表现牛仔裤的正面特征，人物的各部分都处在相等的对称位置，正面照能够完美地展现服装产品的各项特征。

（2）前侧面照：这个拍摄方向不仅能表现出牛仔裤的正面结构和侧面结构，还能很好地表现出这两个面相结合的棱线，使服装的形象、轮廓和立体效果得到充分的表现。画面中的模特显得活泼，富有变化，整个画面具有动感和较明显的方向性。

（3）侧面照：拍摄时相机正对着牛仔裤的侧面进行拍摄，以表现出模特的侧面形象、线条结构。由于这个方向拍摄对牛仔裤的侧面轮廓能得到充分的表现，因此侧面拍摄具有强烈的动感和方向性。

（4）背面照：在服装真人模特拍摄中，从模特的背后方向拍摄也是常见的，通常是为了展示服装的背面效果。背面拍摄能显示出被摄者的背面特征和引导观众的视线向纵深发展。

2．拍摄高度

在拍摄方向不变的前提下，改变拍摄的高度会使所摄的画面透视关系发生改变。在拍摄中，由于高度的变化，常常用到的有仰摄、俯摄、平摄等拍摄角度。

（1）仰摄：采用低角度仰摄人物，能表现出被摄者的高大形象，同时还具有净化背景的作用。仰摄人物全身照片，能表现出被摄者修长的腿，适合拍摄裤子、靴子、打底裤等产品。

（2）平摄：对于拍摄人像来说，我们通常使用平视的拍摄角度，即相机与拍摄者的眼睛成水平直线，以被摄者直立时眼镜平视的高度为准。平视拍摄角度所拍摄的画面中各部分景物的透视关系，符合正常人视觉观看的心理，构图平稳，无特殊的变化。拍摄上衣、裙装时适合选用这样的拍摄方式。

（3）俯摄：在人物的近景拍摄时，如果采用高度俯摄容易形成上大下小的变形。在拍摄全身照时，一般也不要采用这种角度拍摄。在拍摄内衣模特时可以选择俯摄，可以更好地体现内衣的材质及细节。

在拍摄真人模特时，选择不同的拍摄角度，会使所拍摄的人物照片产生不同的构图艺术效果。对于拍摄高度的选择应根据被摄者的具体情况、所要表达的主要产品和周围的环境来确定。

拓展练习

请以小组为单位，选择一位同学当模特拍摄实拍照片，向全班汇报拍摄图片。

任务评价

序号	评价项目	评价内容及要求	自评分	第三方评分		总分
				小组互评	教师评分	
1	商品拍摄	布光恰当				
2		构图合理				
3		图片整体清晰，能体现产品特质				
4	小组汇报	PPT制作精美，整体布局风格（包括模板设计、版式安排、色彩搭配等）美观合理。整部作品播放流畅，运行稳定、无故障				
5		小组汇报语言规范（普通话），声音洪亮、圆润，吐字清晰，表达准确，无口头语				
6		反应灵活，能够很好地回答评委的提问，结束提问时能够回到结论要点，予以总结				

总结反思

模特实拍与挂拍、平拍相比，在拍摄过程中容易出现哪些问题？应该如何避免？

学习子情境五　商品图片的后期处理

学习目标

1. 能够分析商品图片存在的问题。
2. 能使用 Photoshop 软件对商品图片进行修饰。
3. 熟练运用“色阶”对话框调整照片偏色问题。

4. 熟练运用“智能锐化”对话框调整照片亮度。
5. 培养细致耐心的工作态度。

乐淘网店新购进了一批牛仔裤，小美希望拍出一种高亮度的灰背景图片的效果，现在这样的拍摄效果很常见。图 3-5-1 就是她想要达到的效果。

图 3-5-1

引导问题

1. 这一组图片有什么特点？其背景是否是纯色？是否能直接利用拍摄完成图片效果？
2. 小美拍出来的照片如图 3-5-2 所示，与图 3-5-1 对比，有哪些方面需要改进呢？

图 3-5-2

3. 通过上面的对比，你看出小美所想要的效果图需要做哪些处理了吗？

图片处理过程如下。

一、修图准备

选择和装饰数码修饰的场所，需要有一些基本原则，以便有效进行修图工作。

1．避免外界光线对显示器上色彩的影响

室内光源及窗外投射的光线到达显示器时，会产生反射，这样就没有办法表现出商品图片的本来颜色。特别是 LCD 显示器，反射现象尤其严重。

色彩修正时，尤其要注意，不仅是显示器的反射光，操作者本人如果在工作过程中，短时间离开 LED 灯的工作环境，到阳光下或者有白炽灯的房间去，返回后应适当休息，使眼睛适应周围的环境后，再进入工作，尽量把颜色误差降到最低。

2．拍摄为主，修图为辅

修图是商品拍摄后不可缺少的过程，但是过分依赖修图，会导致图片失真，引起消费者的不满。拍摄照片时，我们应抱着尽量不修图的想法。

3．实物不离手

很多看起来漂亮的商品未必是好商品，过多修饰图片，总想让图片看起来漂亮，容易引起消费者对商品的误解，引起不必要的售后纠纷。

修图时设计师最重要的是表现商品本身的色彩感及质感，处理过程中，尽量为设计师提供实物参考，最大限度地保证商品保留实际商品的色感及质感。

4．宁可曝光不足，不要曝光过度

即使使用曝光表，也不能保证摄影结果 100%准确，摄影师经验越丰富，越容易接近最佳结果，但难免出现曝光过度或曝光不足的现象。

曝光过度，会丢失过曝区域的颜色信息，后期利用软件也无法复原。如果略微曝光不足，颜色信息还在，我们可以利用软件进行修复。

二、图片修正

小美利用简易工具拍出的图片如图 3-5-3 所示。

图 3-5-3

引导问题

请仔细观察原片，按照表 3-5-1 的指引，分析图片存在的问题。

表 3-5-1

考核项目	处理要求
构图	主题明确，突出卖点，既要有产品整体图，也要有细节图。商品在图片中的面积不要过小，也不要撑满整个画面，以整个画面的 2/3 为宜。图文布局合理
清晰度	图片质量要清晰，切忌用小图片进行拉伸，细节图展示要细腻、逼真
背景	深色宝贝在浅色背景下拍摄，浅色宝贝可以在深色背景下进行拍摄。尽量避免后期拼图。同一画面中人物模特不多于两位，人物与背景需保持同等比例、同场景
颜色	色彩真实、准确，不能有偏色。多色商品尽量实物拍摄，色系过多或者不便拍摄建议使用色卡展示。一张照片的主色一定要在 3 个之内
光线	光线柔和，光比反差适当，照片要保证亮度充足，不能出现大面积过曝或者欠曝。宝贝阴影自然
污点	产品外观正常，没有裂纹、污点、指纹、杂物影子、刮痕，产品功能正常。服装类产品要尽可能让衣服平整（衣服本身有褶皱的除外）、干净
尺寸大小	尺寸大小符合规定要求，照片上传后不能出现变形或者四周留有空白

从表 3-5-1 中，我们可以梳理出修片的基本过程。

1．使用软件

处理商品图片，一般使用 Photoshop 软件，本书中选用 Adobe Photoshop CS6 版本。Adobe Photoshop CS6 是 Adobe 公司旗下最有名的图像处理软件之一，它是集图像扫描、编辑修改、动画制作、图像制作、广告创意、图像输入与输出于一身的图形图像处理软件，深受广大平面设计人员和计算机美术爱好者的喜爱。

2．图片处理过程

（1）构图。这张照片中牛仔裤的放置位置有些偏，画面周围还有一些杂物，因此我们需要将周围的杂物清理干净，并将裤子摆正。

在 Photoshop 软件中打开原图，如图 3-5-4 所示，利用“裁剪工具”框选出所需要保留的部分图形，并以裤脚为水平参考线，轻微旋转选框，并以回车键结束裁剪，得到图 3-5-4 右图的效果。

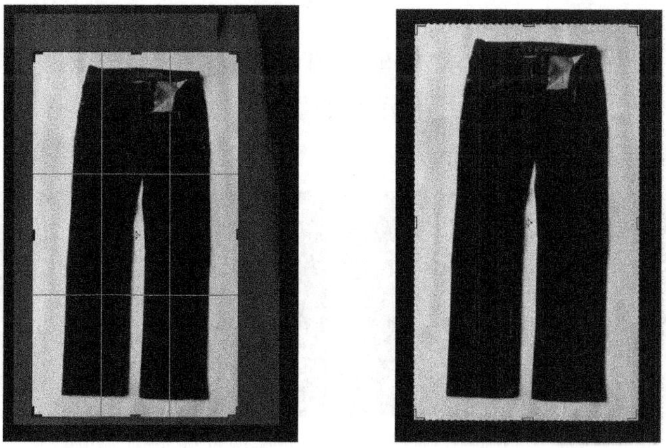

图 3-5-4

（2）去污点。仔细查看原图，会发现牛仔裤左裤脚上有些白色的污点，如图 3-5-5 所示。接下来就要把这些污点去除。

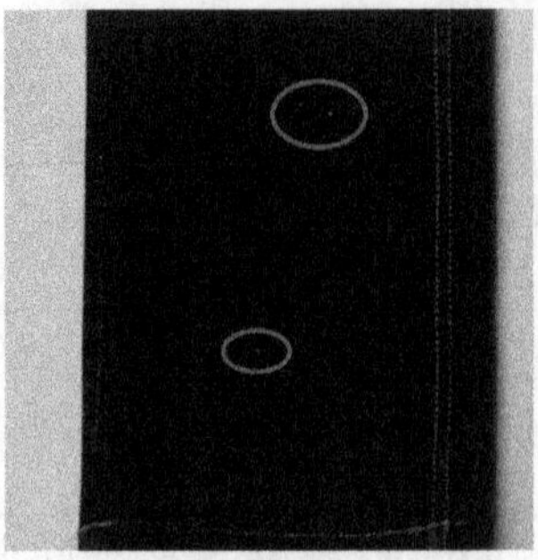

图 3-5-5

从这个步骤开始，我们需要对商品本身进行操作，因此一般先复制一个背景图层备份，如图 3-5-6 所示。

图 3-5-6

去污点的方法有很多种，这里我们利用 Photoshop 软件中的“修补工具”，如图 3-5-7 所示。

图 3-5-7

利用“修补工具”选取需修复的污点，如图 3-5-8（1）所示。然后用鼠标将选取的区域如图 3-5-8（2）移动到污点附近没有污点的区域，如图 3-5-8（3）所示。放开鼠标后，修补完成，如图 3-5-8（4）所示。

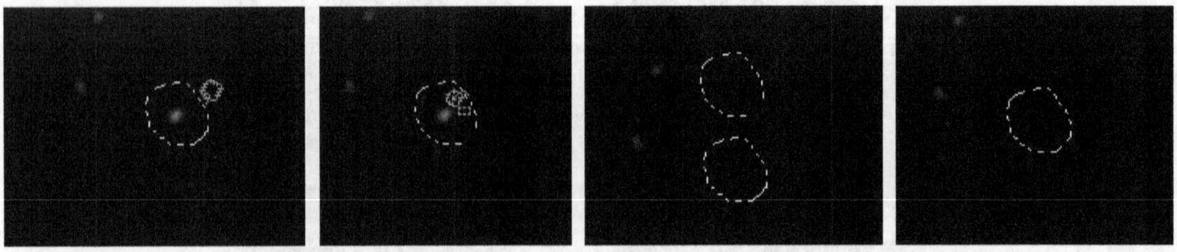

（1）　（2）　（3）　（4）

图 3-5-8

利用同样的方法完成其他污点的处理。

这里，我们也可以尝试用其他工具处理污点，如“污点修复画笔工具”等。

（3）调整曝光与偏色。学会看直方图，通过直方图，我们可以很直观地看出哪些地方需要调整。

图 3-5-9 是本图的直方图，是一张凹形色阶直方图，峰值曲线两边高，中间凹陷，是一个高反差的图片。同时峰值曲线两端距离色阶的两端都有一定距离，如图中的红圈所示，仅从直方图就可以判断，这张照片偏灰。

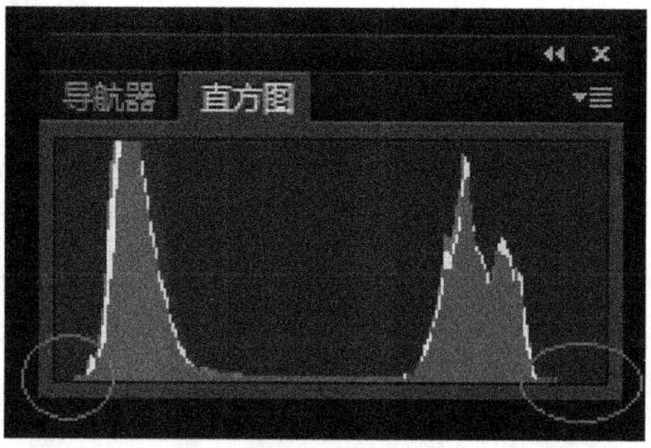

图 3-5-9

基于以上判断，执行“图像”→“调整”→“色阶”命令，打开“色阶”对话框，如图 3-5-10 所示。

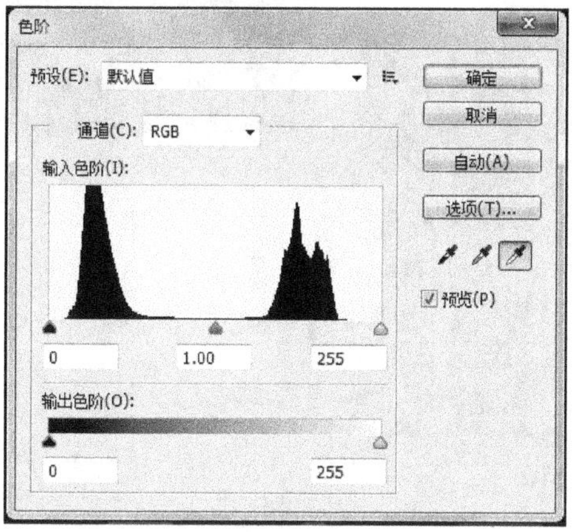

图 3-5-10

知识链接

色阶调整技巧

一般来说，在使用输入色阶的高调值与低调值时，可以将直方图上没有像素或像素很少的那一端作为调整点。如果高调一端没有像素，就将高调那端往低调；如果低调那端没有像素就将低调那端向高拉。调整量应该就设在直方图柱线开始增多的那个位置，这样就不会损失暗部或亮部的细节。

色阶有黑、灰、白 3 个小箭头，黑箭头代表最低亮度，即黑场，同理，白箭头是纯白，灰色箭头为中间调。原图偏暗，中间调向暗调方向调整，如图 3-5-11 所示，整体提亮原图，效果如图 3-5-12 所示。

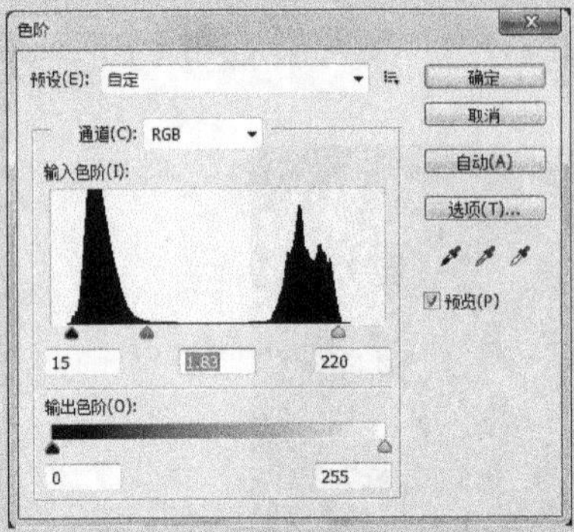

图 3-5-11

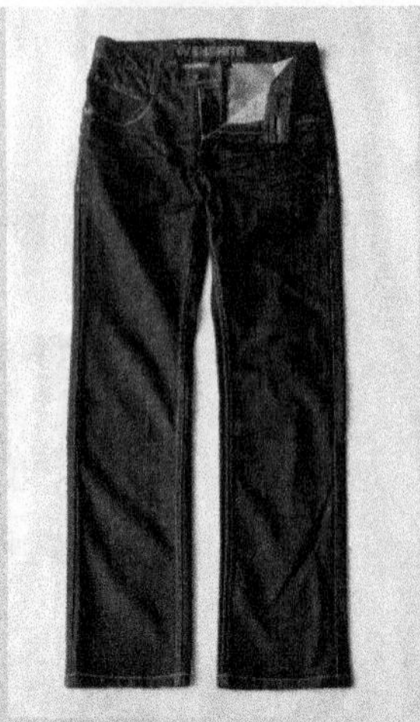

图 3-5-12

另外，也可以利用如图 3-5-13 所示的白场吸管，手动在图像中取样以设置白场。将吸管移动至照片中的红圈处（略微暗于图像中最亮处的区域）。

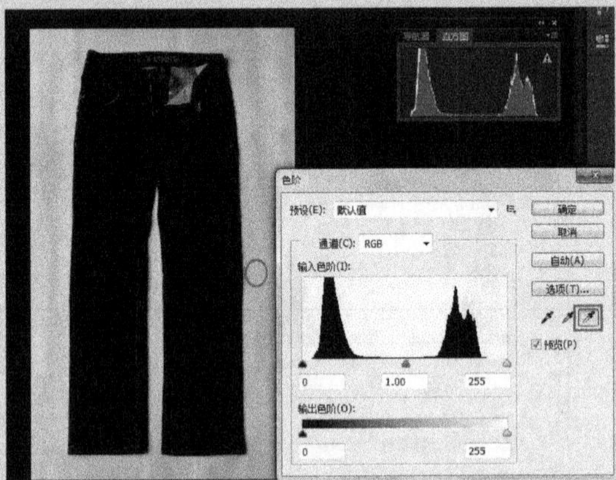

图 3-5-13

单击鼠标后，取样点及高于此取样点的图像像素被白色代替，整体图像提亮，如图 3-5-14 所示。

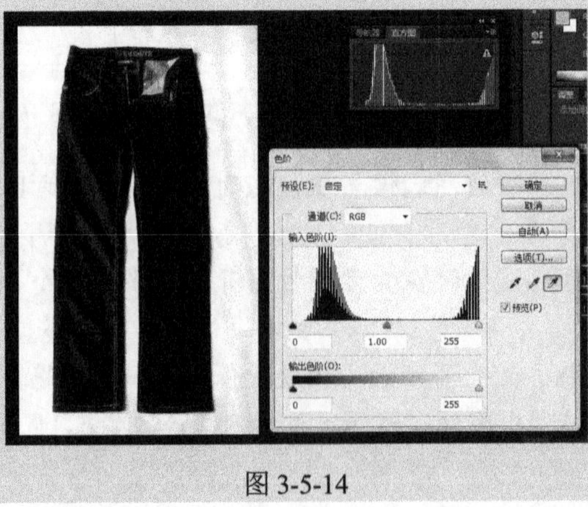

图 3-5-14

图像中的裤子基本还原了真实的颜色。

三、更换背景

（1）通过前期分析，我们能判断，小美所需的效果图并不能直接靠拍照完成，需要更换背景。图 3-5-1 中的样图背景，可以通过取色分析发现，效果图的背景是 RGB（245，245，245）的高亮灰色。所以更换背景就成了主要工作。

（2）抠图，将裤子从白背景中抠出来，可以有很多种办法，这里选用“快速选择工具”。

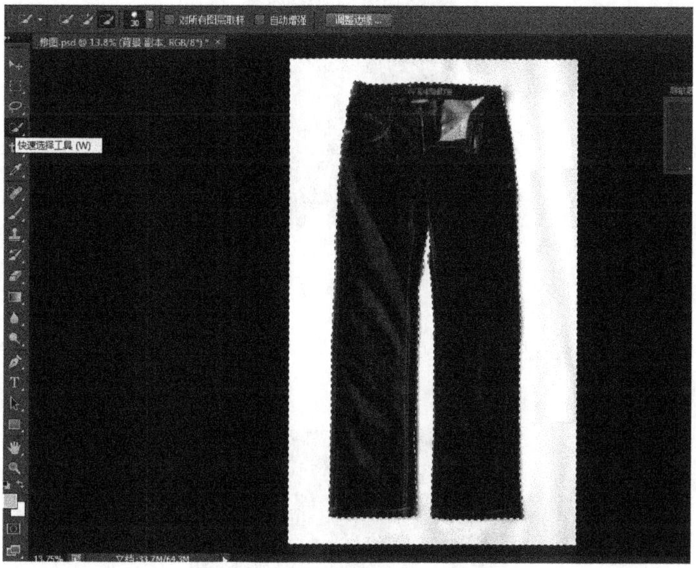

图 3-5-15

按“Crtl+I”组合键反选，细节部位不太理想的，利用“磁性套索工具”或“折现套索工具”等增加或删除选区，将裤子抠出，不包含阴影部分，如图 3-5-16 和图 3-5-17 所示。

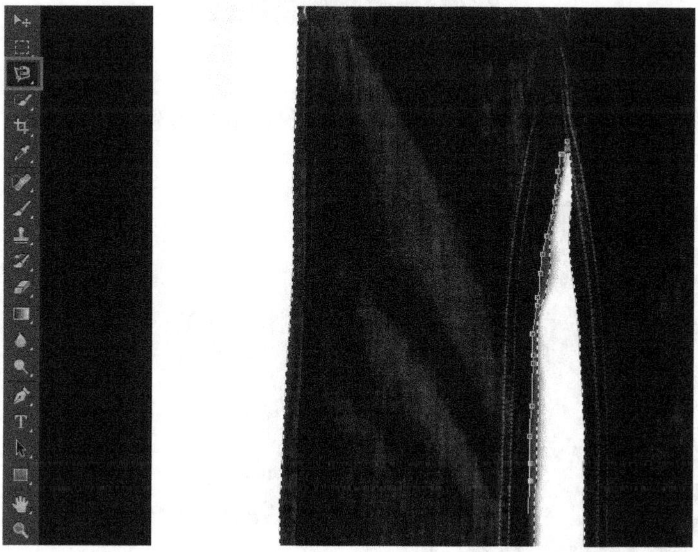

图 3-5-16

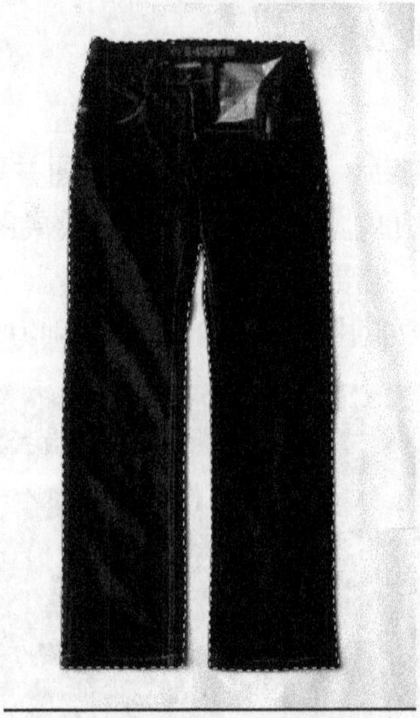

图 3-5-17

将选取出的裤子复制、粘贴，即按“Ctrl+C”、“Ctrl+V”组合键，使之成为单独的一个图层，如图 3-5-18 所示。

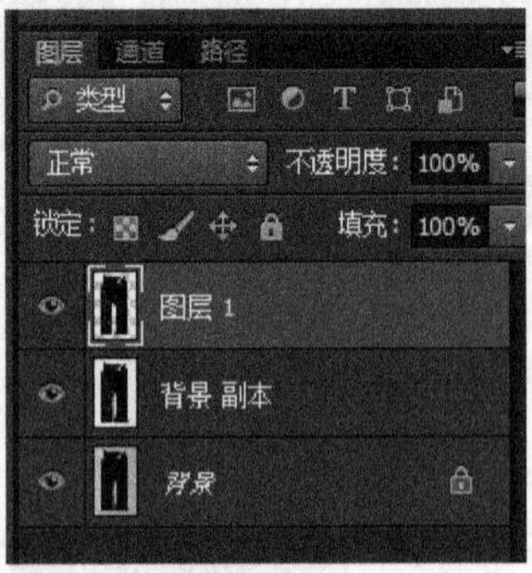

图 3-5-18

复制“背景副本”图层，并在“背景副本 2”图层下方新建一个“图层 2”，“图层 2”的颜色为 RGB（245，245，245），如图 3-5-19 所示。

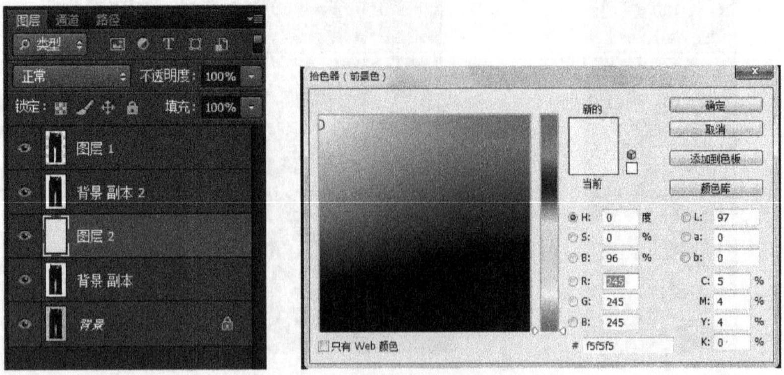

图 3-5-19

调整“背景副本 2”图层的亮度，使裤子右侧和下侧的阴影部分变淡，使阴影表现自然，如图 3-5-20 所示。

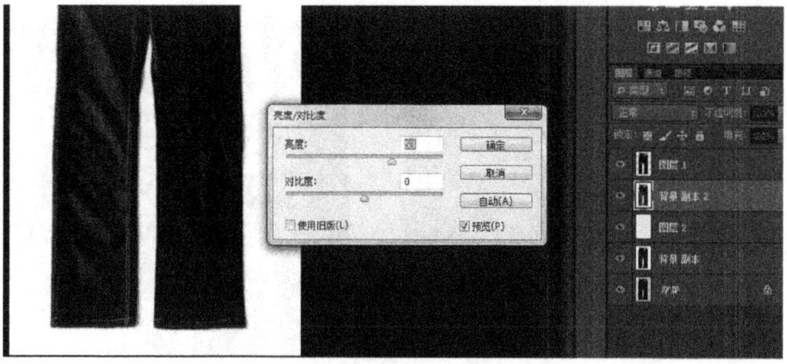

图 3-5-20

在“背景副本 2”图层中，框选出周围的白色部分（不含阴影部分），如图 3-5-21 所示，将框选部分删除。

图 3-5-21

剩余部分背景用 30%不透明度的橡皮擦擦除，注意保留裤子的阴影，如图 3-5-22 所示。

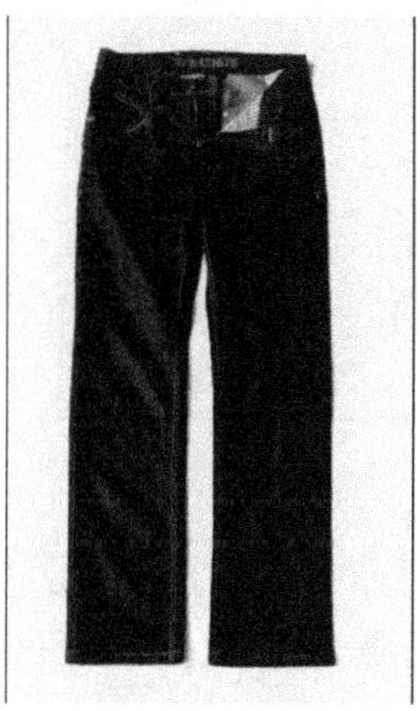

图 3-5-22

四周亮度为 245 的图片基本完成，再仔细检查一下，发现裤脚部分比较模糊，如图 3-5-23 所示。

图 3-5-23

选中“图层 1”，执行“滤镜”→“锐化”→“智能锐化”命令，打开“智能锐化”对话框，使用默认值，单击“确定”按钮，如图 3-5-24～图 3-5-26 所示。

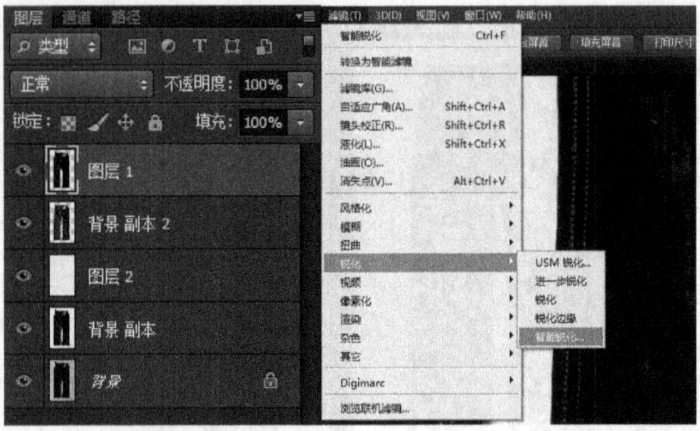

图 3-5-24

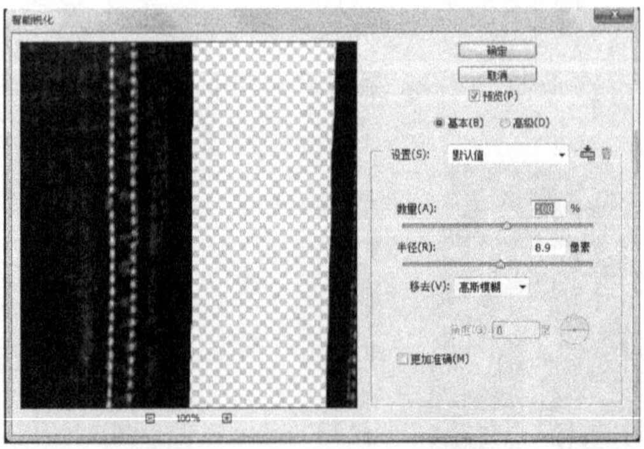

图 3-5-25

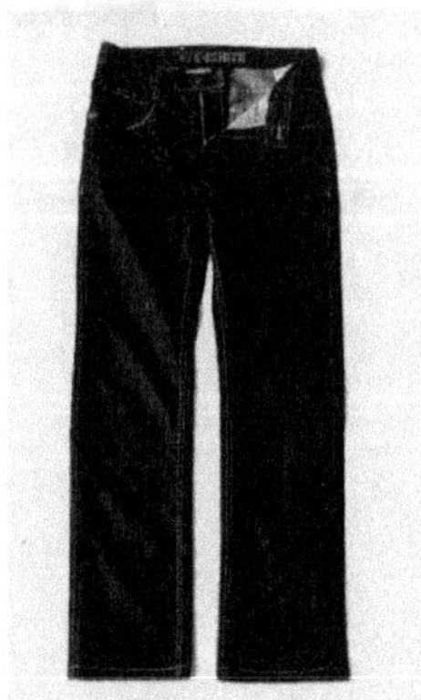

图 3-5-26

至此，一张四周亮度为 245 的图片就全部制作完成了。

基本流程：构图→去污点→调整曝光及偏色→抠图→换背景→锐化。

图片前后对比如图 3-5-27 所示。

图 3-5-27

拓展练习

请将自己拍摄的商品图片导入到计算机中，用 Photoshop 软件进行修饰。

任务评价

序号	评价项目	评价内容及要求	自评分	第三方评分		总分
				小组互评	教师评分	
1	商品修饰	图片无污点				
2		图片整体色彩还原真实				
3		图片整体清晰，能体现产品特质				

总结反思

除了 Photoshop 软件可以修饰商品照片外，还有哪些软件可以对照片进行调整？这些软件和 Photoshop 软件相比有哪些不同？

学习子情境六　商品主图制作

学习目标

1. 能够正确判断照片的拍摄效果。
2. 能够制定较为完善的修正方案。
3. 熟练运用变形和液化操作调整商品的外形。
4. 培养学生勇于探究的学习精神。
5. 培养学生耐心细致、实事求是的工作态度。

乐淘网店店主小美完成商品图片的修饰之后，挑选了一张正面图作为商品主图，因为拍摄客观条件的限制，不可能拍得十分完整，小美决定对照片进行适当的修饰。

（1）查看原图。四周有杂物，无偏色，如图 3-6-1 所示。

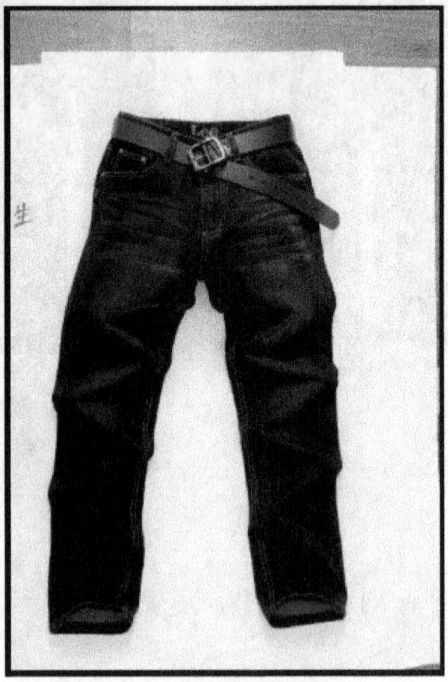

图 3-6-1

（2）构图。在 Photoshop 软件中打开原图，如图 3-6-2 所示，利用“裁剪工具”，处理掉四周的杂物。

图 3-6-2

（3）抠图。利用“磁性套索工具”将裤子选取后按回车键确认选区，如图 3-6-3 所示。这里也可以尝试使用“钢笔工具”、“快速选择工具”或“魔棒工具”。

（4）利用组合键“Ctrl+C”、“Ctrl+V”将选取出的裤子复制、粘贴成新的图层，再复制一层作为备份，如图 3-6-4 所示。将文件存储为“牛仔裤修型.psd”。

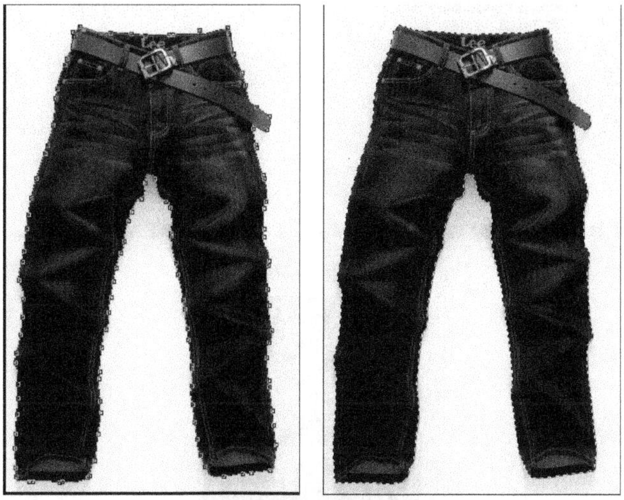

图 3-6-3

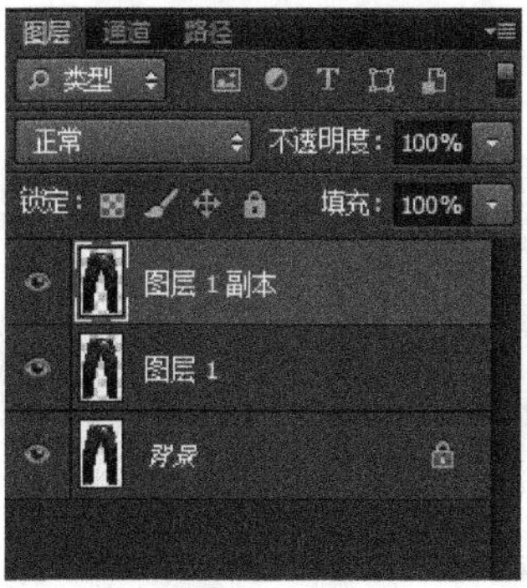

图 3-6-4

（5）将参照的修型模板在 Photoshop 中打开，右击“背景”图层，将其复制到“牛仔裤修型.psd”中，将该图层命名为“模板”，如图 3-6-5～图 3-6-7 所示。

图 3-6-5

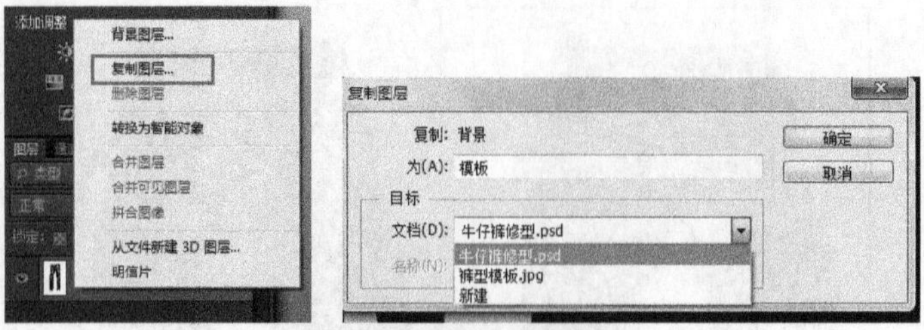

图 3-6-6

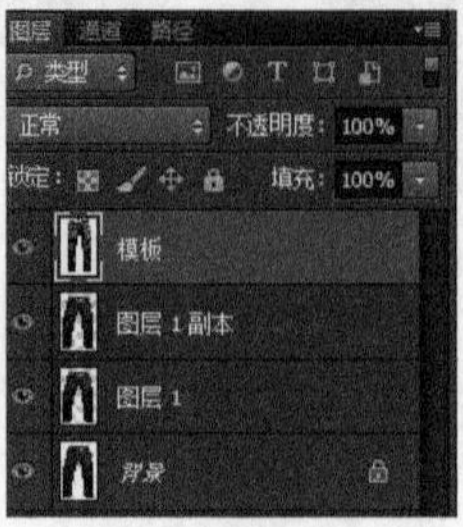

图 3-6-7

（6）调节“模板”图层的不透明度，如图 3-6-8 所示。

图 3-6-8

（7）利用组合键“Ctrl+T”自由变换，在按住“Shift”键锁定缩放比例的同时调整模板大小，使模板中的裤子大小和“图层 1”的裤子差不多，如图 3-6-9 所示。

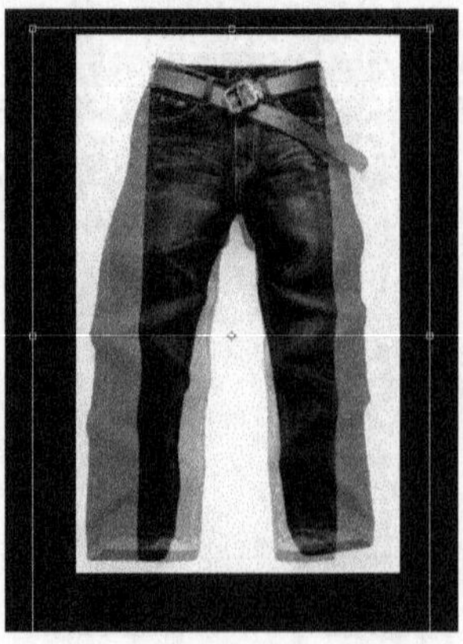

图 3-6-9

（8）完成后恢复“模板”图层的不透明度，将“模板”图层与“图层 1 副本”图层的位置交换，如图 3-6-10 所示。

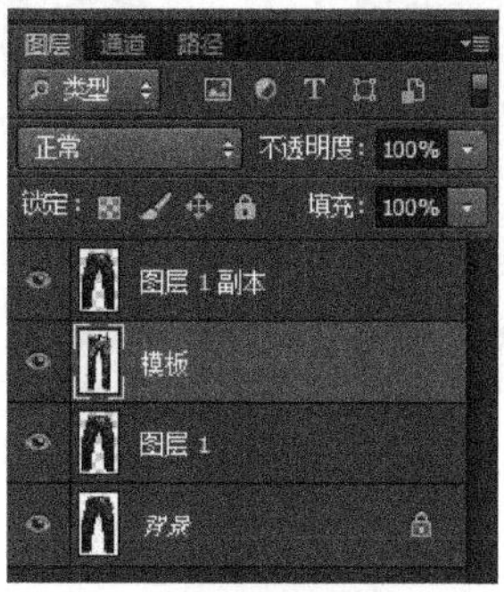

图 3-6-10

（9）将“图层 1 副本”图层重命名为“修型”，并将其图层不透明度降低，如图 3-6-11 所示。

图 3-6-11

（10）执行“编辑”→“自由变换”命令，在变化区域中右击，在弹出的快捷菜单中执行“变形”命令，修改裤子的大形，如图 3-6-12 和图 3-6-13 所示。

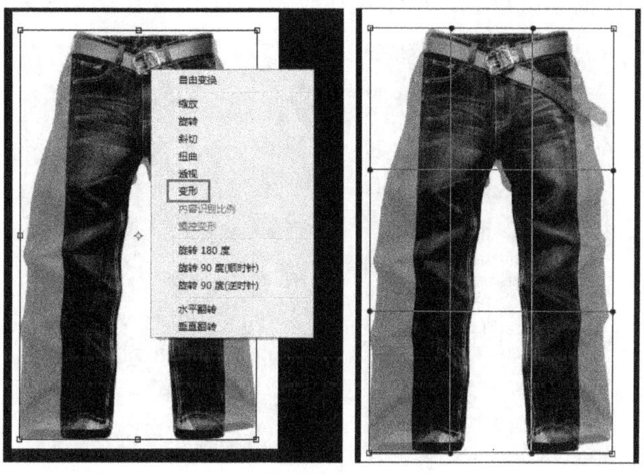

图 3-6-12

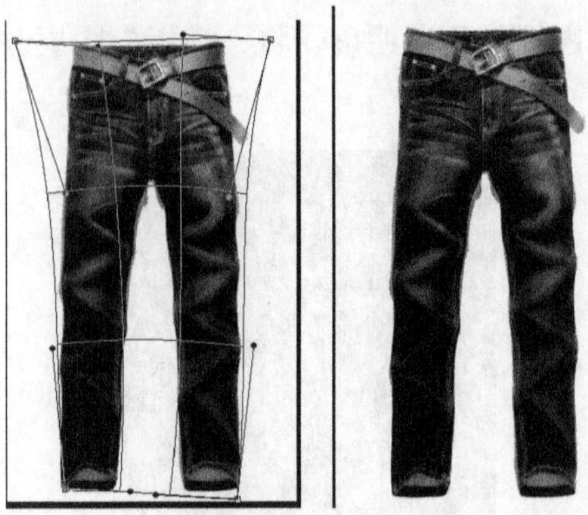

图 3-6-13

（11）如果觉得大形调整不到位，可以继续利用“矩形选框工具”进行局部调型。框选出需调型的部分，右击，在弹出的快捷菜单中执行“自由变换”命令，再次右击，在弹出的快捷菜单中执行“变形”命令，如图 3-6-14 所示。

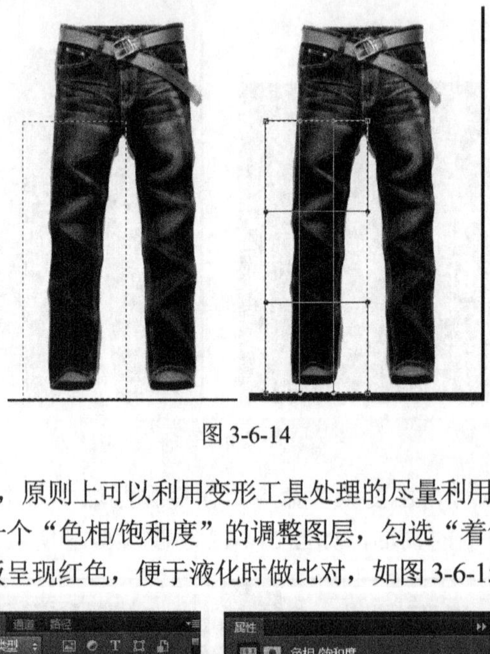

图 3-6-14

（12）接下来进行液化，原则上可以利用变形工具处理的尽量利用变形工具，减少液化范围。选中“模板”图层，增加一个“色相/饱和度”的调整图层，勾选“着色”复选框，将色相、饱和度均调整为最大值，使模板呈现红色，便于液化时做比对，如图 3-6-15 和图 3-6-16 所示。

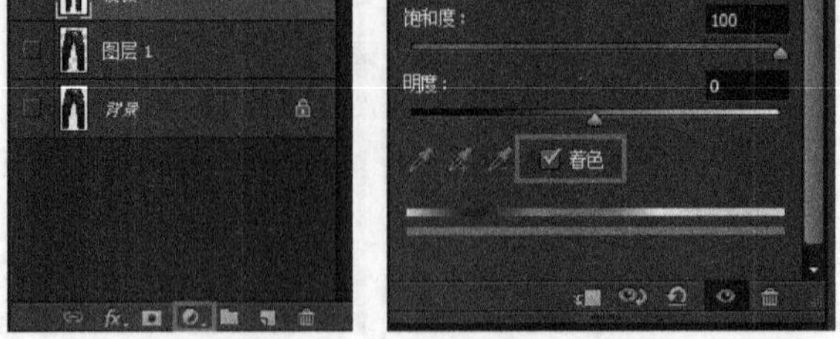

图 3-6-15

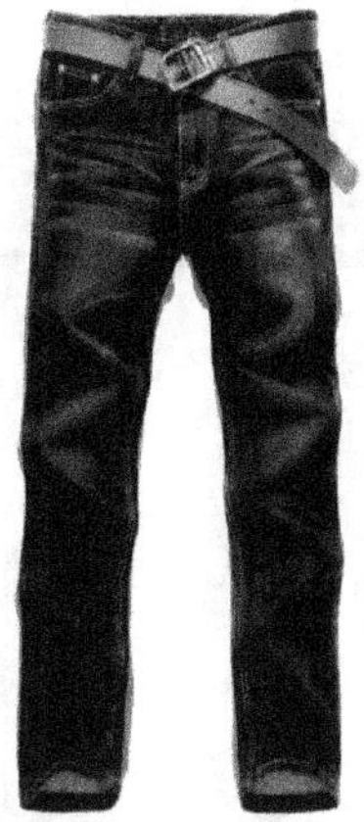

图 3-6-16

（13）选中“修型”图层，执行“滤镜”→“液化”命令，打开液化对话框，如图 3-6-17 所示。

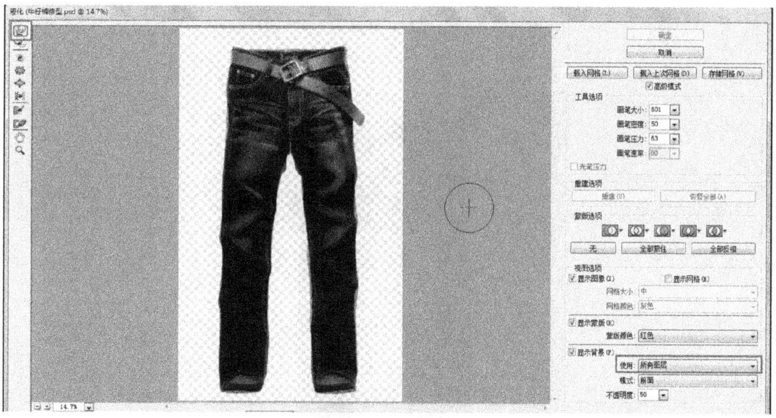

图 3-6-17

（14）调整好画笔大小后，处理图片，使“修型”图层与“模板”图层基本吻合。处理过程中可以随时按住“Ctrl”键缩放图片，用以处理细节，如图 3-6-18 所示。

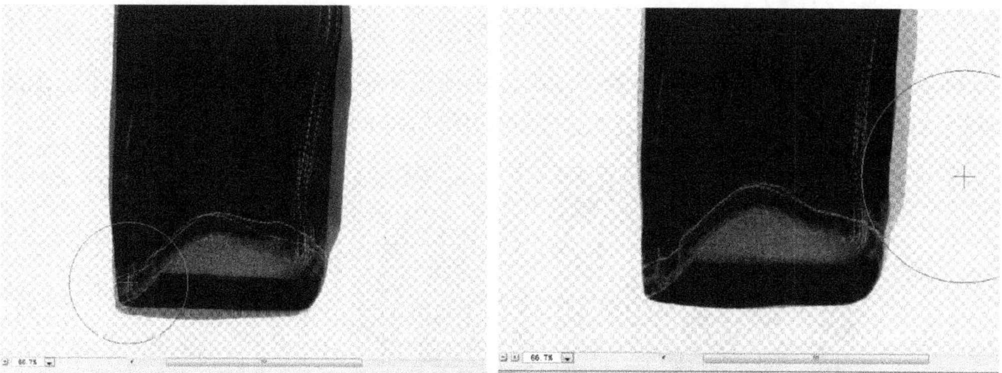

图 3-6-18

（15）完成所有细节处理后，单击“确定”按钮，返回 Photoshop 主窗口，如图 3-6-19

所示。

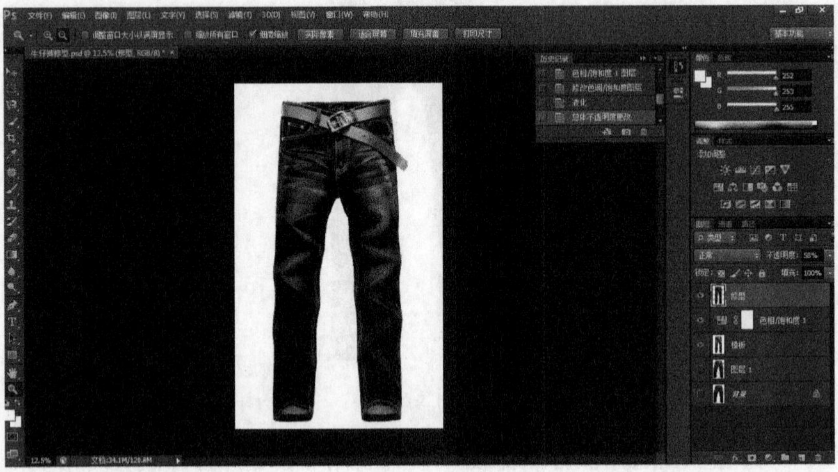

图 3-6-19

（16）将“修型”图层的不透明度调整为 100%，如图 3-6-20 所示。裤子已完成修型过程，保存该文件。

图 3-6-20

（17）保留“修型”图层及“背景”图层，将其他图层删除，图片另存为“正面图.psd”，将背景图层填充颜色 RGB（245，245，245），如图 3-6-21 和图 3-6-22 所示。

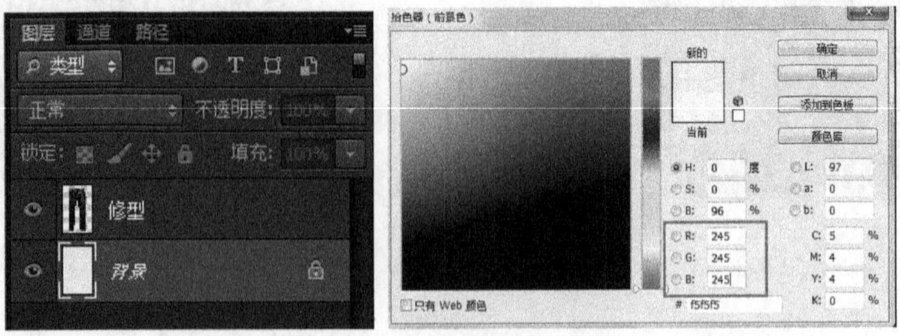

图 3-6-21

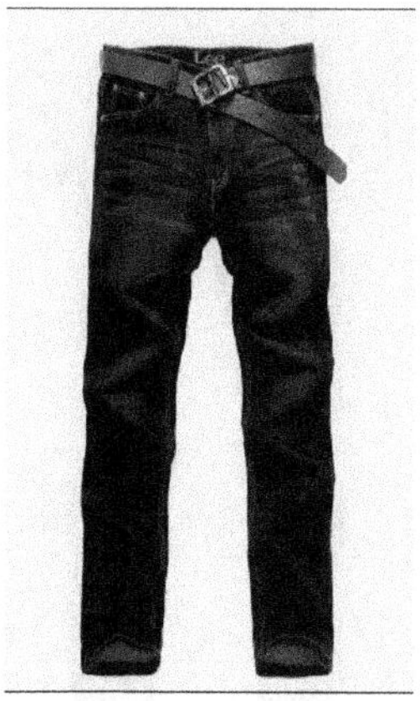

图 3-6-22

（18）添加阴影，图片基本处理完成，为了让画面更真实，需要给牛仔裤制造阴影。选中“修型”图层，单击“添加图层样式”下拉按钮，在弹出的下拉列表中选择“投影”选项，如图 3-6-23 所示。

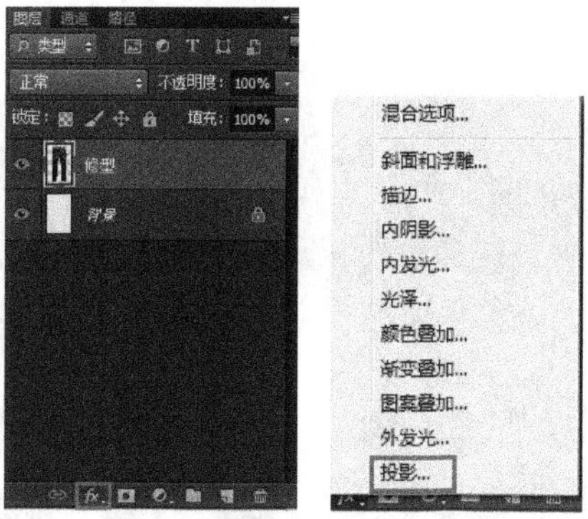

图 3-6-23

（19）打开“图层样式”对话框，调整合适的参数，使裤子的影子看起来更真实，如图 3-6-24 和图 3-6-25 所示。

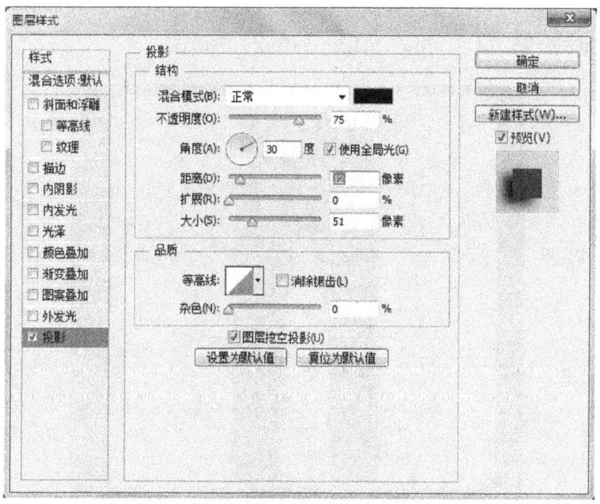

图 3-6-24

图 3-6-25

（20）正面图处理完成，保存文件。

（21）制作主图。将文件另存为“主图.psd”，主图尺寸达到 800 像素×800 像素时，有放大镜功能。这里就制作这个尺寸的主图。选择“裁剪工具”，将裁剪尺寸设置为 800 像素×800 像素，如图 3-6-26 所示。

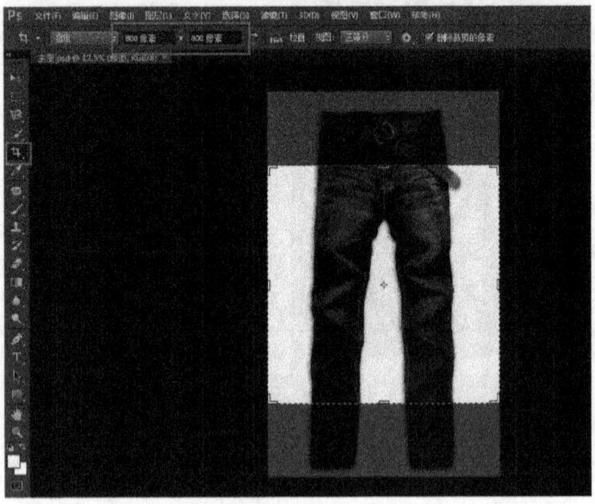

图 3-6-26

（22）拖动裁剪框，调整裁剪范围，如图 3-6-27 所示。

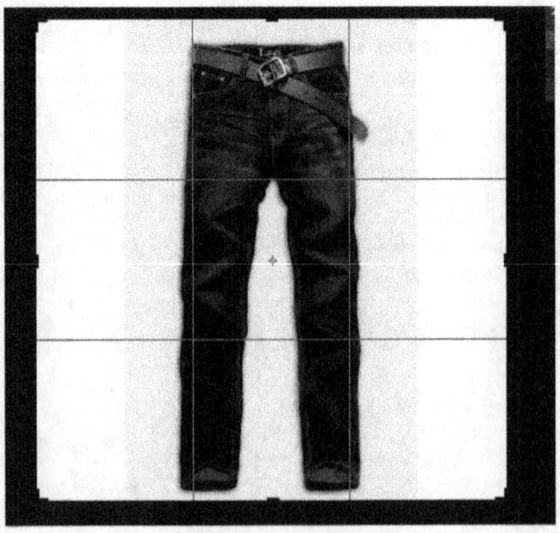

图 3-6-27

（23）按回车键完成裁剪，此时图片缩小很多，放大显示比例。重新将“背景”图层填充颜色 RGB（245，245，245）。保存并导出 JPG 格式文档，即可作为商品主图，如图 3-6-28 所示。

图 3-6-28

拓展练习

请将自己拍摄的商品图片导入到计算机中，用 Photoshop 软件进行修饰，并制作一张 800 像素 × 800 像素的主图。

任务评价

<table>
<tr><th rowspan="2">序号</th><th rowspan="2">评价项目</th><th rowspan="2">评价内容及要求</th><th rowspan="2">自评分</th><th colspan="2">第三方评分</th><th rowspan="2">总分</th></tr>
<tr><th>小组互评</th><th>教师评分</th></tr>
<tr><td>1</td><td rowspan="3">主图制作</td><td>图片整体清晰，能体现产品特质</td><td></td><td></td><td></td><td></td></tr>
<tr><td>2</td><td>图片整体色彩还原真实</td><td></td><td></td><td></td><td></td></tr>
<tr><td>3</td><td>商品外形美观，阴影自然</td><td></td><td></td><td></td><td></td></tr>
</table>

学习子情境七　商品描述制作

学习目标

1. 了解商品描述页面包含的内容。
2. 掌握商品描述页面的设计流程。
3. 根据设计流程设计商品描述页面。
4. 掌握 Photoshop 软件的“切片工具”的基本操作。
5. 培养学生的创新能力。

商品图片拍摄好后，将主辅图上传到网店，整个店铺就焕然一新了。但是当顾客选择商品，进入商品详细页面时，只有商品图片和文字的简单罗列，毫无美感，小美决定设计一个图文并茂的商品描述页面。

一、广告条制作

（1）简单规划商品描述模板的几大板块：主广告区、平铺展示区、模特展示区、细节展示区、保养方法区、购买须知区、产品详情区。

（2）划分好商品描述模板的大板块后，开始制作填充各板块具体内容。

（3）首先制作主广告条，如图 3-7-1 所示。

图 3-7-1

（4）打开 Photoshop 软件，新建文件，如图 3-7-2 和图 3-7-3 所示。

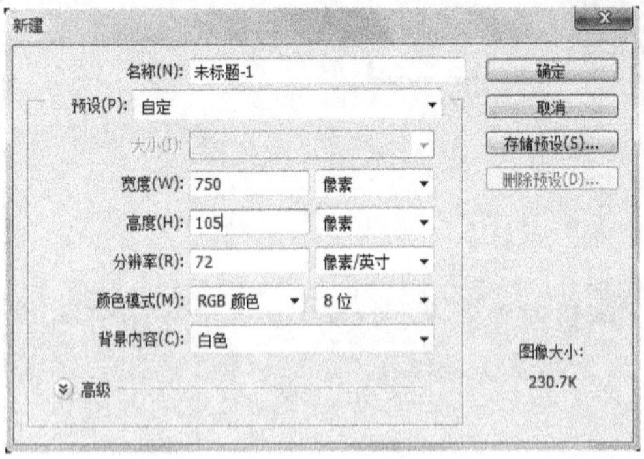

图 3-7-2

图 3-7-3

（5）在 Photoshop 中，打开素材文件“模特 1”，如图 3-7-4 所示。

图 3-7-4

（6）利用“裁剪工具”将模特图的背景墙裁出，如图 3-7-5 所示。

图 3-7-5

（7）按两次回车键完成裁剪，如图 3-7-6 所示。

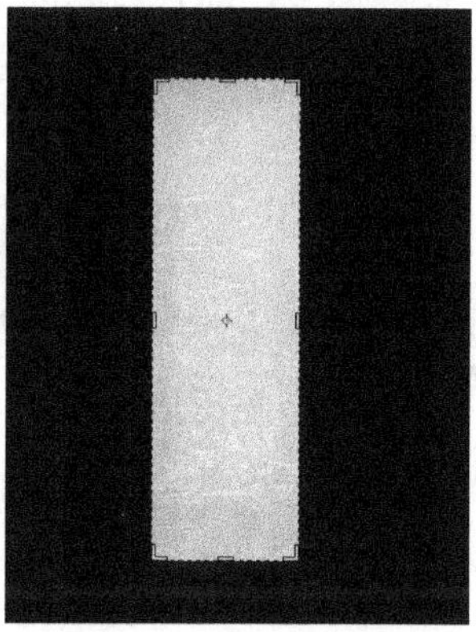

图 3-7-6

（8）执行“图像”→“画布旋转”→“90 度（顺时针）”命令，将图片横放，如图 3-7-7 所示。

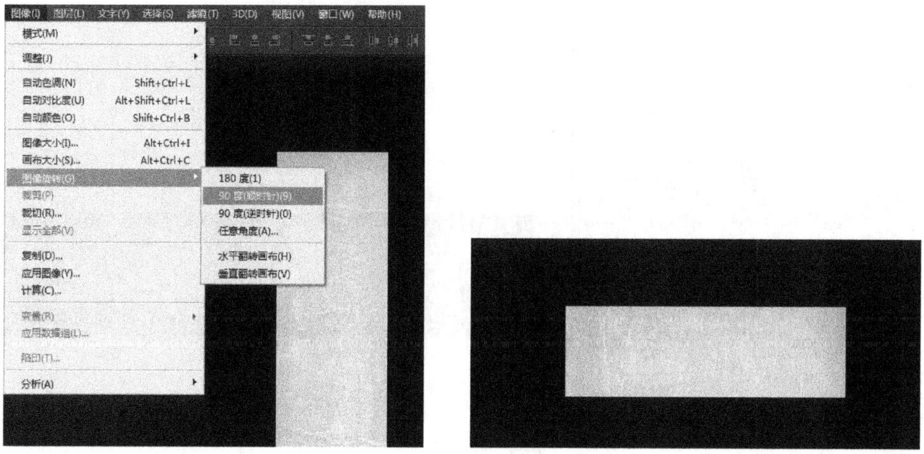

图 3-7-7

（9）在“背景”图层上右击，复制图层，将该图层复制到之前新建的文档中，如图 3-7-8 所示。

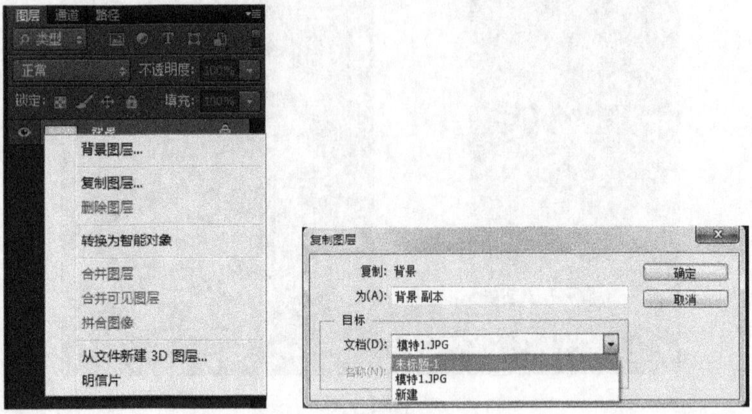

图 3-7-8

（10）关闭“模特 1”文档，不保存修改，回到新建的文档中，如图 3-7-9 所示。

（11）利用组合键“Ctrl+T”变形，将“背景副本”图层调整到合适的大小，按回车键确定变形，如图 3-7-10 所示。

图 3-7-9

图 3-7-10

（12）执行“图像”→“调整”→“色阶”命令，打开“色阶”对话框进行调整，如图 3-7-11 和图 3-7-12 所示。

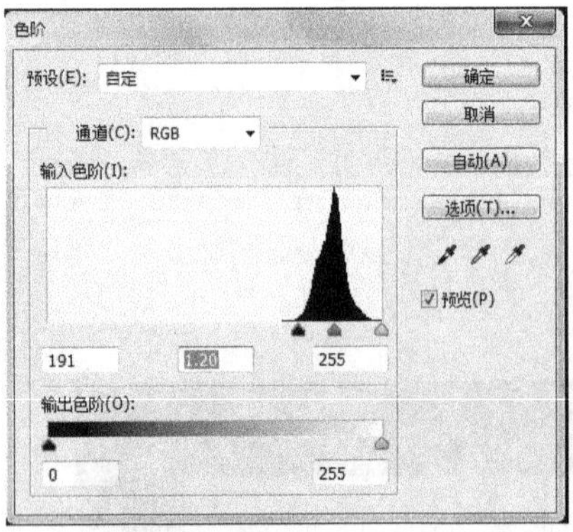

图 3-7-11

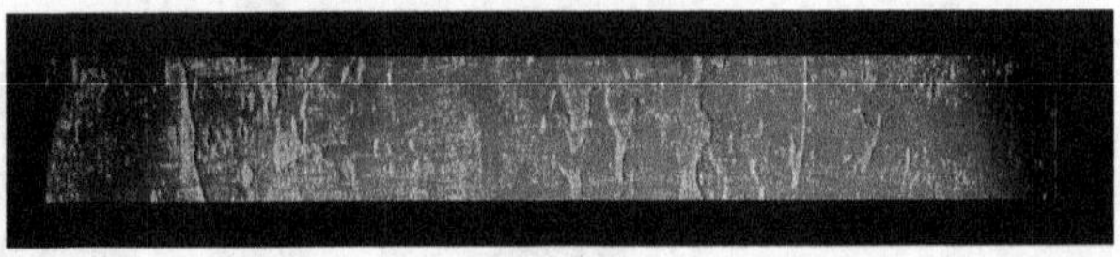

图 3-7-12

（13）创建新图层，如图 3-7-13 所示。

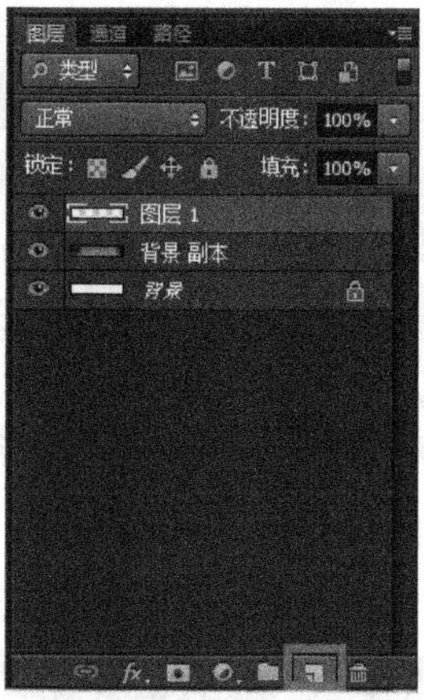

图 3-7-13

（14）在左侧工具栏中，选择默认前景色和背景色。利用组合键“Alt+Delete”将“图层 1”填充黑色。将“图层 1”的不透明度调低，如图 3-7-14 和图 3-7-15 所示。

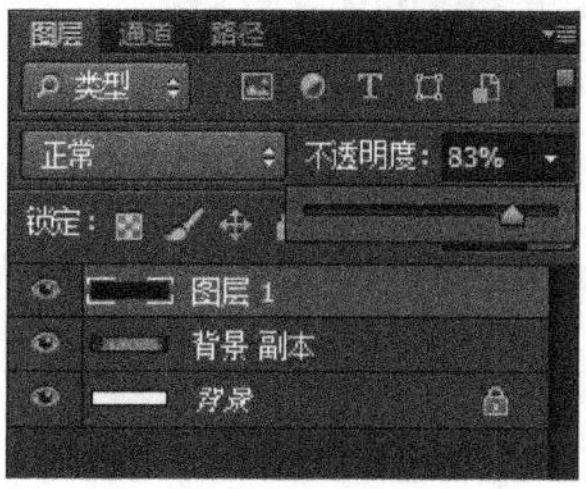

图 3-7-14

图 3-7-15

（15）同样的方法，再新建一个白色图层，并将不透明度调至 50%，如图 3-7-16 所示。

（16）为“图层 1”增加蒙版，如图 3-7-17 所示。

图 3-7-16

图 3-7-17

（17）利用“多边形套索工具”，选择如图 3-7-18 所示的选区。

（18）在选定蒙版的情况下，在选区中填充黑色，如图 3-7-19 所示。

图 3-7-18

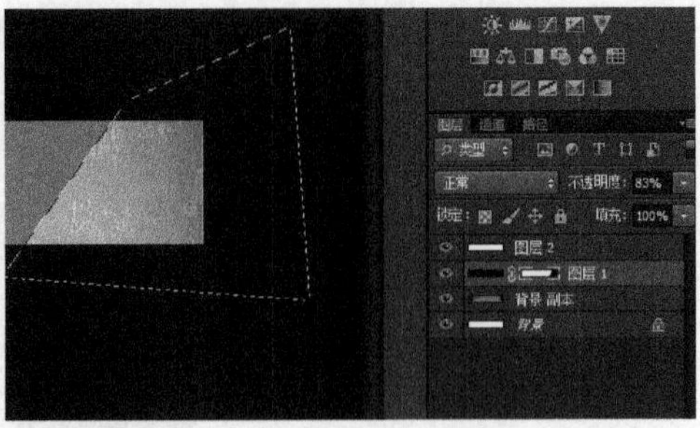

图 3-7-19

（19）在选区不取消的情况下，为“图层 2”添加蒙版，如图 3-7-20 所示。

图 3-7-20

（20）背景完成，在任意图层上右击，在弹出的快捷菜单中执行“合并可见图层”命令，如图 3-7-21 所示。

（21）新建“图层 1”，如图 3-7-22 所示。

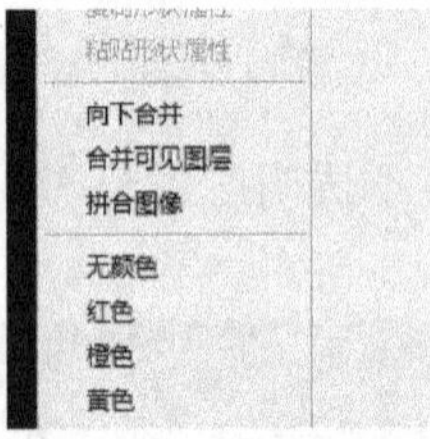

图 3-7-21

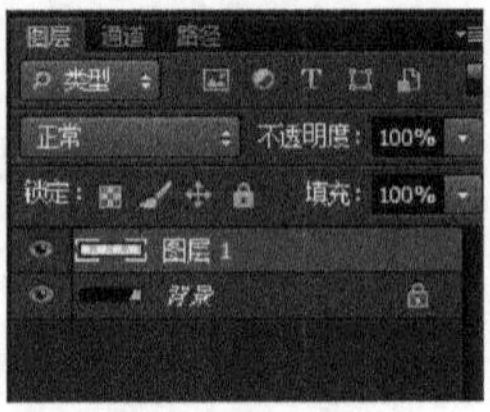

图 3-7-22

（22）在左侧工具栏中，选择“直线工具”，如图 3-7-23 所示。

（23）将前景色设置为灰色 RGB（149，149，149），如图 3-7-24 所示。

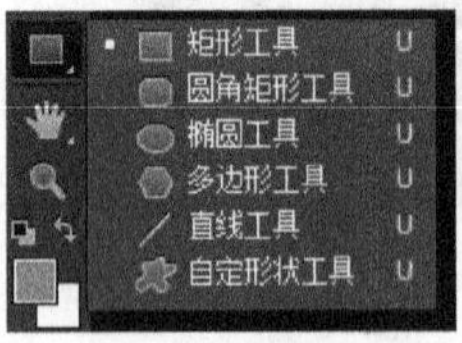

图 3-7-23

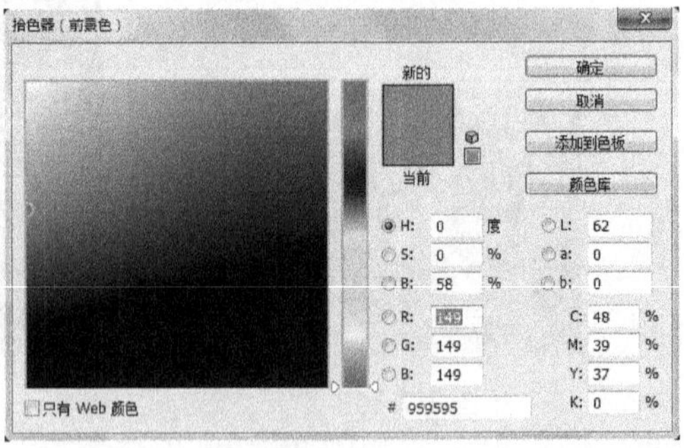

图 3-7-24

（24）调整“直线工具”的属性，如图 3-7-25 所示。保证直接画出有效的直线图。

图 3-7-25

（25）绘制如图 3-7-26 所示的直线。

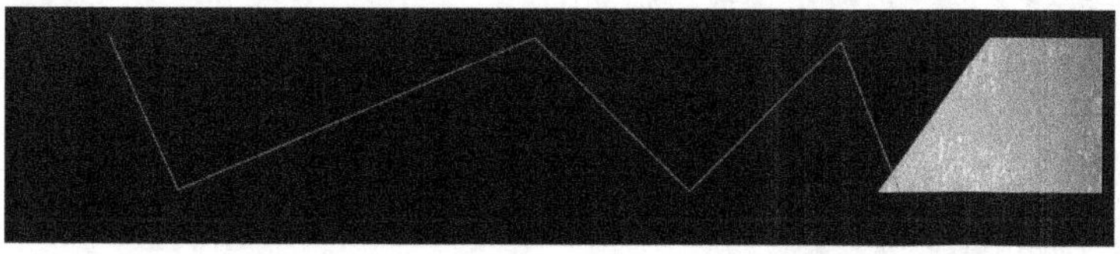

图 3-7-26

（26）在左侧工具栏中选择“文字工具”，选择计算机中相对较粗的字体，添加如 3-7-27 所示的文字，字号为 42 点，白色。同样增加其他文字。

图 3-7-27

（27）在左侧工具栏中选择“自定形状工具”，如图 3-7-28 所示。

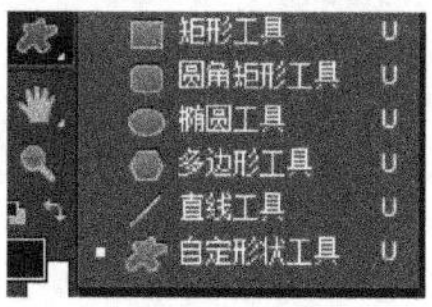

图 3-7-28

属性设置如图 3-7-29 所示。

图 3-7-29

（28）如果形状中没有找到需要的图形，单击图 3-7-30 中的“设置”按钮，用“全部”中的图案替换当前图案。

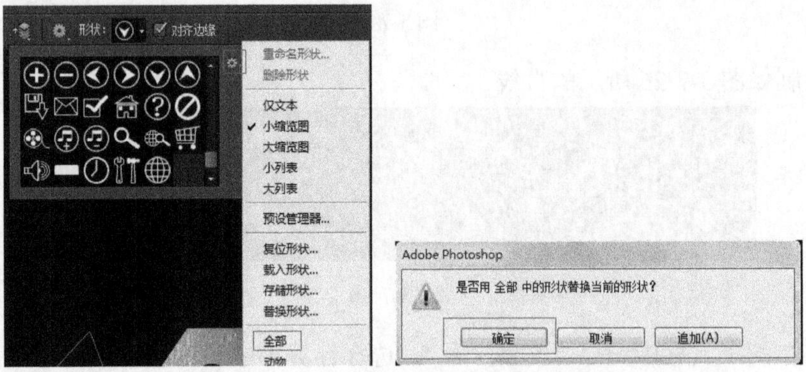

图 3-7-30

（29）在如图 3-7-31 所示的位置，绘制箭头图案，完成广告条的制作。

图 3-7-31

（30）将完成的图形保存为“主广告条.jpg”备用。PSD 格式的源文件也需保存便于后期修改。

二、导航条制作

主广告条完成后，制作导航条。效果如图 3-7-32 所示。

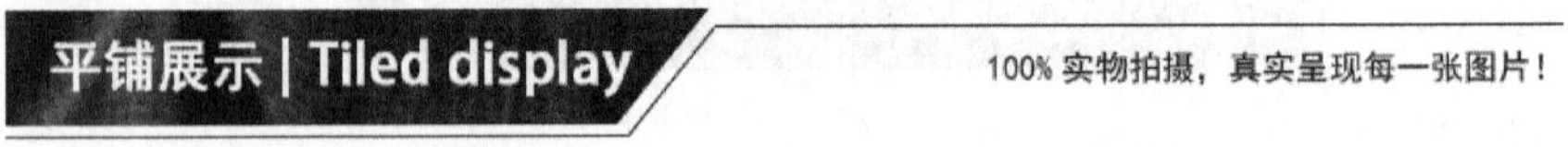

图 3-7-32

（1）新建一个 750 像素×70 像素的文件，如图 3-7-33 所示。

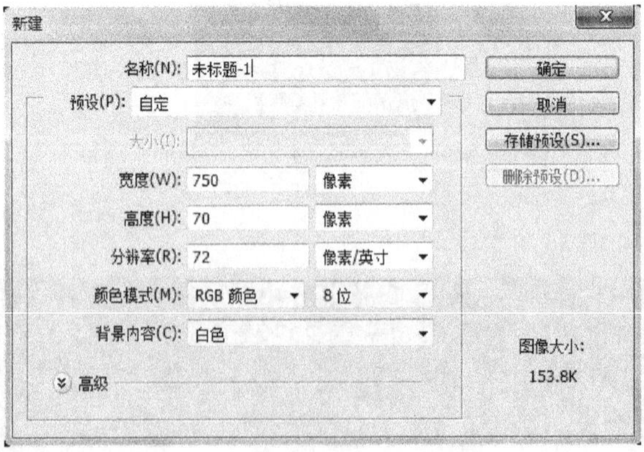

图 3-7-33

（2）新建一个图层。用“矩形选框工具”框选出一个如图 3-7-34 所示大小的选框。

图 3-7-34

（3）利用“多边形套索工具”减掉部分选区，如图 3-7-35 所示。

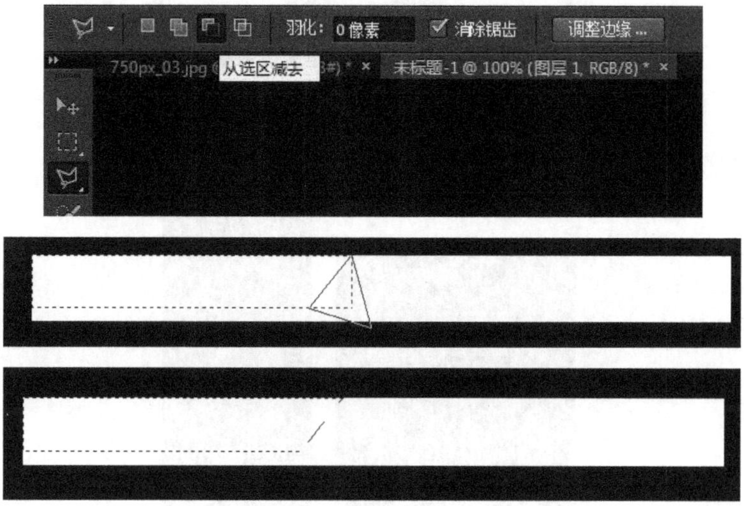

图 3-7-35

（4）单击图层下方的“添加矢量蒙版”按钮，为“图层 1”添加蒙版，如图 3-7-36 所示。

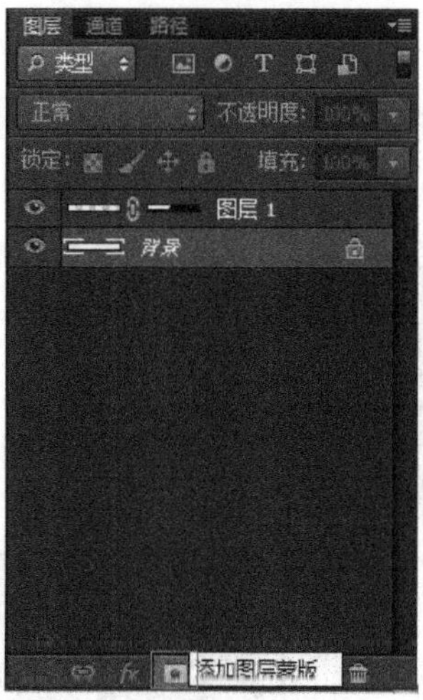

图 3-7-36

（5）在 Photoshop 中打开素材“裤型.jpg”，如图 3-7-37 所示。

图 3-7-37

（6）用“裁剪工具”剪出一个裤腿，如图 3-7-38 所示。

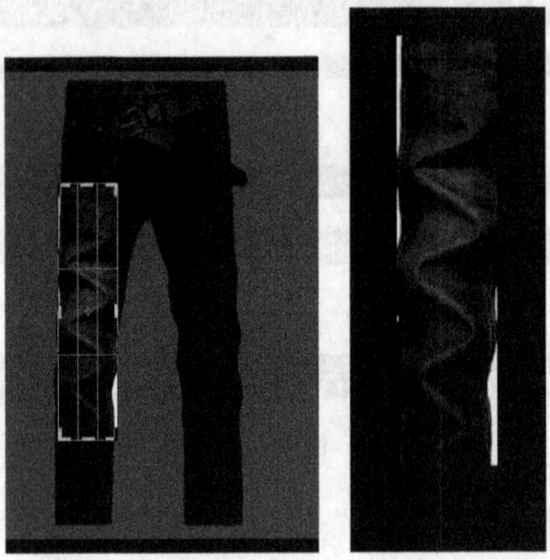

图 3-7-38

（7）执行“图像”→“图像旋转”→“90 度（顺时针）”命令，如图 3-7-39 所示，调整裤脚方向。

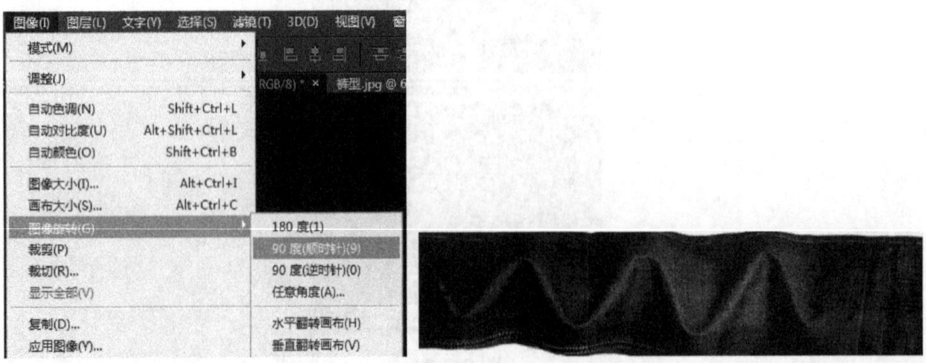

图 3-7-39

（8）在“背景”图层上右击，在弹出的快捷菜单中执行“复制图层”命令，将该图层复制到制作导航条的文件中，如图 3-7-40 所示。

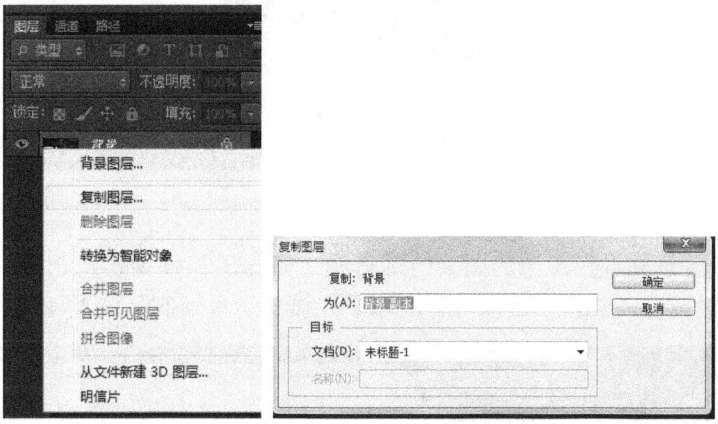

图 3-7-40

（9）调整“背景副本”图层的位置，将“图层 1”的蒙版拖动至“背景副本”上，如图 3-7-41 所示。

图 3-7-41

（10）在取消“背景副本”图层及其蒙版间的链接后，可以自由移动变形“背景副本”图层的图案以达到最佳效果，如图 3-7-42 所示。将“图层 1”删除。

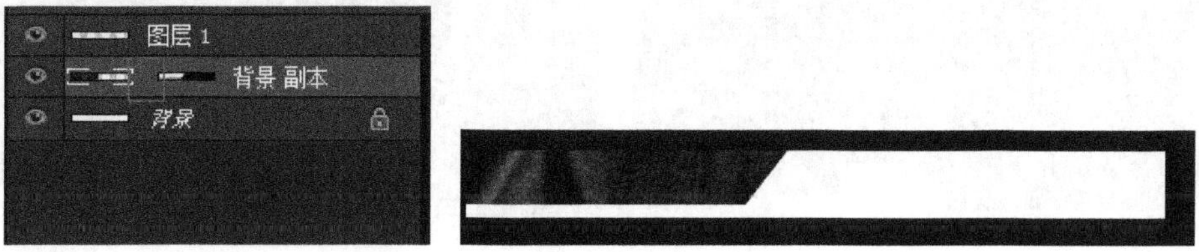

图 3-7-42

（11）在左侧工具栏中选择“直线工具”，如图 3-7-43 所示。

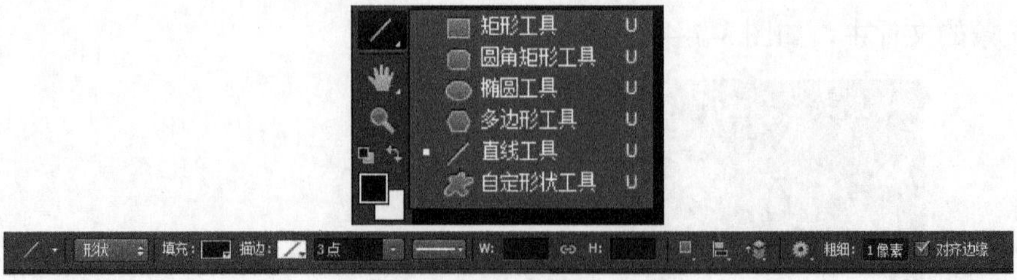

图 3-7-43

（12）沿着“背景副本”图层的图案绘制折线，如图 3-7-44 所示，在绘制横线时，可在鼠标移动过程中同时按住“Shift”键保持直线水平，同样可以绘制竖线及 45°线。

图 3-7-44

（13）取消“背景”图层的可视状态，按“Shift+Ctrl+E”组合键合并可见图层，如图 3-7-45 所示。

图 3-7-45

（14）在左侧工具栏中选择“文字工具”，在如图 3-7-46 所示的位置编辑文字，文字采用黑体、16 点、黑色。

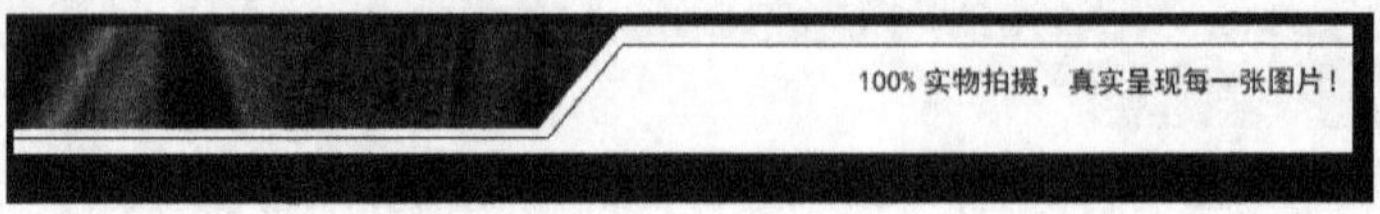

图 3-7-46

（15）再次选择“文字工具”，编辑文字“平铺展示”，如图 3-7-47 所示。

（16）英文部分编辑如图 3-7-48 所示。

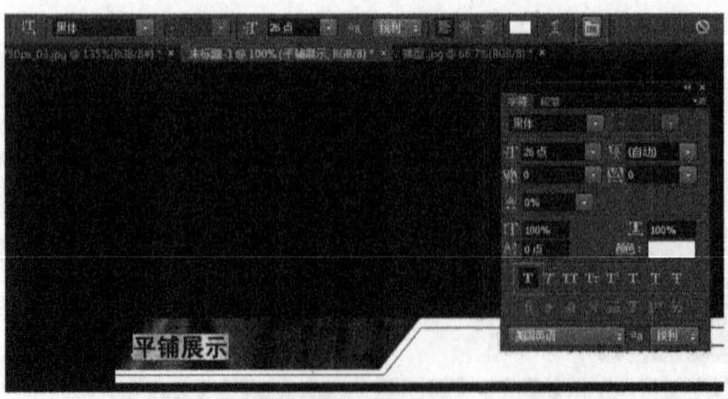

图 3-7-47

图 3-7-48

（17）同时选择中英文两个图层，利用“对齐工具”，将中英文的位置调整平齐，如图 3-7-49 所示。

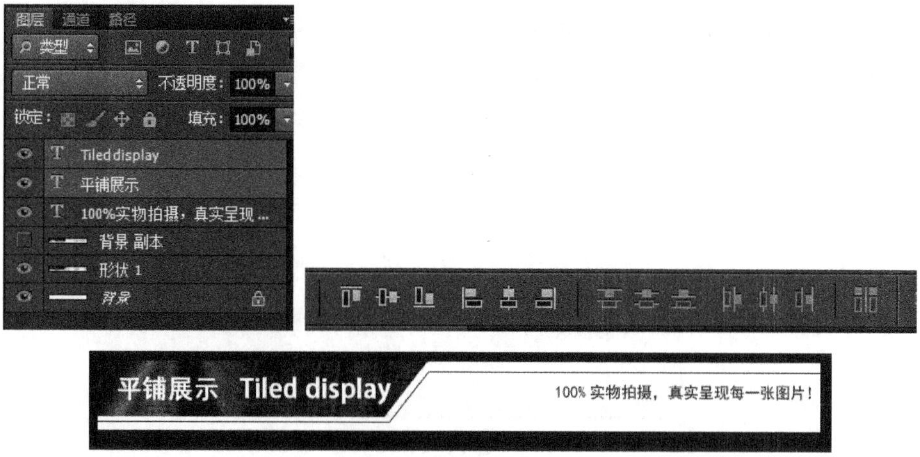

图 3-7-49

（18）利用“直线工具”在中英文间绘制一条直线，如图 3-7-50 所示。

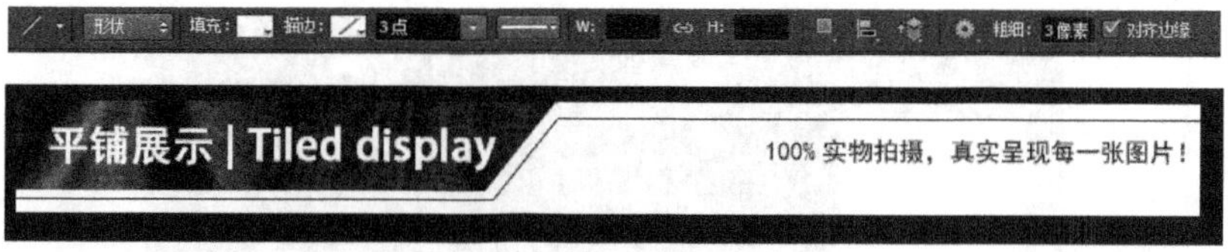

图 3-7-50

（19）将文件存储为“导航条.psd”，完成导航条模板的制作。

三、商品描述模板制作

导航条和主广告条制作完成后，开始搭建商品描述模型，如图 3-7-51 所示。

图 3-7-51

（1）新建一个 Photoshop 文件，宽度为 750 像素，高度可以不限，可以后面通过“剪切工具”再加高，参数设置如图 3-7-52 所示。

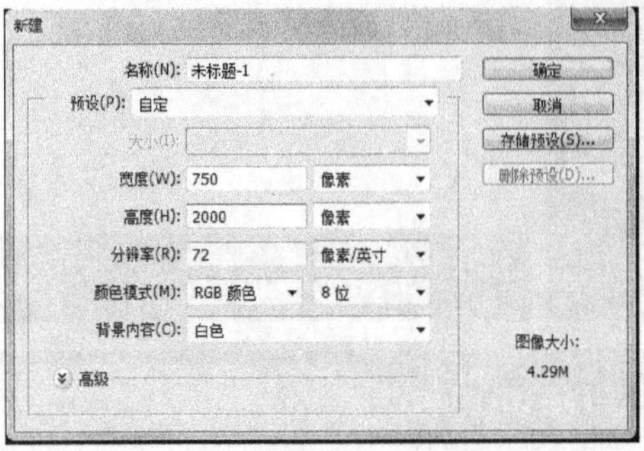

图 3-7-52

（2）导入主广告条，将制作好的主广告条打开后，复制到新建文档中，并将其移动到最顶端，如图 3-7-53 所示。

图 3-7-53

（3）将文件保存为“描述页面.psd”，再将素材文件夹中的“新品发布.jpg”在 Photoshop 软件中打开，同样复制、粘贴到“描述页面.psd”文档中。调整好位置，如图 3-7-54 所示。

图 3-7-54

（4）导入导航条。在 Photoshop 软件中打开制作好的导航条，选中除“背景”图层外的所有图层，右击，在弹出的快捷菜单中执行“链接图层”命令，如图 3-7-55 所示。

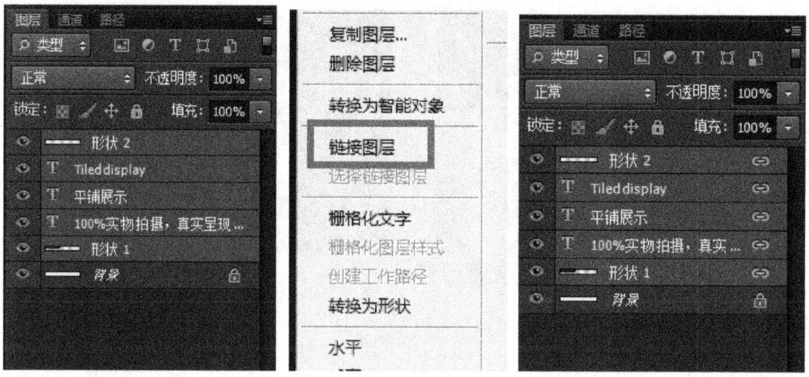

图 3-7-55

（5）新建一个“组 1”，将链接的图层全部放入组内。单击“组 1”左边的三角按钮，将组收起，如图 3-7-56 所示。

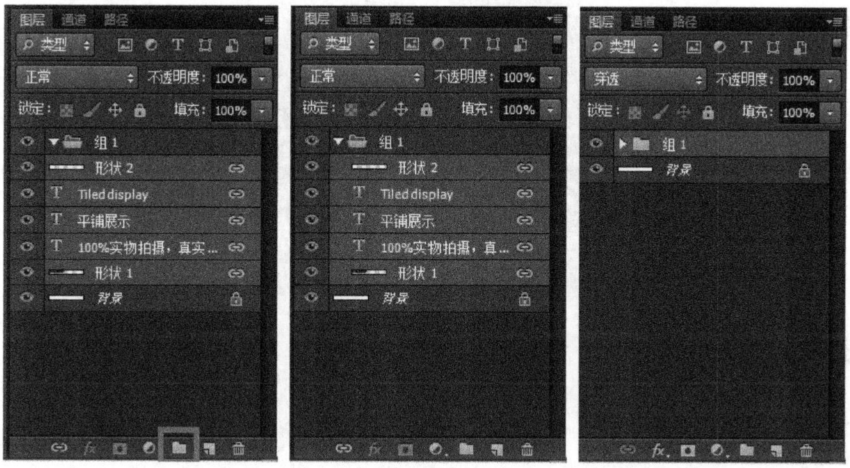

图 3-7-56

（6）右击“组 1”，复制“组 1”到“描述页面.psd”文档中，调整好位置，如图 3-7-57 和图 3-7-58 所示。

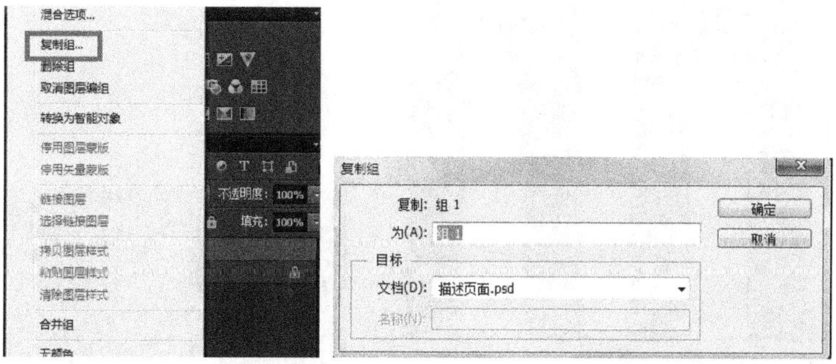

图 3-7-57

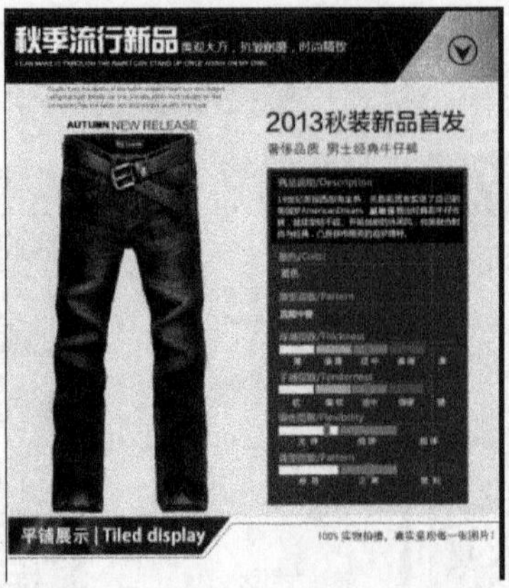

图 3-7-58

（7）将处理好的平铺照片放入相应位置，如图 3-7-59 所示。

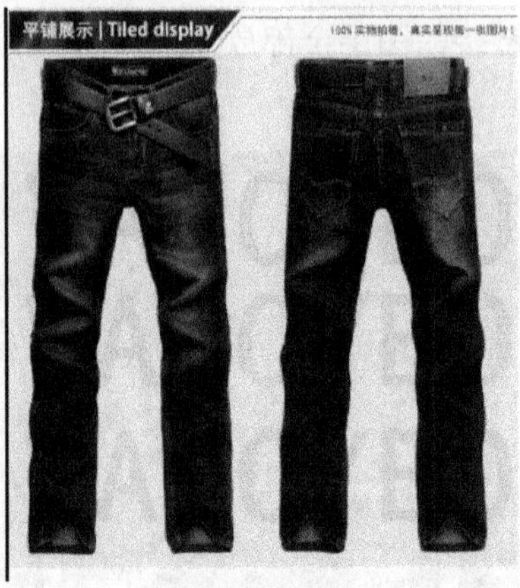

图 3-7-59

（8）将“组 1”改名为“平铺展示”。复制该组，调整位置，将名称改为“模特展示”，如图 3-7-60 所示。

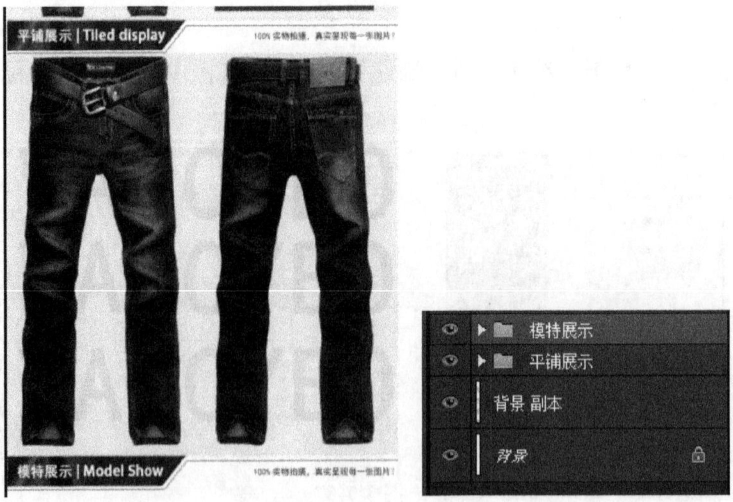

图 3-7-60

（9）将素材中的模特图一一摆放到相应位置，效果如图 3-7-61 和图 3-7-62 所示。

图 3-7-61

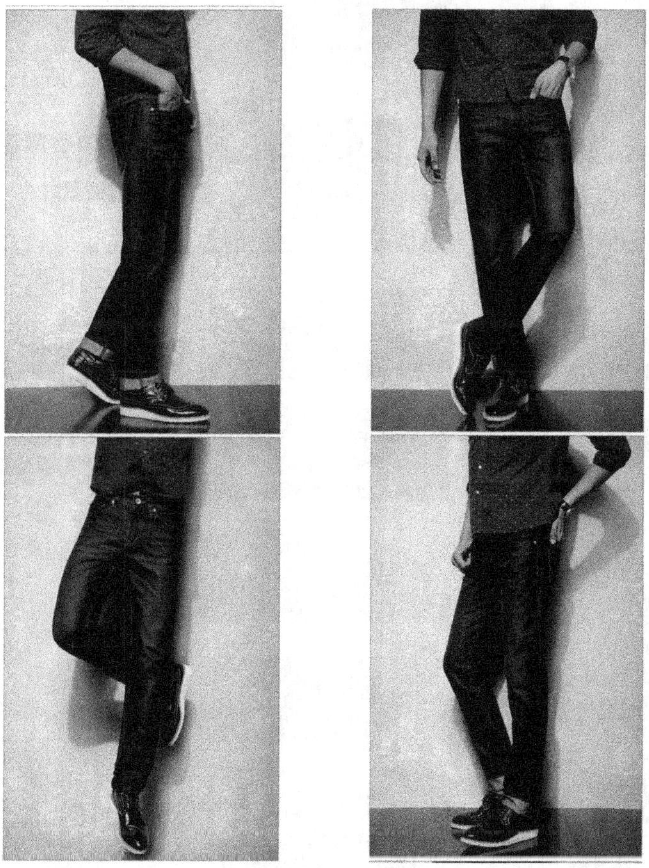

图 3-7-62

（10）接下来的几个模块均用此方式完成，最后效果如图 3-7-63 所示。

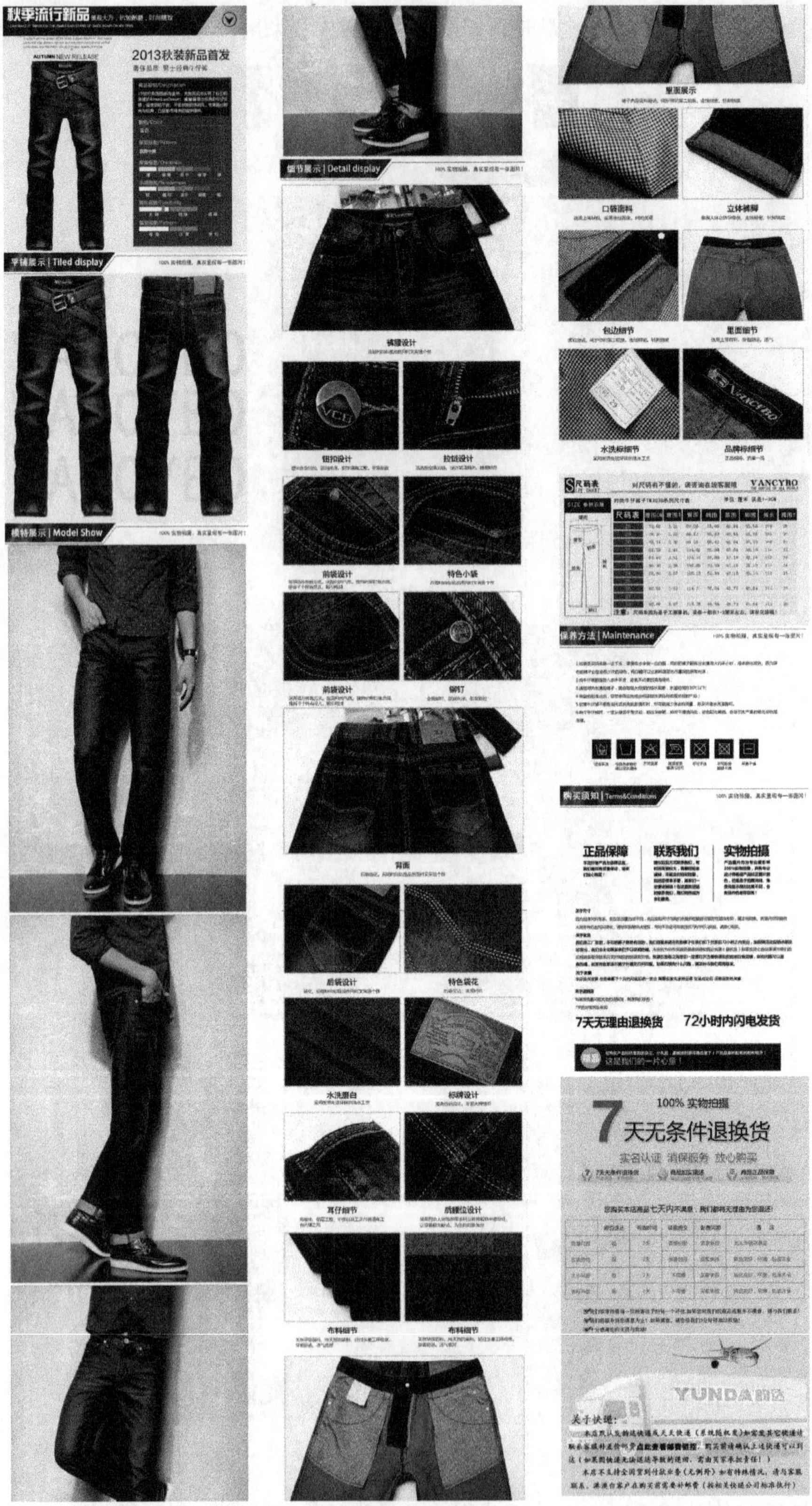

图 3-7-63

同一个店铺的商品描述中，首部和尾部一般是相对固定的内容，如店铺所有宝贝的首部添加自己店铺主推的宝贝或者最新上架的新款宝贝，所有宝贝的尾部固定添加关于自己店铺的各种联系方式、快递签收、中差评、退换货等说明。店铺宝贝较多时，我们会利用淘宝助手等方式，将这些相对固定的部分做成可批量修改的模板使用，并不一一做在单个的商品描述中。

拓展练习

请将自己拍摄的商品图片导入到计算机中，用 Photoshop 软件进行修饰，并制作商品描述页面。

任务评价

序号	评价项目	评价内容及要求	自评分	第三方评分		总分
				小组互评	教师评分	
1	商品描述制作	商品描述页面的布局合理				
2		商品描述页面的具体内容全面，体现商品特色				
3		整体设计风格一致、配色美观				

学习子情境八　商品上架时间选择

学习目标

1. 掌握淘宝搜索引擎规则。
2. 掌握通过量子统计查看后台数据的方法，并分析流量曲线图。
3. 根据店铺和淘宝流量变化，在淘宝助手中设定商品自动上下架时间。
4. 培养细致耐心的工作态度。

乐淘网店店主小美掌握了牛仔裤的拍摄方法，学会了使用 Photoshop 软件对照片进行后期制作，做出了商品描述页面。接下来小美决定上传制作好的宝贝，小美通过网上查询得知宝贝上传时间也有技巧，她决定认真学习一下淘宝搜索引擎规则，了解通过优化宝贝上下架时间来获取更多的访问流量。

一、淘宝搜索引擎规则

搜索作为淘宝网第一入口，关系到千万买家和卖家的利益。淘宝搜索的目的只有一个，就是让消费者能够更加轻松地找到他真正需要的，并且品质、服务都优质的商品，也就是在搜索结果中，会从消费者的角度出发，将消费者喜欢的商品排在前面，消费者不喜欢的商品排在后面。让买家在淘宝搜索里搜索到你的宝贝，你的宝贝才会有销量。如何让买家搜索到你的宝贝呢？这首先要了解淘宝搜索规则。

有哪些因素影响淘宝搜索排序呢？宝贝与用户输入关键词的相关性、搜索违规、是否使用橱窗推荐、是否参加消保、下架时间、卖家服务质量、宝贝质量和人气等，根据卖家的好评率、店铺评分、退款率及纠纷退款率等因素评估，具体值因类目不同而不同。淘宝搜索引擎评分规则在不断动态调整，但是基本规则不变，主要从以下几个方面评分。

1．单品模型

单品模型包括橱窗推荐、单品价格、单品浏览量、单品收藏量、单品收藏率、单品销量、单品转化率、单品返客率、下架时间。

2．服务模型

服务模型包括特色服务标签（消费者保障协会、信用卡、闪电发货、细节特写、金牌卖家、公益宝贝等）、旺旺服务、好评率、DSR、店铺服务情况（退款速度、投诉等）、物流服务（发货总时间、发货时间、物流派送时间）等。

3．店铺模型

店铺模型包括全店违规情况、滞销产品、支付宝使用率、店铺信誉等级、店铺收藏量、店铺收藏转化率、全店销量、淘宝流量转化率等。

4．文本模型

文本模型包括产品最优类目、属性最全、属性最优、标题、宝贝描述、商品评价、店铺名称、店铺导航、店铺简介等。

淘宝搜索的数据依赖于“卖家”整理归类并进行精准发布，换句话说，“卖家”商品发布的过程就是淘宝搜索建立商品索引的过程。影响搜索排序的因素有很多，但原则只有两个：更好的产品、更好的服务。

淘宝每次对搜索规则的调整，都主要针对两点：①搜索作弊行为；②加强消费者满意度。关于这两点需要说明一下。首先，搜索作弊行为主要包括炒作信用、虚假交易、故意放错类目、重复铺货、重复开店、堆砌无关的热搜标题关键词、广告商品、虚假邮费、无货空挂等。其次，加强客户满意度主要包括卖家违规扣分程度、退款次数和比例、超时退款的次数和比例、投诉成立的笔数、发货速度、旺旺响应速度、买家评估分数。淘宝是想把真正做生意的店家的商品，第一时间推荐给淘宝买家，淘宝更希望为买家提供有真实评价的好产品与好服务，否则也会伤害其淘宝本身的利益。当然，淘宝是支持合理的搜索引擎优化（SEO）的。

二、宝贝上下架时间优化

根据淘宝搜索引擎规则我们都知道宝贝上架时间很关键，因为它直接关系到店铺的宝贝在前台亮相的机会，那么如何安排上架时间呢？首先最关注的是上网的高峰期，什么时候是高峰呢？我们需要借助数据统计工具来找出自己店铺访问高峰期的时间段。

1．订购量子恒道软件

量子恒道店铺统计是为淘宝旺铺量身打造的专业店铺数据统计系统。深度植入淘宝后台，通过统计访问使用者店铺的用户行为和特点，帮助使用者更好地了解用户喜好，为店铺推广和商品展示提供充分的数据依据。目前量子恒道店铺经目前分免费的标准包（包括流量分析、销售分析、客户分析及推广效果），付费的来源分析和装修分析；从小时—天—周—月，从店铺首页—宝贝页—分类页，记录店铺的流量（包含实时流量）、销售、转化、推广及装修效果数据，帮助并指导卖家经营，提升销量。

订购方法：进入淘宝卖家中心，单击左上角的“我购买的服务”按钮，进入淘宝卖家服务中心，在搜索引擎中输入“量子恒道”，在搜索结果中选择“量子恒道店铺经”，订购“标准包”即可，如图 3-8-1 所示。

图 3-8-1

2．查看流量分析

打开量子恒道软件，选择“PC”→“流量分析”→“按小时流量分析”，对每日计算机和手机访问客户的数据进行统计，连续跟踪几个星期后可以清楚地发现店铺哪个时间段访问客流量最大，如图 3-8-2 所示。了解了访问的高峰期，让宝贝在高峰期间上架，宝贝就有更多的机会在高峰时间段被展示到。

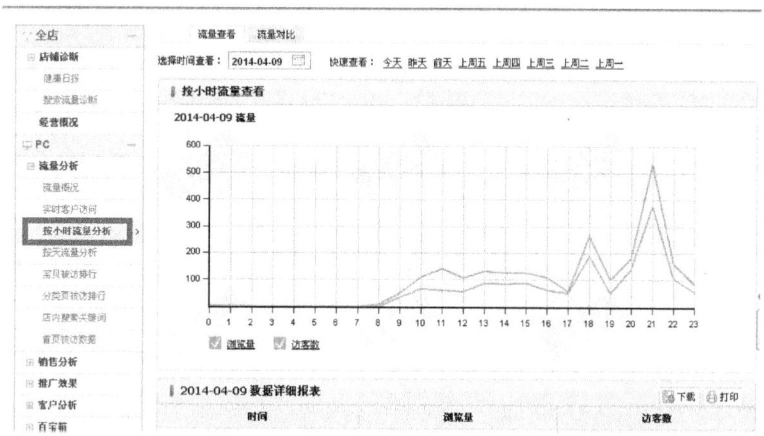

图 3-8-2

3．选择黄金时间段

卖家的黄金时间就是客流量的高峰期，通过量子恒道统计分析，找到店铺的黄金购物时间为每天 9:30～12:00、15:00～17:00、20:00～24:00，每天分为 3 段，淘宝规则的货物展示时间为最小 7 天，也就是说刚好一周分为 3×7=21 个时间段，如果要让店铺所有宝贝在每个黄金时间段高频率地出现，而成为一个周期循环，就需要把宝贝分为 3×7=21 批，那么我们可以这样设置宝贝上架，具体做法如下。

（1）如果店铺一共有 50 个宝贝，则每天上传 7 个宝贝，7 天上传完（其中有一天上传 8 个），然后每天有 3 个时间段，在前两个时间段上传 2 款宝贝，晚上时段上传 3 款宝贝，这样 7 天就刚好上传完 49 个宝贝，剩余的 1 个宝贝加到其中一天就行了。例如，11:00 开始，每隔 30 分钟上传一批，16:00 点开始，每隔 30 分钟上传一批，21:00 开始，每隔 30 分钟上传一批。做满 7 天 21 批，成为一个循环，让每个黄金时间段都能展示自己的宝贝。以后宝贝数增多时，可以适当调整。

第 1 时段：9:30～12:00。

第 2 时段：14:30～17:00。

第 3 时段：20:00～24:00。

宝贝上架时间，可以通过淘宝助理一次性设置完毕，具体设置如下。

第一步，批量编辑宝贝发布时间，如图 3-8-3 所示。

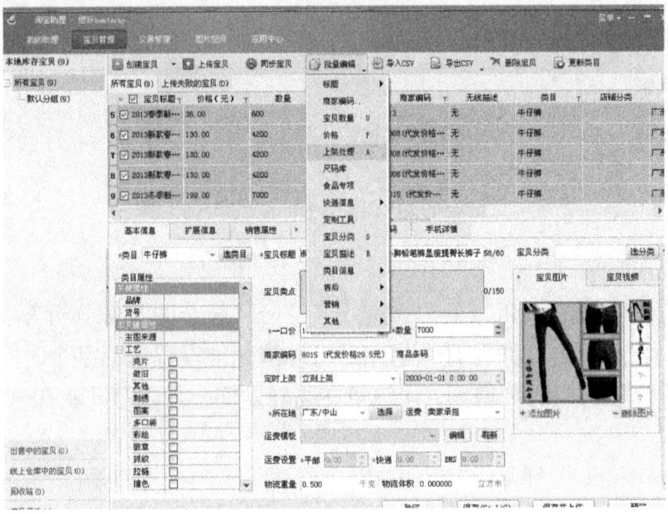

图 3-8-3

第二步，设置宝贝的发布时间为定时发布，如图 3-8-4 所示。

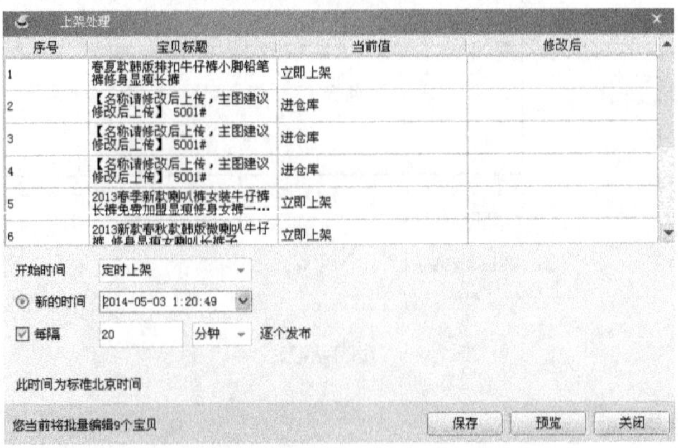

图 3-8-4

第三步，保存并上传，宝贝就会在设置好的时间段内上架。

拓展练习

请以小组为单位，选择一家网店，查看一个月的销售数据，按时段统计销售数据，用 Excel 制作一个月按小时统计表格，分析这家网店销售的黄金时段，并向全班汇报。

任务评价

序号	评价项目	评价内容及要求	自评分	第三方评分		总分
				小组互评	教师评分	
1	黄金销售时段统计分析	网店销售数据收集				
2		网店数据统计汇总				
3		用 Excel 制作分析表				
4	小组汇报	PPT 制作精美，整体布局风格（包括模板设计、版式安排、色彩搭配等）美观合理。整部作品播放流畅，运行稳定、无故障				
5		小组汇报语言规范（普通话），声音洪亮、圆润，吐字清晰，表达准确，无口头语				
6		反应灵活，能够很好地回答评委的提问，结束提问时能够回到结论要点，予以总结				

总结反思

淘宝搜索引擎优化，除了按时段统计之外，按星期统计是否能看出网店销售黄金时间的规律？一周中哪几天的访问量最高？

自撰描述商品网店运营

学习子情境一　店铺起名

学习目标

掌握淘宝店铺起名的要点及技巧。

乐淘网店店主小美准备开第二家淘宝店铺了，通过市场调研，她决定进军电子数码商品市场。为了迎接新店的诞生，小美要进行开店前的准备工作。店铺的基本设置包含店标、店铺名称、店铺的经营类别、人气类目、店铺简介和店铺介绍、宝贝页面设置、友情链接管理 8 项内容。小美已上传好了店标，接下来她要给新店起一个响亮好记的店名（图 4-4-1），一个好店名是店铺形象的推销员，是一个无声的招牌。

图 4-1-1

网店越来越多，如何从众多的网店中杀出重围，让客户找到你，店铺名和宝贝标题是非常重要的。起个响当当的名字，不仅能吸引人，也有助于提高知名度。如何进行淘宝店铺起名，简单地说就是简洁、通俗、易读、易记。

先来看一些淘宝网上店铺的名字，如表 4-4-1 所示。

表 4-4-1

服装类店铺名称	精品首饰店铺名称	数码配件类店铺名称
徐徐的韩国服装店	美轮美奂	联想天鹰专卖店
韩国*丽人街	淘之妖妖	精工
淘气公主*日韩服饰*	小妖精	佳和手机配件店
奢侈·皇后	饰品吧	麦优惠
江南布衣	小玩意	超级酷乐淘
天使的依恋	喇叭花	好日子数码专营店
凡卡罗 FOYOCOLO	巧夺天工	岁月流金
korea 时裳记	精挑细选	爱国者初音专营店
无布例外	女人至爱	好用心数码专营店
千衣百汇	“独”品	最爱苹果数码专营店

看一遍后你能记住的是哪几个？概括起来有以下几个特点。

1. 简洁通俗，朗朗上口

尽量用人们常见常用或熟知事物的名称做店名，联想、苹果、喇叭花、小妖精、“独”品等，这类名称是人们在平时的生活当中可能经常接触到的，可以加深潜意识里对店铺的印象，顺口有节奏感，富有亲和力。

2. 用字吉祥，给人美感

寓意一定要吉利，用一些符合中国人审美观的字样，如用发、隆、兴、泰、和、盛、丰、好日子等这些吉利的字眼让人看起来就有一种美感，不要剑走偏锋，为吸引人而使用一些阴晦低俗、惹人反感的句子，人们对不吉利的事物会产生厌恶和排斥。

3. 别具一格，独具特色

网店有千千万万，用与众不同的字眼，使自己的小店在名字上就显得特别，体现出一种独立的品位和风格，吸引浏览者的注意。

4. 与自己的经营商品相关

店铺名不要因过分追求独特性而偏离了本身需要表现的经营属性，最理想的是在符合店铺经营风格的前提下，取一个可引发买家无限想象且有一定的寓意，能代表网店风格的名字。

引导问题

1. 常常可以看到这样的店名“lfszlf 旗舰店”、“SIBIrskaya 旗舰店”，说说你的看法。
2. “岁月流金”作为店铺的名称，你喜欢吗？
3. 小美是否可以给她的店铺起名为“唐人街”？
4. 淘宝店铺的名称是否可以更改？
5. 请以小组为单位，帮助小美起个店名，并向全班汇报。

知识链接

淘宝网店标、店名、店铺公告及个人介绍设置规范

1. 未经淘宝许可，店标、店名、店铺公告及“个人介绍”页面禁止使用含有“淘宝网特许”、“淘宝授权”等含义的字词。

2. 店标、店名、店铺公告及“个人介绍”页面禁止使用淘宝网或其他网站信用评价的文字和图标。

3. 未经许可，严禁使用“淘宝网”专用文字和图形作为店铺宣传的文字和图形。

4. 店标、店名、店铺公告及“个人介绍”页面中禁止使用带有种族歧视、仇恨、性和淫秽信息的语言。

5. 店标、店名、店铺公告及“个人介绍”页面禁止使用不良言辞。例如，令人反感的词汇的多数字母或字（即 f**或 s**）。

6. 店名、店标不得使用下列文字、图形：

6.1 同中华人民共和国的国家名称、国旗、国徽、军旗、勋章相同或者近似的。

6.2 同外国的国家名称、国旗、国徽、军旗相同或者近似的。

6.3 同政府间国际组织的旗帜、徽记、名称相同或者近似的。

6.4 同“红十字”、“红新月”的标志、名称相同或者近似的。

6.5 同第三方标志相同或者近似的，如中国邮政、中国电信、中国移动、中国联通、中国网通和中国铁通等。

6.6 如用户或店铺不具有相关资质或未参加淘宝相关活动，不允许使用与特定资质或活动相关的特定含义的词汇，如台湾馆，香港街，淘宝商城、消费者保障计划、先行赔付等。

6.7 带有民族歧视性的。

6.8 夸大宣传并带有欺骗性的。

6.9 有害于社会主义道德风尚或者有其他不良影响的。

6.10 县级以上行政区划的地名或者公众知晓的外国地名，不得作为店标，但是，地名具有其他含义的除外，已经注册的使用地名的店标继续有效。

7. 店铺名不允许命名为××商盟。非商盟店铺不允许在店铺中使用商盟进行宣传。

8. 店铺公告及店铺“个人介绍”页面禁止使用下列文字、图形：

8.1 店铺公告及店铺“个人介绍”页面可以用于介绍卖家的业务，但不可以包含卖家个人网站的路径或链接。店铺公告及“个人介绍”中不能宣传淘宝上禁止销售的物品或具体宣传淘宝以外销售的物品，也不能包含将多个卖家的物品由共同的搜索引擎集合在一起的商业网站的链接。

8.2 含有不真实内容或者误导消费者的内容。

8.3 其他涉嫌违反法律的内容。

9. 非天猫（淘宝商城）店铺，不能在店铺、商品页面内使用旗舰店、专卖店、专营店。这三类称呼是天猫（淘宝商城）店铺的特有称呼。

学习子情境二 优化商品标题

学习目标

1. 掌握商品命名的一般原则，为指定的商品进行恰当命名。
2. 优化商品标题的方法。

不同的发展阶段，网店的重点工作也大不相同。对于五星以下的淘宝卖家来说，网店的重点工作就是提高流量。那么，如何提高网店流量呢？总括来说，网店流量的提高主要分为两大方面：站内引流和站外引流。每个方面又可分为免费引流和付费引流两部分。网店流量的提高最主要的还是来自免费流量，在免费流量的引入方面，宝贝搜索排名是重中之重。

一、选词

标题制作是销售宝贝很重要的一个环节，因为它承担了一部分搜索匹配的工作，标题中含有越多关于宝贝的买家搜索关键词，宝贝被搜索到的概率就越高。小美的新店特别需要提升流量，尤其是免费流量，为了达到这个目的，小美准备从优化商品标题下手。为了实现更高的搜索排名，得到更多的免费有效点击，小美决定在商品名称中尽量使用大家常用的关键字。商品的名称就是合理地组合各类关键字。

1．关键词的查找

优化商品标题重要的一个环节是寻找关键词，寻找关键词的入口有哪些呢？小美首先想到的是淘宝搜索框。在淘宝首页搜索框，输入一个商品名称后，会出现与该商品有关的热搜词。

例如，输入“音响”，可以看到热搜词有音响低音炮、音响迷你、音响户外、音响笔记本、音响便携、音响现代等，如图 4-2-1 所示。

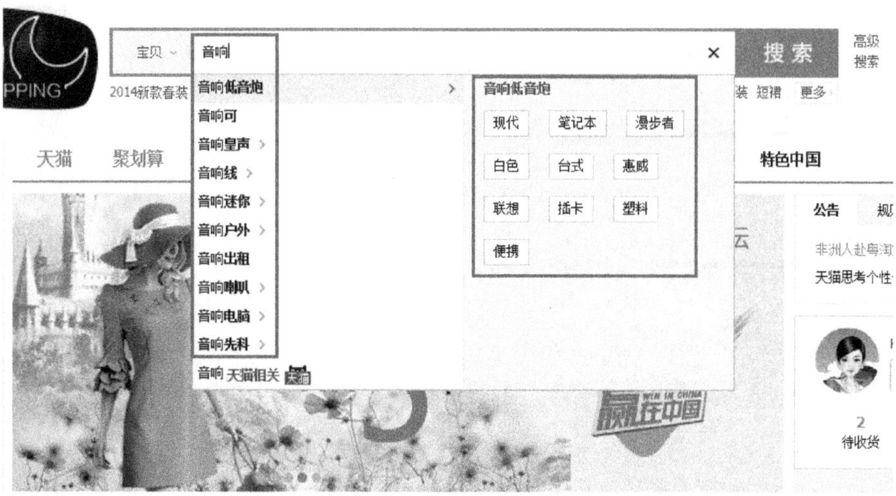

图 4-2-1

还有其他寻找关键词的方法吗？

（1）可以查找淘宝关键词的排行榜，选择我们所在的行业后，可以搜索到本行业的热词，从中可以做出选择，如图 4-2-2 所示。

图 4-2-2

（2）可以查看到本行业买家的购买习惯、年龄、地域、性别等信息，可以得到关键词的销量趋势、热卖指数、人群倾向及人群均价，如图 4-2-3 所示。

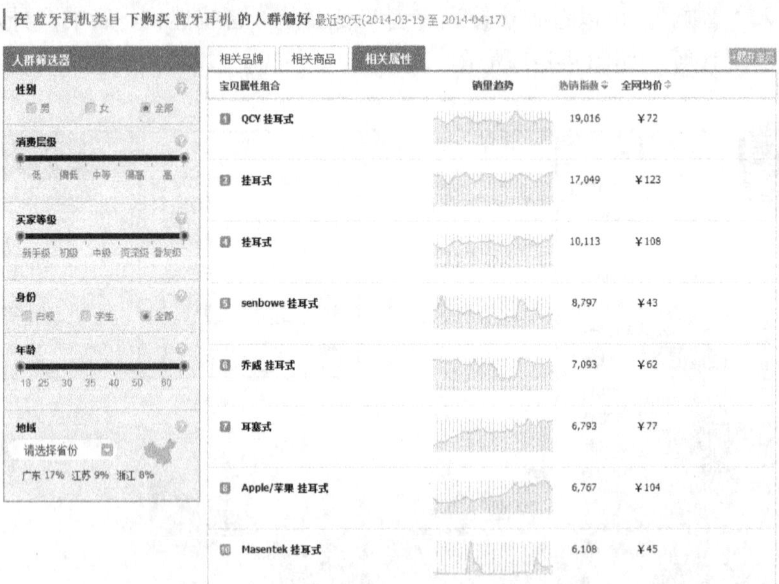

图 4-2-3

2．关键字的类型

小美的商店主推的商品是“药丸音响”，她决定先搜索销售量前 10 名的同类商品名称，如图 4-2-4 所示。

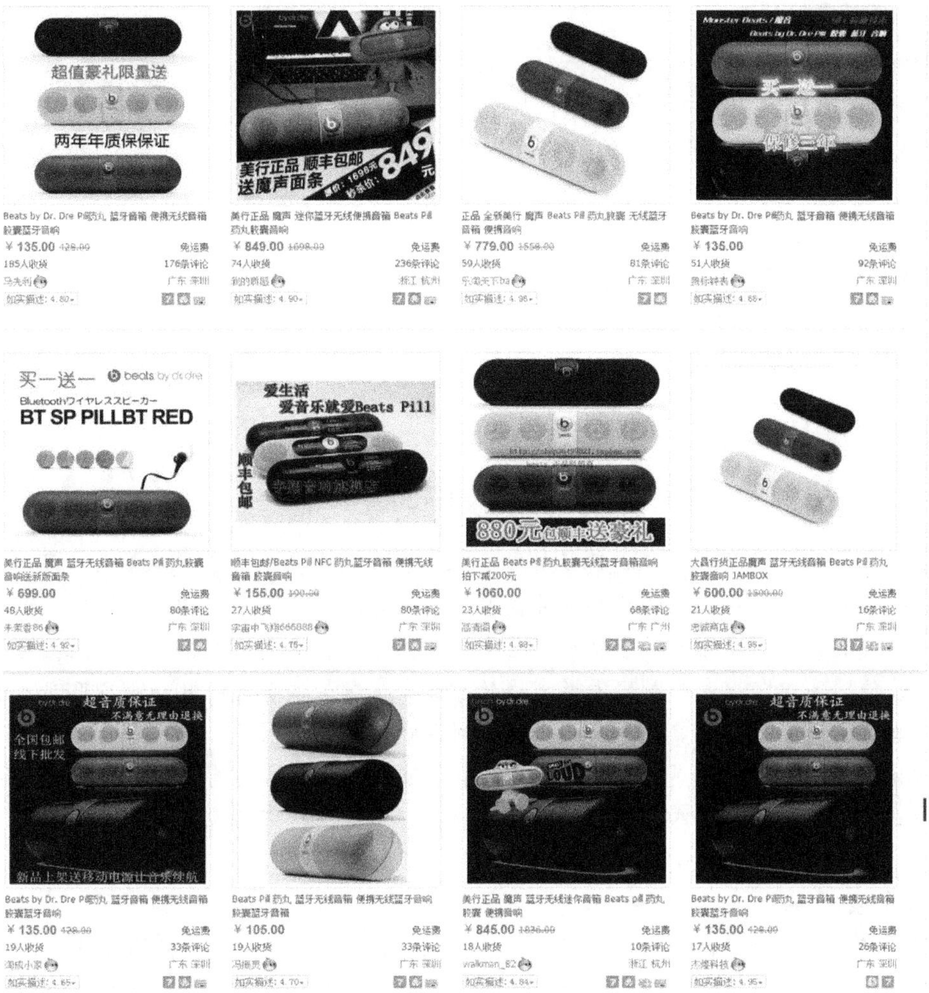

图 4-2-4

“药丸音响”的搜索结果如表 4-2-1 所示。

表 4-2-1

1	Beats by Dr. Dre Pill 药丸 蓝牙音箱 便携无线音箱 胶囊蓝牙音响
2	美行正品 魔声 迷你蓝牙无线便携音箱 Beats Pill 药丸胶囊音响
3	正品 全新美行 魔声 Beats Pill 药丸胶囊 无线蓝牙音箱 便携音响
4	Beats by Dr. Dre Pill 药丸 蓝牙音箱 便携无线音箱 胶囊蓝牙音响
5	美行正品 魔声 蓝牙无线音箱 Beats Pill 药丸胶囊音响送新版面条
6	顺丰包邮/Beats Pill NFC 药丸蓝牙音箱 便携无线音箱 胶囊音响
7	美行正品 Beats Pill 药丸胶囊无线蓝牙音箱音响 拍下减 200 元
8	大昌行货正品魔声 蓝牙无线音箱 Beats Pill 药丸胶囊音响 JAMBOX
9	Beats by Dr. Dre Pill 药丸 蓝牙音箱 便携无线音箱 胶囊蓝牙音响
10	Beats by Dr. Dre Pill 药丸 蓝牙音箱 便携无线音箱 胶囊蓝牙音响

引导问题

1. 分析上述商品名称中重复出现了哪些词。
2. 这些关键字分别代表商品的什么信息？
3. 淘宝全网流量大概分为________、________和________。
4. 搜索流量分为________和________。
5. 淘宝指数的域名是________。
6. 淘宝排行榜的域名是________。
7. 标题匹配的方式有________、________和________。

知识链接

商品标题关键字

消费者购物的目的不同，但是购物的顺序基本上大同小异，一般是从搜索商品名称开始，然后看谁的价格更吸引人，谁的商品图片更漂亮，谁对商品的情况介绍得更详细。明白了这个购物顺序，我们就清楚商品名称在销售过程中的重要性了。通常情况下，要在互联网上寻找相关的信息，使用关键字搜索是最快也最省力的方式，在交易平台上海量的商品里面，顾客要想尽快找到自己需要的商品信息，也会使用到各种关键字。

淘宝网商品名称的容量是30个汉字、60个字节，根据顾客的消费需求和定位的区别，将关键字分为以下几种类型，在容量能够满足的前提下，可以尽可能选用更多的关键字，扩大消费者搜索的范围，提高被他们发现的概率。

1．属性关键字

属性关键字是指商品的名称或俗称，商品的类别、规格、功用等介绍商品基本情况的字或者词，但是，由于消费者的语言表达和搜索习惯不同，可能会使用不同的属性关键字搜索，因此，在商品有多种习惯称呼的情况下，可以多设几个属性关键字，符合更多人的搜索需求。

2．促销关键字

促销关键字是指关于清仓、折扣、甩卖、赠礼等信息的字或者词，这类词往往是最容易吸引和打动消费者的信息，网络零售和传统零售只是表现形式不同，但其商业的本质是共通的。传统零售商场经常用各种打折促销信息来吸引和刺激消费者，网络零售同样可以采用这种方式来招徕顾客，因此，经常推出各种促销活动，并将“特价”、“清仓”、“×折”、“大降价”等关键字体现在商品名称中，可以有效地吸引到更多人的关注，提高商品和店铺的浏览量。

3．品牌关键字

品牌关键字包括商品本身的品牌和店铺的品牌两种，如“漫步者”、“先科”、“长城”、“Beats by Dr. Dre Pill”等属于商品本身的品牌关键字，“零伍玖壹”就是店铺的品牌关键字。增加商品品牌关键字可以给消费者提供更精确的搜索信息，增加店铺品牌关键字可以在店主ID之外多提供一个具体的、可记忆的、便于查找和有利于口头宣传的店铺形象，对于提高店铺知名度和打造网货品牌都有很现实的意义和显著的效果。

4．评价关键字

评价关键字的主要作用是对看的人产生一种心理暗示，一般都是正面的、褒义的形容词，如×钻信用、皇冠信誉、百分百好评、市场热销等，这类关键字其实也是一种口碑关键字，增加这类关键字不仅能够满足消费者寻找可靠的产品质量、可信的商家的需求，同时，还更容易获得消费者的好感和认同，打消他们的顾虑，不知不觉中让消费者做出成交的决定。

二、编写商品标题

1．标题编写

找到了一大堆关键词，小美该如何选择呢？新卖家及新上架的宝贝，选择关键词的原则是：① 搜索量大；② 转化率高；③ 宝贝数量少。商品标题要易于买家阅读，标题还起到了买家查看商品时的注释作用，尤其是在商品列表页，买家通过阅读宝贝图片和宝贝标题来判断要选择哪个宝贝，所以标题一定要通顺。通常编写标题常用的格式：促销类关键词+官方品牌名称+功效关键词+属性关键词+相关词，属性类关键词主要用于搜索，促销及价值类关键词用于诱惑吸引买家。

数码类商品的命名原则如下。

（1）品牌、商品型号不可少。

（2）强调功能。

（3）赠送配件吸引人。

（4）强调外形。

（5）强调质量、品质。

（6）促销信息吸引人。

（7）强调销量。

（8）有信用更可信。

（9）30 个汉字要用满。

结合数码类商品搜索关键词并根据命令原则设置的商品标题如图 4-2-5 所示。

商品	标题
佳能数码相机	【直降 300】佳能数码相机 IXUS 220 HS 正品行货 包邮 3 年保修
iPhone4	包邮 Apple/苹果 iPhone 4 代(16G)黑色 白色 假一配三 全包

图 4-2-5

引导问题

1. 商品名称有多少个字符？要不要用空格或者“/”？

2. 你帮小美的商品写了怎样的商品标题？“清仓包邮丹麦皇冠 4 寸 hifi 多媒体 2.0 电脑音箱低音炮有源笔记本音响”这个标题合适吗？它用到了哪几类关键字？

3.“中大派扬音响 HIFI 四号 6.5 寸发烧高保真书架音箱绝配胆机万人好评”这个标题用到哪几类关键字？

4. 商品名称不可缺少的是哪类关键字？

5. 图 4-2-6 是一块相机电池，请你编写商品标题。

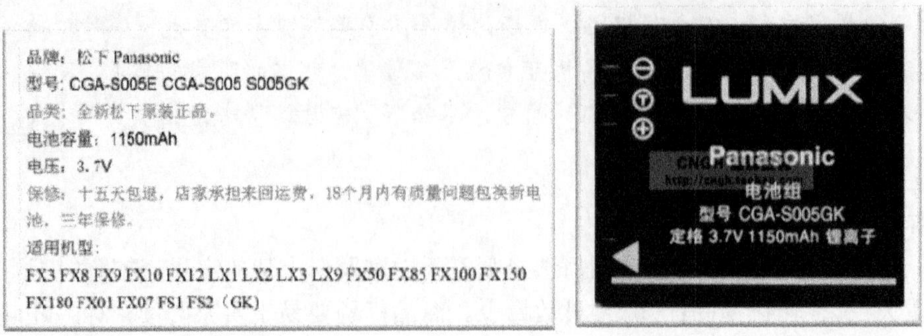

图 4-2-6

6. 图 4-2-7 是一款打底裤，请你编写商品标题。

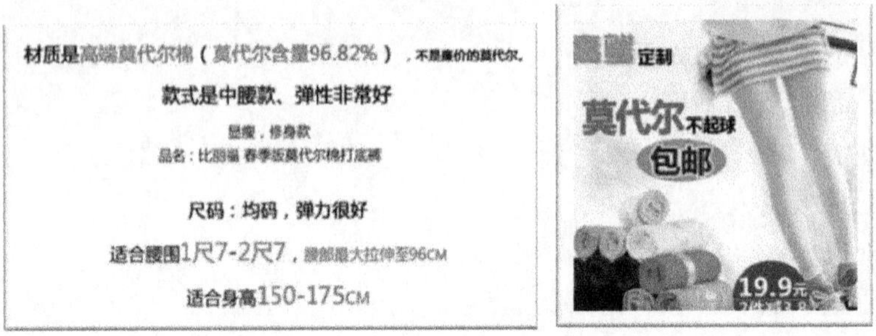

图 4-2-7

2. 标题优化的注意事项

（1）写满 30 个字，因为每一个关键字都有可能在某个时刻被顾客搜索到，所以不能浪费机会。

（2）经常优化关键词，淘宝的热推关键词会不断随着季节及流行趋势的变化而变化，只有时时关注、时时更新才能保持不断地带来搜索流量。

（3）不使用特殊符号，如果使用特殊符号，在搜索时搜索引擎无法判断，导致宝贝排名靠后，有时甚至会降权。

（4）关键词不重复，切忌堆砌关键词，在一个标题中出现好几个同类的关键词，如男裤、长裤、直筒裤、休闲裤、商务裤、中年裤，搜索引擎通常会降低这类网页的搜索排名，或者完全忽略这些关键字。

（5）关注淘宝规则。

知识链接

淘宝使用关键字的相关规定

（1）不得在标题中加入其他无关本商品的名字和功效。

（2）不得乱用淘宝网热推关键字，并且与本商品无关。

（3）不得使用非该商品制造或生产公司使用的特定品牌名称。

（4）不得出现与其他商品和品牌相比较，甚至贬低的情况。

（5）不得在标题中使用“最高”、“最好”等最高级陈述。

（6）不允许任何商品在标题中添加对赠品、奖品的描述。

（7）不能以任何理由在同一件商品中使用多种属性关键词。

（8）不得在标题中添加未获得的授权及未加入的服务。

“乱用关键字”是如何定义的？

卖家为使发布的商品引人注目，或使买家能更多地搜索到所发布的商品，而在商品名称中滥用品牌名称或与本商品无关的字眼，扰乱淘宝网正常运营秩序的行为，淘宝网判定其相关商品为乱用关键词商品。请自查是否存在如下问题。

（1）卖家在所出售的商品标题中使用并非用于介绍本商品的字眼（包含但不仅限于如下情况：标题为“MISSHA 杏子去角质面膜 瘦身健美用品热销中”等）。

（2）卖家故意在所出售的商品标题中使用淘宝网正在热推的关键词，并且该关键词和内容商品无直接关联。

（3）卖家在所出售的商品标题中使用非该商品制造或生产公司使用的特定品牌名称（包含但不仅限于如下情况：“橡果同厂出品*第二代*浙江-双超*豪华液压摇摆踏步机”，实际商品品牌为“双超”，不可在标题中使用其他品牌）。

（4）卖家在所出售的商品标题中出现与其他商品和品牌相比较的情况（包含但不仅限于如下情况：“可媲美 LV 的真皮手袋”等）。

（5）在标题中使用“最大”、“最高”、“最好”等最高级陈述（包含但不仅限于如下情况：“【淘宝最低价】包身蓬蓬裙”等）。

（6）不允许任何商品在标题中添加对赠品、奖品的描述，否则属于乱用关键词。卖家可以将相关促销内容添加到宝贝描述中。参加淘宝活动有另行规定的除外。

（7）运动类目商品管理规则补充：不能以任何理由在同一件商品中使用多种属性关键词，以干扰搜索，除网站整体规则以外，下列情况也是被禁止的：组合式发布商品也不允许使用多种属性关键词（如品牌、系列、类别等），卖家可以在宝贝描述中进行说明。

（8）如未取得专卖资格或者特约经销商资格，不得在商品信息中声称其为“淘宝专卖”及“特约经销商”等暗示其与商标权人或者生产厂家之间存在授权或者合同关系的字眼。

（9）网络游戏虚拟商品交易区商品管理规则补充：QQ 专区下，商品标题中不得出现其他类目的字眼，否则属于乱用关键词。例如，在 QQ 秀红钻下面，只能出现标题中带有红钻的商品，不能出现如“红、黄、蓝钻 2 元/月”这样标题的商品。

（10）如果用户或店铺不具有相关资质或未参加淘宝相关活动，淘宝不允许用户在商品标题中使用与特定资质或活动相关的词汇，如台湾馆，香港街，淘宝商城、消费者保障计划、先行赔付等。

总结反思

（1）不要让“包邮”和“新品”关键词占了位子。

（2）关键词设置“三宗罪”：重复、滥用、违规。

（3）优化标题时，要避免关键词堆砌；标题重复；滥用符号；滥用品牌词；触犯高压线；注意敏感词。

（4）通过使用数据魔方可以看到自己类目的流量高峰时间。

（5）橱窗推荐位是根据信誉级别来提升的。

（6）淘宝网访问量最大时间段：10:00~12:00；13:00~17:00；20:00~23:00。

（7）全店总产品数/天数=每日上架产品数。

（8）如果快下架的宝贝太多，推荐位不够用，就选择销量最高的宝贝来推荐。

（9）影响排名因素的六大重要因素：转换率、销售量、收藏量、回头率、DSR 评分、上下架。

学习子情境三　电子数码商品描述文案的编写

学习目标

1. 了解电子数码类商品参数所包含的内容并能完成指定商品的参数撰写。
2. 熟悉淘宝网商品描述操作界面并能完成指定商品的商品描述网站操作。
3. 在对商品认识的过程中培养耐心细致的工作态度。

正确地优化宝贝描述是每一个卖家提升店铺内功的必修课，利用好进入店铺的流量，提升店铺的转化率是卖家的最终目标。虽然图片给人留下的视觉印象较为深刻，但不是万能的，一些商品的数据和说明等还需要用文字来加以说明，如音响这类电子数码商品的文字描述是必不可少的。精准的宝贝描述定位包括两部分内容：① 产品价值定位，即产品卖点展示；② 顾客人群定位。

小美的商品标题写好了，现在她要进行商品描述。淘宝的商品描述容量是 25000 字节，通常一件商品的描述分哪几个部分呢？先来看看一家天猫音响店铺是怎样撰写文案的。

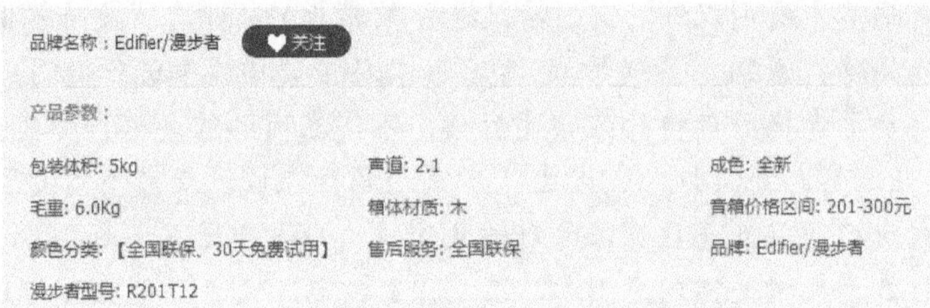

图 4-3-1

图 4-3-1 提供的信息是：____。

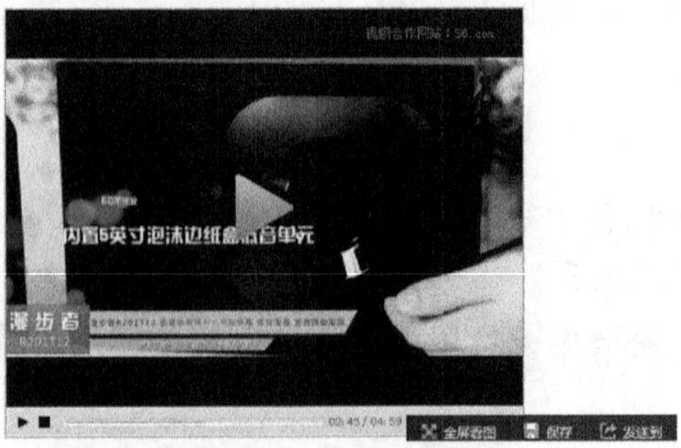

图 4-3-2

图 4-3-2 中的视频文件起到的作用是：____________________________________。

图 4-3-3

图 4-3-3 提供的信息是：____。

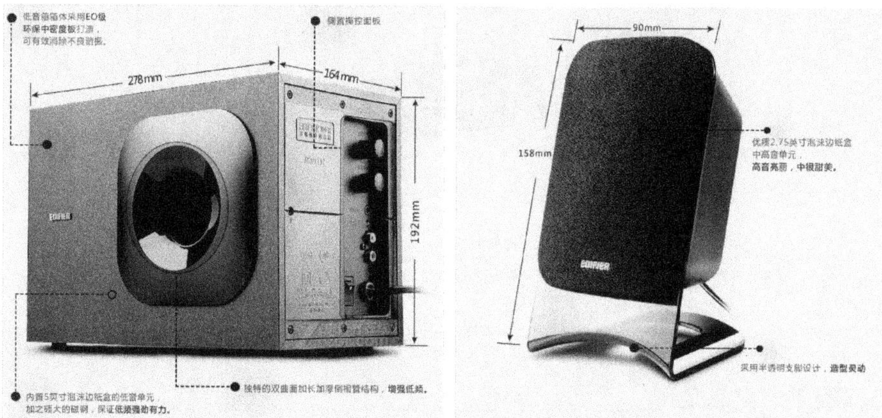

图 4-3-4

图 4-3-4 提供的信息是：____。

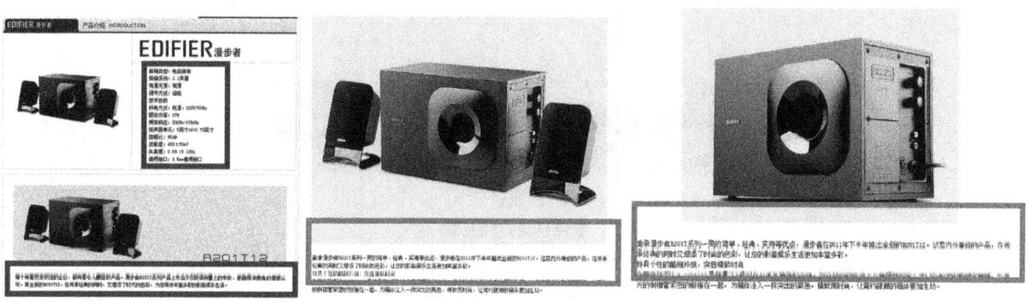

图 4-3-5

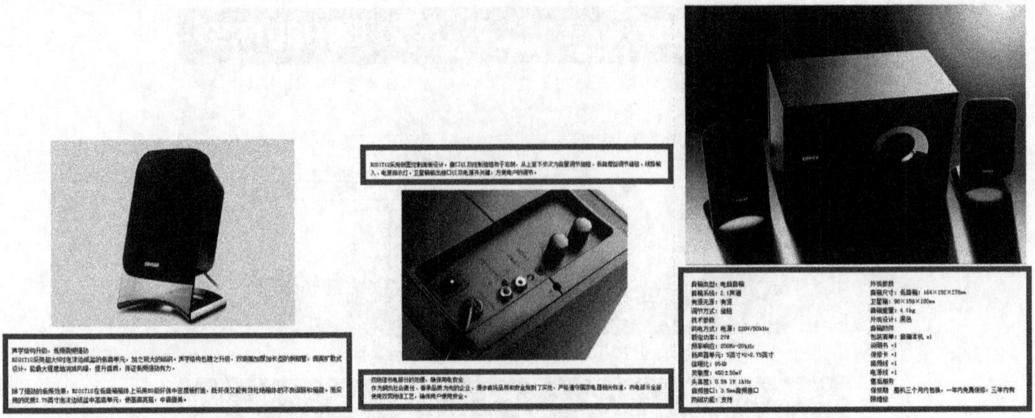

图 4-3-5（续）

图 4-3-5 提供的信息是：____。

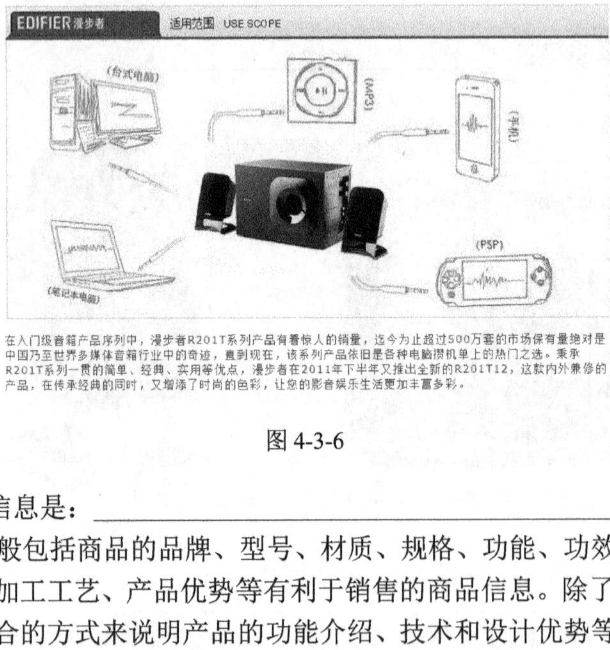

图 4-3-6

图 4-3-6 提供的信息是：____。

以上部分内容一般包括商品的品牌、型号、材质、规格、功能、功效、包装、价格等商品基本信息，以及生产加工工艺、产品优势等有利于销售的商品信息。除了用文字说明的方式以外，还可以用图文结合的方式来说明产品的功能介绍、技术和设计优势等，用图文结合的方式展现不仅清爽醒目，容易加深顾客的印象，而且页面更加美观和专业。

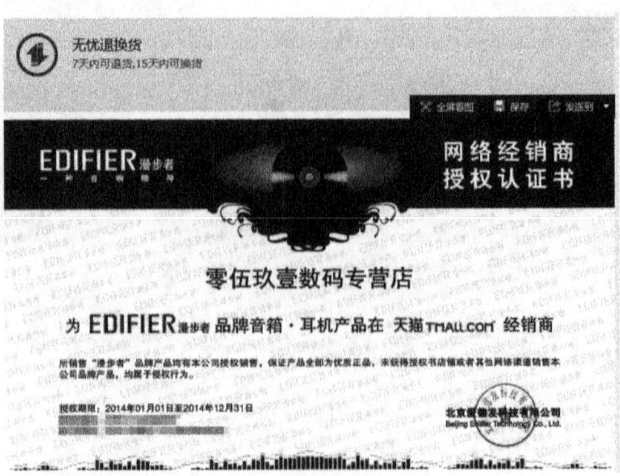

图 4-3-7

图 4-3-7 提供的信息是：____。

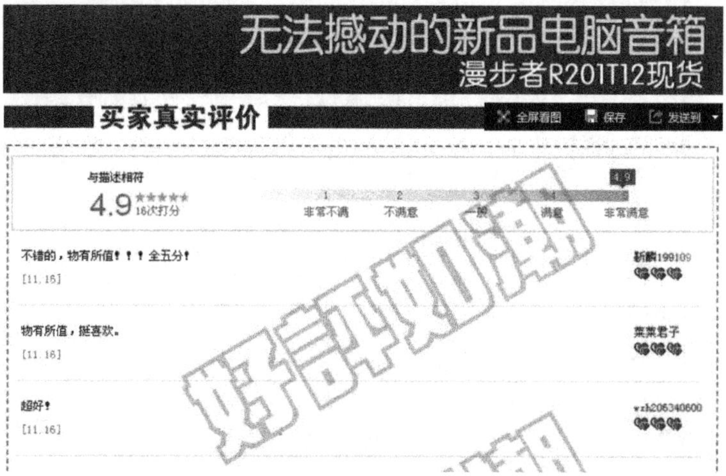

图 4-3-8

图 4-3-8 提供的信息是：____。

服务保障包括质量承诺、售后维修、会员优惠等信息，这些信息既是给顾客安全感也是用返利的方式来增加店铺的黏性。

图 4-3-9

图 4-3-9 提供的信息是：____。

销售是最终目的，关键在于营销。一般而言，店铺中有两类商品：爆款（或潜力款），以及普通款商品。对于前者来说，关联销售就是引导消费者购买其他商品，并以此来提高客单价，而对于后者，更多的目的是满足客户的需求，进一步挖掘客户需求和制造客户需求，因此，需要推荐最易被接受，即转化最好的商品。

物流信息

本店默认韵达快递和EMS经济快递，以上两个快递如需哪个请留言，无留言我们将随机选择发出，由于某些产品及其某些地域的特殊性，有些必须发指定快递，请知悉，详情联系客服！

当天订单4点前付款都会正常发出，如遇突出状况会有所延迟，比如：停电，节假日，月底盘点等等，具体情况看店铺公告或者联系客服，发货后的信息一般在晚上21点~24点会更新，从"已买到宝贝里"查看物流进行跟进，或者联系我们在线客服咨询！

香港、澳门、台湾，海外，我们是不发货的，如一定要发货，一律发顺丰到付，如若被拦截，所产生费用均由买家承担！

签收货物时一定注意：

快递员送货给您后，请一定要核实货物数量及其产品的损坏情况，没有异常再进行签收，一旦签收将视为商品完好，他人代签也视为本人签收，如有异常或者快递员不让验货的，请及时电话联系我们客服，或者上旺旺联系我们，电话：0591-83800571。

图 4-3-10

图 4-3-10 提供的信息是：____。

配送说明是指关于邮寄的费用和物流配送周期的说明，因为顾客毕竟不是专业的卖家，可能对发往各地的运费标准和到货周期不甚清楚，做到预先告知既是商家的职责，也是优质服务的一种体现。

交易说明可以用"买家必读"、"购物须知"等方式来体现，相当于交易双方的君子协议，今后在交易过程中一旦出现某种状况，双方有一个可以参考的依据，这也是独立于平台规则以外的一种双边协议，顾客一旦拍下代表对该条款的认可，同时，把合作条件放进交易说明里也是一种有效的纠纷规避方式。

常见问题

部分QA解答

Q:我选择的这款商品有货吗？什么时候能发货？
A:您选择的商品正常情况下都有货哦，正常订单在下午16：00前付款，当晚20：00之前即可全部发出，若遇特殊情况，最长发货时间不超过72小时！

Q:我买的商品发货后多久能到？
A:快递分为陆运和航空，一般情况下，上航空的产品：江浙沪闽粤皖地区1~2天到达，外围3~4天到，再偏远地区顺延1~2天，具体看快递。陆运的产品：江浙沪闽粤皖地区2~3天到达，外围4~5天到，再偏远地区顺延3~4天，具体看快递或者联系我们客服咨询！

Q:如果没有按照承诺发货我该怎么办？
A:这种情况属于延迟发货，是指除特殊产品外，商家在买家付款后实际未在七十二小时内发货，或定制、预售及其他特殊情形等另行约定发货时间的商品，商家实际未在约定时间内发货，妨害买家购买权益的行为，商家的发货时间，以快递公司系统内记录的时间为准。延迟发货的，商家需向买家支付该商品实际成交金额的百分之三十（金额最高不超过五百元）作为违约金，该违约金将以天猫积分的形式支付！

Q:发票和商品同一时期寄出吗？若不是，我该如何追踪发票物流？
A:发票一般情况下是同货品一起发出的，如若出现特殊情况，将由客服告知补发日期并提供快递单号追踪物流信息，详情咨询客服！

图 4-3-11

图 4-3-11 提供的信息是：____。

将商品的细节展示得更加详细，提供自助购物指导、常见问答、保养知识、使用方法、联系方式等更为专业和周到的服务，展示以往顾客的评价，打消消费者的担心和疑虑等都是很好的促销手段。

以上介绍的都是商品描述里可以呈现的内容，我们一定要好好地利用这25000个字节的空间，让商品描述更加丰富、更加专业，充分地发挥营销的魅力和威力，让顾客进来以后流连忘返，不断挖掘他们的潜在需求，激发出他们的购买欲。

引导问题

电子数码产品与前期产品描述侧的重点有何不同？

（1）确定描述要素，如表4-3-1所示。

表4-3-1

商品		佳能数码相机	iPhone 4
结构		混合式	混合式
体裁		说明文体	说明文体
风格		科学严谨	科学严谨
内容	关键词	像素 高感光度 超广角 防抖 高清	双摄像头 Retina 显示屏 多任务处理
	商品卖点	功能	功能
	要点扩展	唯美照片+对照片场景化的描述	详细介绍操作步骤

（2）进行商品描述，如表4-3-2和表4-3-3所示。

表4-3-2

商品	描　述	要点扩展
佳能数码相机	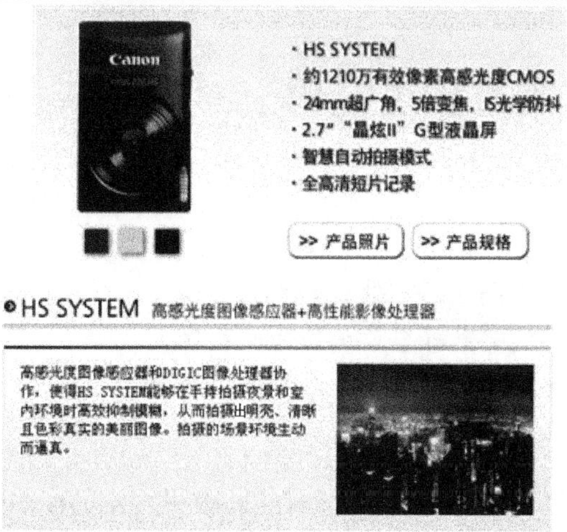	对于数码相机，再也没有比照片效果本身更具有说服力的了，在商品描述要点中添加所拍摄的照片，并给照片进行优美的场景化描述，能极大地增强产品本身的说服力

表 4-3-3

<table>
<tr><th>商品</th><th>描　述</th><th>要点扩展</th></tr>
<tr><td>iPhone 4</td><td>
</td><td>不仅介绍功能，还详细介绍操作步骤，如此贴心的服务，当然能赢得顾客的好感和青睐</td></tr>
</table>

模仿上述方法给商品 C（Sony 笔记本电脑）、D（三星数码相框）进行商品描述，填写表 4-3-4。

表 4-3-4

商品	描　述	要点扩展
Sony 笔记本电脑		
三星数码相框		

学习子情境四　制作商品描述模版

学习目标

1. 掌握宝贝描述的排版，以及宝贝描述不可缺少的元素。
2. 掌握买家购物心理分析方法，能够选择合适的图片吸引客户。
3. 掌握商品卖点分析方法，能够选择合适的图片展现商品特色。
4. 培养细致耐心的工作态度。

乐淘网店新购进了一批蓝牙音箱，小美希望做出一套能够吸引客户的商品描述模板，完美地展现商品的性能，提高客户的购买率。

图 4-4-1 就是小美想要达到的效果。

图 4-4-1

引导问题

1. 顾客浏览商品描述时关注的是商品的哪些信息（图 4-4-2）？

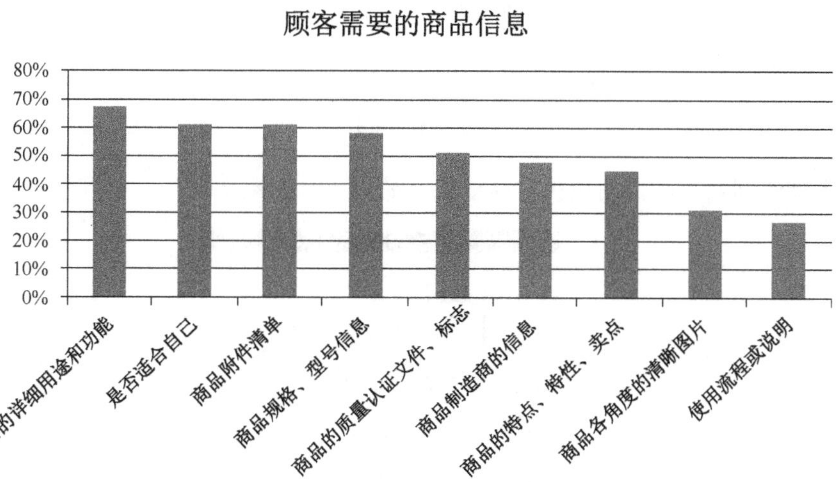

图 4-4-2

2. 图 4-4-1 中的模板有什么特点？其设计是否合适？是否能直接利用模板吸引到客户的眼球？

3. 我们应该如何制作商品描述模板？

一、分析、设计商品描述页面

1．商品描述页面的内容

内容按照性质划分为特殊内容和通用内容。

特殊内容（必须逐个商品编辑或修改）：每个商品均不同，包括商品图片，商品参数、功能等描述内容。

通用内容（可以批量发布或批量修改）：所有商品或同类商品相同，包括服务保障、购买须知、快递说明、产品知识等描述内容。

2．商品描述页面栏目规划

基本描述栏目：商品展示、商品详情、买家须知、邮资说明、联系方式、售后服务、商品参数、商品报价、退换说明、尺寸相关、测量方法、模特展示、细节展示、购物流程、支付方式。

强化增值栏目：效果展示、手稿设计、品牌故事、关于我们、产品知识、公司荣誉、鉴别方法、洗涤建议、使用方法、保养方法、授权证书、质检证书、用户评价。

营销刺激栏目：热卖推荐、相关宝贝、搭配套餐、促销活动、新品推荐、好评推荐等。

3．商品描述页面的布局

商品描述页面的布局模块分为宝贝级和店铺级模块，如图 4-4-3 所示。

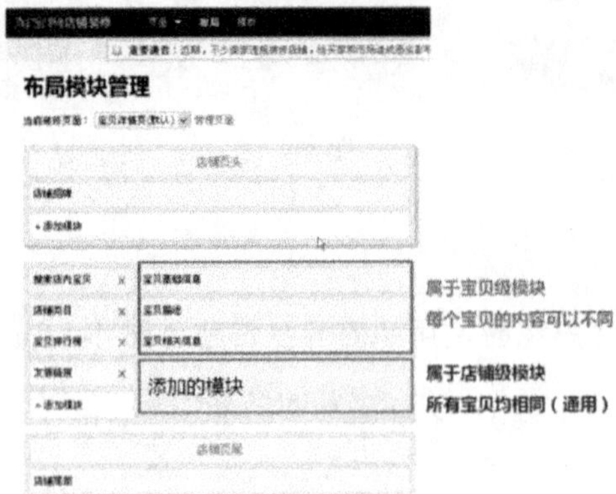

图 4-4-3

根据店铺级别的不同，布局也有些变化，如图 4-4-4 所示。

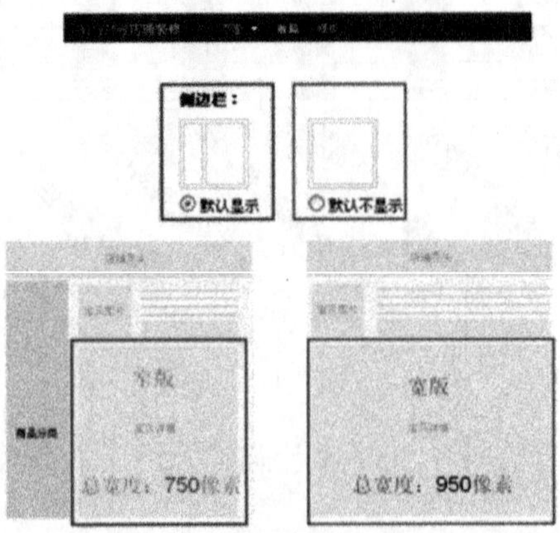

图 4-4-4

一般的商品描述页面都采用十字布局形式，主要以横向来分隔整个页面，如图 4-4-5 所示。

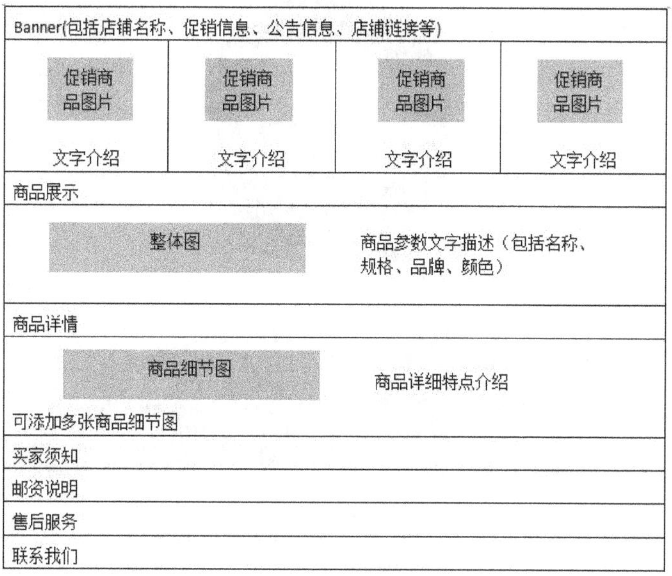

图 4-4-5

4．商品描述页面的具体内容

（1）商品展示：商品外观图+亮点，如图 4-4-6 所示。

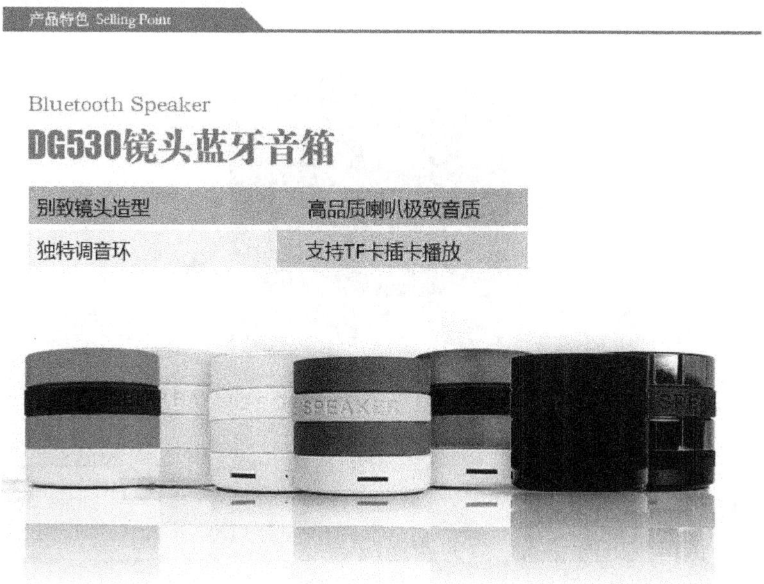

图 4-4-6

（2）商品详情：商品细节图+具体参数，如图 4-4-7 所示。

（3）尺寸说明：以标尺表示，如图 4-4-8 所示。

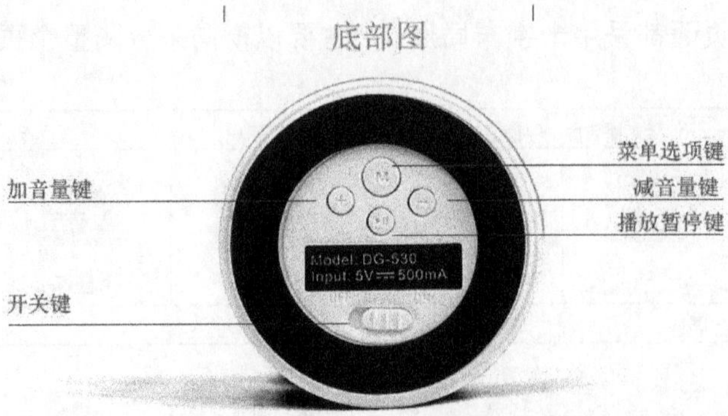

产品类型：咚呱蓝牙无线音箱	产品型号：DG530
特殊功能：FM 收音功能 低电量提示功能	额定功率：3W
产品材质：ABS 材料＋橡胶油	产品净重：152 克
失真度：0.1%	附件清单：说明书，保修卡，充电线
产品尺寸：55mm×60mm圆形	供电方式：3.7V 锂电池
传输距离：10 米	蓝牙频率：2.4G

图 4-4-7

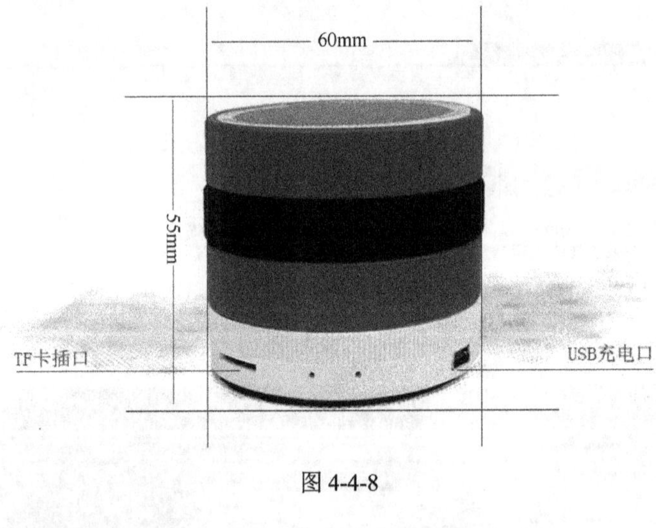

图 4-4-8

5．商品描述页面的设计流程

（1）按照店铺风格画出商品描述页的布局图。

（2）根据店铺风格收集素材图片，作为装饰图片。

（3）使用 Photoshop 软件，按照布局图，使用素材设计商品描述页面模板平面效果图。

（4）在平面效果图上增加动态效果，如在 Banner 图片上增加一些闪光效果，或者是图片切换效果，使模板看上去富有动感。

（5）商品描述模板制作完成之后，要将整张图片合理划分，分别裁切成适合网页应用的单个元素，将裁切的图片利用 Dreamweaver 软件制作成网页形式。

（6）商品描述模板在淘宝中是以代码的形式发布的，因此需要将描述模板中的图片先上传到自己的网络空间中，修改图片路径为网络路径后再发布商品描述模板。

（7）将制作完成的商品描述模板发布到淘宝的宝贝描述页面中。

（8）根据商品添加具体内容，基本上 Banner、买家须知、邮资说明、联系我们项目内容不变，商品展示和商品详情会根据具体商品来确定内容。

二、设计“咚呱蓝牙无线音箱”商品描述页面

（1）首先在纸上用笔先勾画出描述模板的布局。

（2）准备店铺一些商品模特或商品素材图片（存在素材文件中）。

（3）确定好描述模板中包含“推荐理由”、“详细功能展示”、“官方实拍”、“产品解读”4个栏目。

（4）描述模板整体设计采用店铺风格的配色方案：灰色调，再加以红、黄、蓝等颜色和商品本身的多种颜色加以点缀，如图 4-4-9 所示。

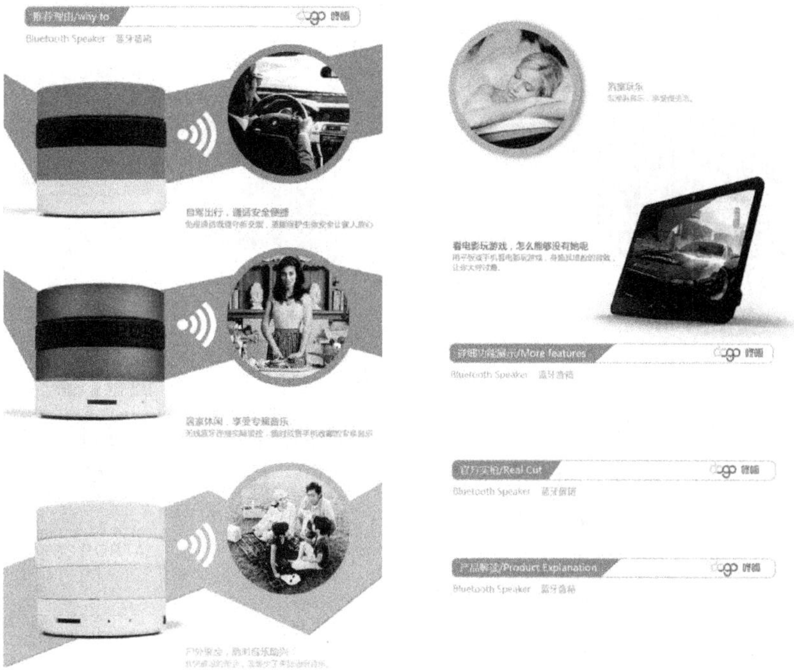

图 4-4-9

三、制作“咚呱蓝牙无线音箱”商品描述页面

1．制作描述模板页

（1）新建一个 Photoshop 文件，宽度为 750 像素，高度可以不限，可以后面通过“剪切工具”再加高，参数设置如图 4-4-10 所示。

（2）制作导航条。

① 制作圆角矩形。

利用“圆角矩形工具”绘制一个宽为 24 厘米，高为 1.5 厘米的圆角矩形，如图 4-4-11 所示，并移到合适的位置。

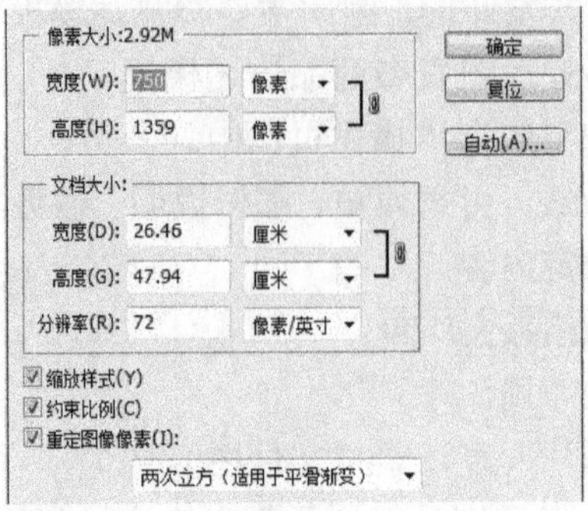

图 4-4-10

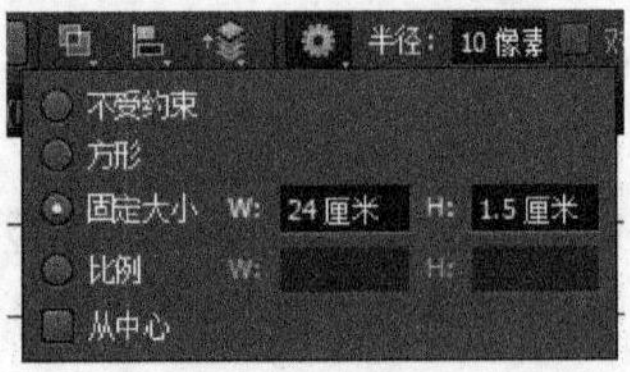

图 4-4-11

② 将圆角矩形路径转换为选区载入，执行“编辑”→“描边”命令进行描边，如图 4-4-12 所示。

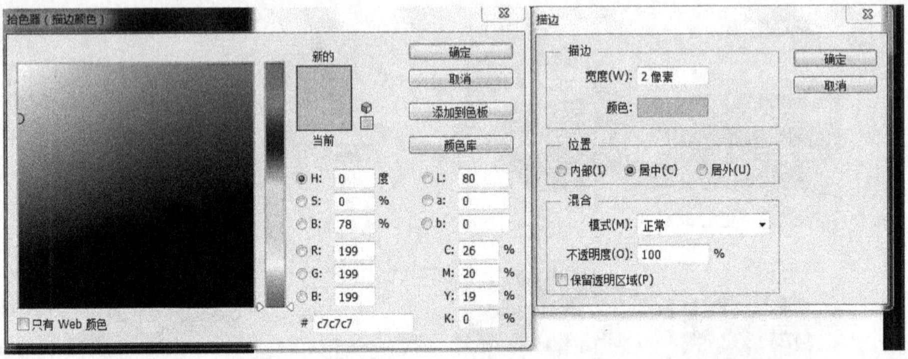

图 4-4-12

③ 利用“魔棒工具”单击圆角矩形内部，得到圆角矩形选区，再按住“Alt”键同时利用“多边形套索工具”在适当的位置拾取圆角矩形右边的区域，从而得到圆角矩形左边的不规则选区，对选区填充颜色（R：246，G：88，B：207），如图 4-4-13 所示。

图 4-4-13

④ 将品牌的 LOGO 图片放入圆角矩形内，利用“文字工具”输入“Bluetooth Speaker 蓝牙音箱”，如图 4-4-14 所示。

图 4-4-14

（3）依照上面的方法利用“文字工具”制作“推荐理由”、“详细功能展示”、“官方实拍”、“产品解读”导航条，并放至合适的位置。

（4）将文件存储为“导航条.psd”，完成导航条模板的制作，如图 4-4-15 所示。

图 4-4-15

2．制作商品描述页面

（1）新建一个 Photoshop 文件，宽度为 750 像素，高度为 9800 像素，参数设置如图 4-4-16 所示。

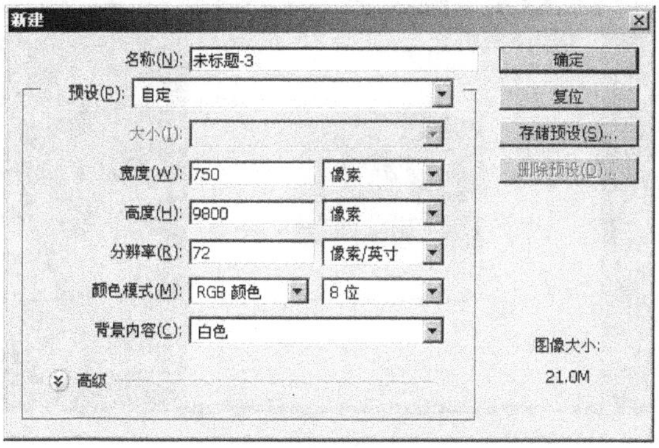

图 4-4-16

（2）导入导航条，将制作好的主导航条打开后，复制到新建文档中，双击“图层 1”将该图层命名为“导航条 1”，并将其移动到最顶端，如图 4-4-17 所示。

图 4-4-17

（3）将文件保存为“描述页面.psd”，将素材图片“530_15.jpg”打开，选择“选择工具”，并把“容差”调整为“5”，执行“选择”→“反向”命令，如图 4-4-18 所示。

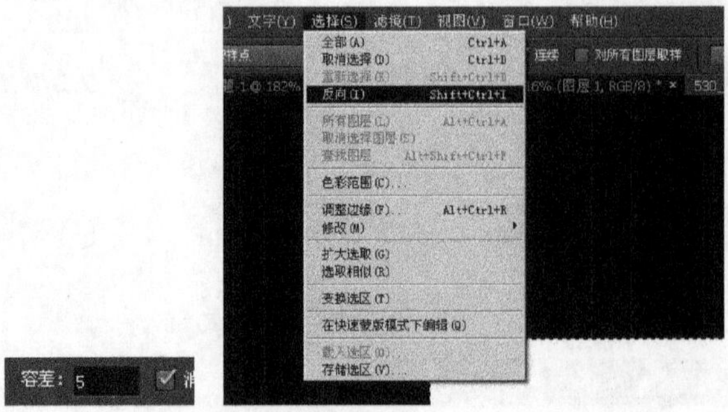

图 4-4-18

（4）把选择的内容复制、粘贴到“描述页面.psd”中，双击“图层 2”将该图层命名为“音箱 01”，如图 4-4-19 所示。

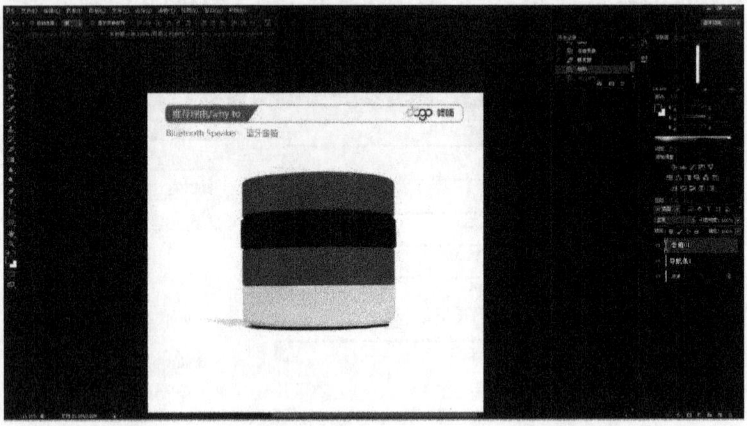

图 4-4-19

（5）执行“编辑”→“自由变换”命令，把“W”和“H”的数值改为“75%”，并放至合适的位置，如图 4-4-20 所示。

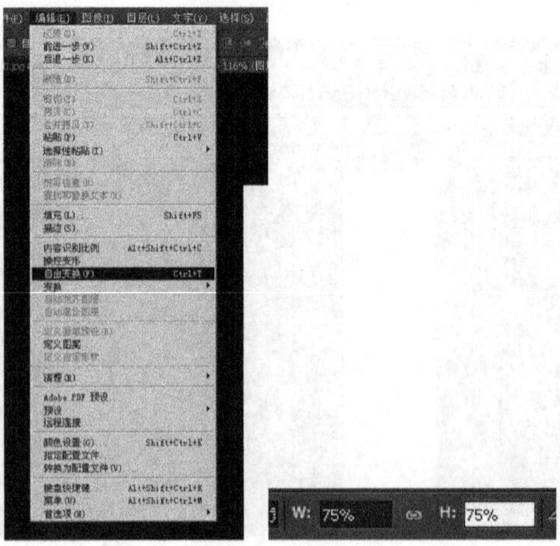

图 4-4-20

（6）利用“多边形套索工具”选择如图 4-4-21 所示的选区。

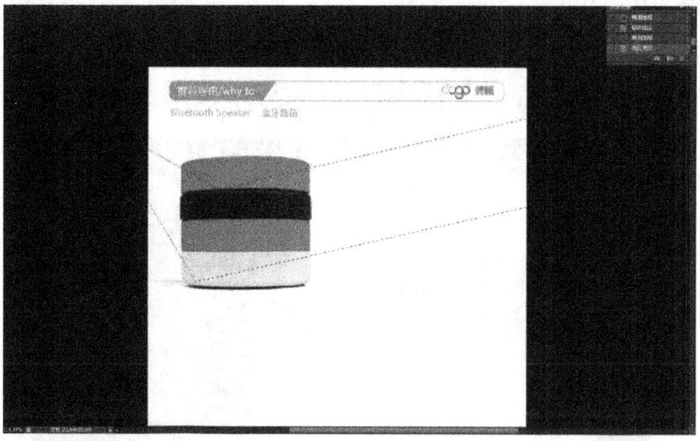

图 4-4-21

（7）在“音响 01”图层的下方新建一个图层，命名为“玫红色条纹”，对选区填充颜色（R：246，G：88，B：207），如图 4-4-22 所示。

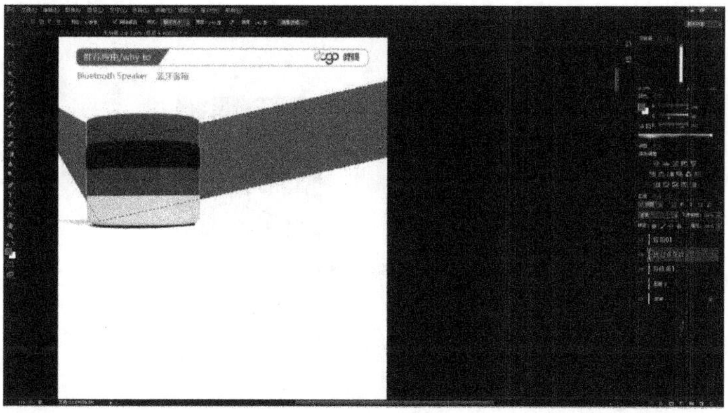

图 4-4-22

（8）选中“玫红色条纹”图层并将其拖动到“新建图层”按钮上，复制一个“玫红色条纹-复件”图层，利用“选择工具”将图层下移少许位置，填充颜色（R：175，G：175，B：175），如图 4-4-23 所示。

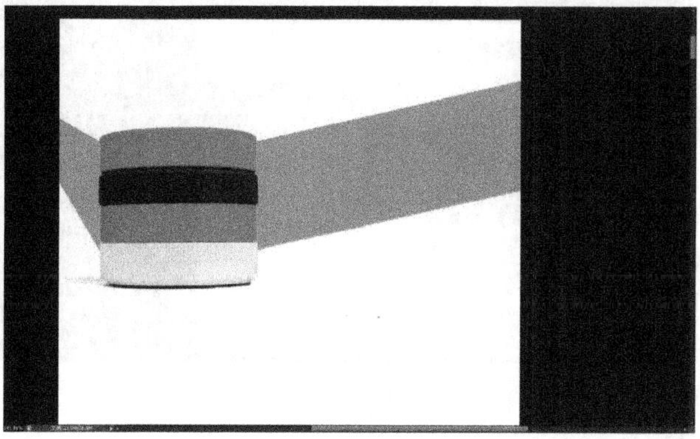

图 4-4-23

（9）利用“椭圆选框工具”绘制一个半径为 270 像素的圆形，并移到合适的位置，填充颜色（R：246，G：88，B：207）。

（10）然后继续绘制一个半径为 240 像素的圆形，并移到合适的位置，按“Delete”键删除“玫红色条纹”与“玫红色条纹-复件”图层里面的内容，如图 4-4-24 所示。

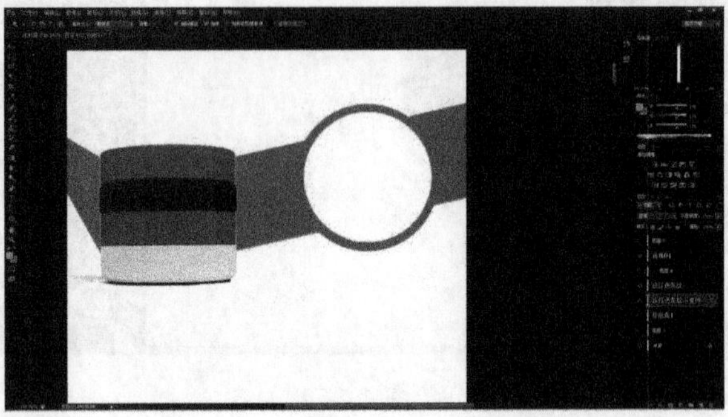

图 4-4-24

（11）新建一个图层并命名为“符号 01”，利用“椭圆选框工具”绘制一个半径为 127 像素的圆形，填充颜色（R：255，G：255，B：255），执行“选择”→“修改”→“收缩”命令，输入数值“11”，如图 4-4-25 所示。

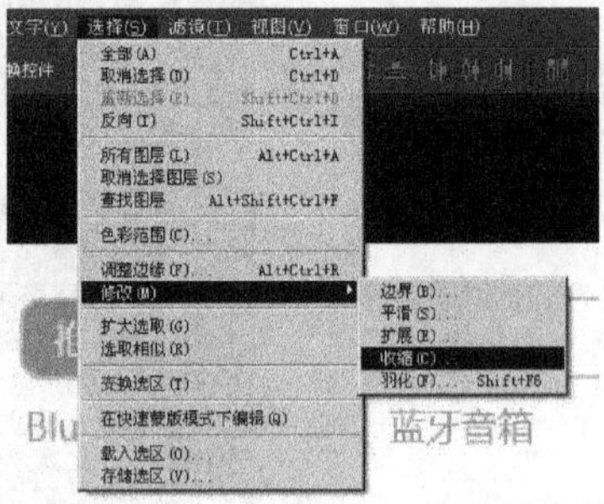

图 4-4-25

（12）按“Delete”键，收缩选区（数值为 6），填充颜色（R：255，G：255，B：255），以此类推绘制出多个圆，如图 4-4-26 所示。

图 4-4-26

（13）利用“多边形套索工具”选取选区，如图 4-4-27 所示。

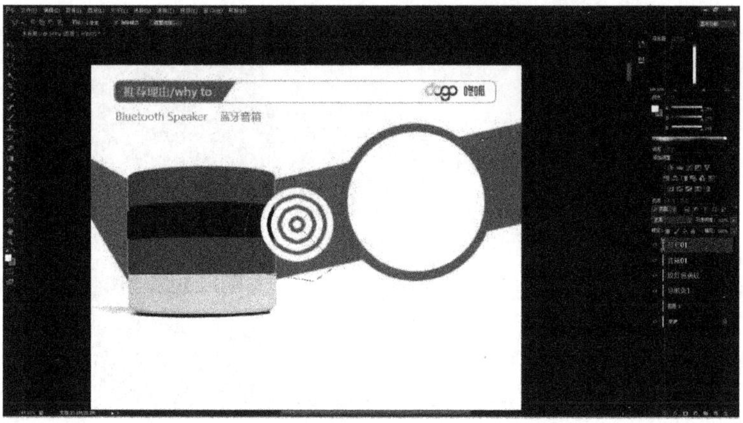

图 4-4-27

（14）删除不需要的部分，如图 4-4-28 所示。

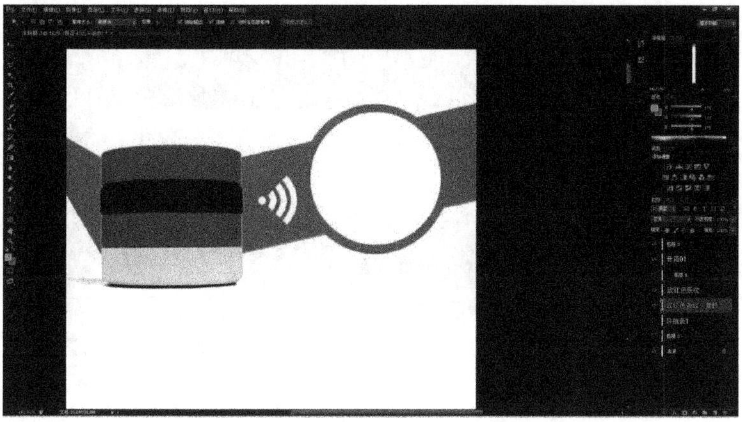

图 4-4-28

（15）打开图片“001.jpg”，全选图片“001.jpg”并复制，选择“描述页面.psd”中的“玫红色条纹”图层，利用“选择工具”把该图的空白圆心选中，执行“编辑”→“选择性粘贴”→“贴入”命令，将图片“001.jpg”粘贴进选区，如图 4-4-29 所示。

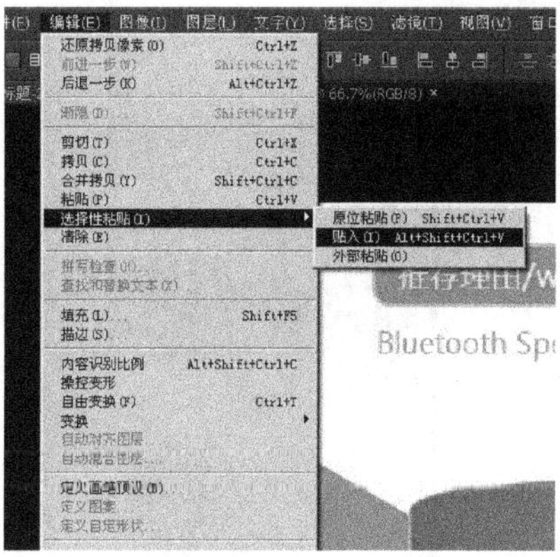

图 4-4-29

（16）调整到合适的位置，得出图案，如图 4-4-30 所示。

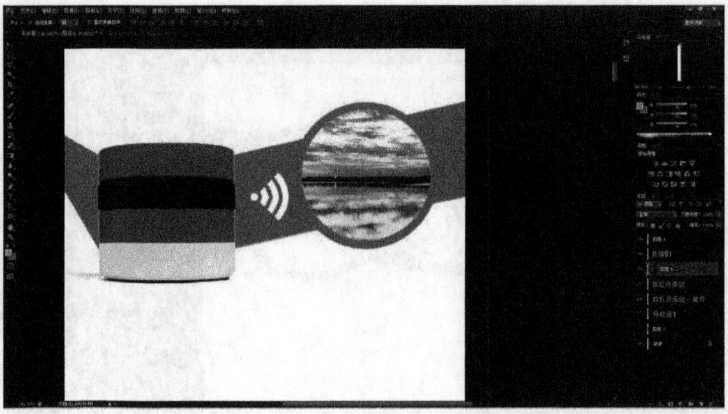

图 4-4-30

（17）利用“文字工具”，输入“自驾出行，通话安全便捷”等文字，并放至合适的位置，如图 4-4-31 所示。

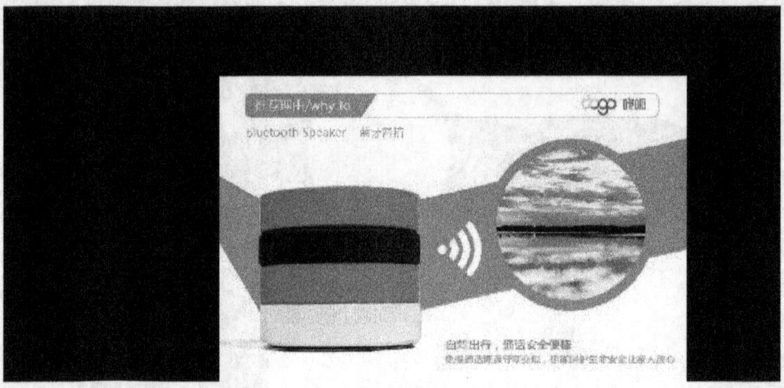

图 4-4-31

（18）按照以上方法完成蓝色（R：49，G：164，B：247）和黄色（R：255，G：181，B：50）的效果图制作。

（19）利用“文字工具”输入“居家休闲，享受专属音乐”、“户外聚会，随时音乐助兴”等文字，放至合适的位置，如图 4-4-32 所示。

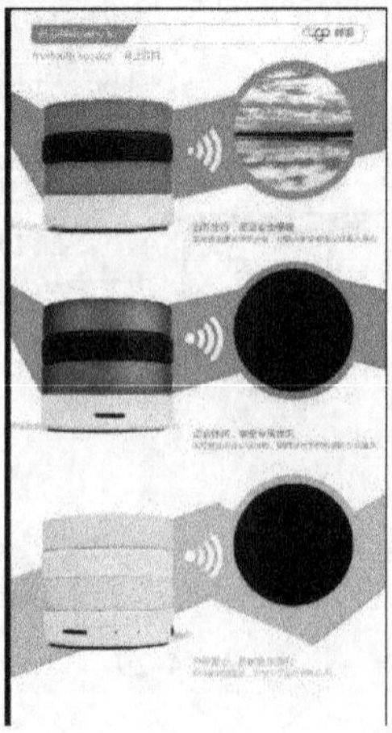

图 4-4-32

（20）利用“椭圆选框工具”，绘制半径为270像素的圆形。

（21）新建一个图层并命名为“米黄色圆框”，将圆形移到合适的位置，并填充米黄色（R：231，G：168，B：137），复制图层，选中新复制的圆形，利用“选择工具”向右移动少许并填充颜色（R：115，G：115，B：115），执行“滤镜”→“模糊”→“高斯模糊”命令，输入数值“5”，如图4-4-33所示。

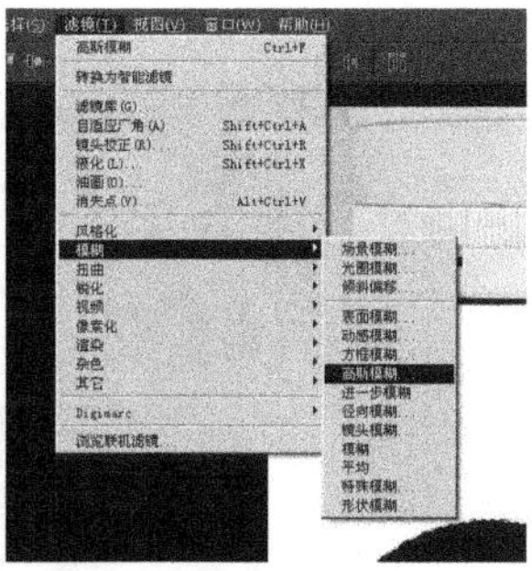

图4-4-33

（22）继续绘制一个半径为240像素的圆形，并移到合适位置，导入素材，执行“贴入”命令把素材贴入选框中，并输入文字“浴室玩乐”等内容，如图4-4-34所示。

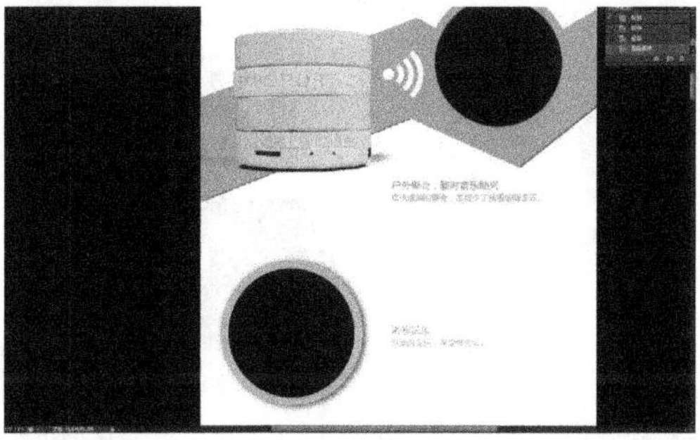

图4-4-34

（23）打开网页，在百度搜索引擎输入“平板电脑”开始搜索需要的素材，如图4-4-35所示。

图4-4-35

（24）把平板电脑的图片选取出来并复制进文档中，命名为“平板电脑”，利用“自由变换工具”调整大小放到合适的位置上，并输入“看电影玩游戏，怎么能够没有她呢”等文字内容。

3．导入“详细功能展示”主导航条

（1）将制作好的主导航条打开后，复制到文档中并命名为“导航条 2”，将其移动到合适的位置，如图 4-4-36 所示。

图 4-4-36

（2）新建一个图层并命名为“标题-蓝色”，利用“钢笔工具”分别勾画出不规则的多边形，如图 4-4-37 所示。

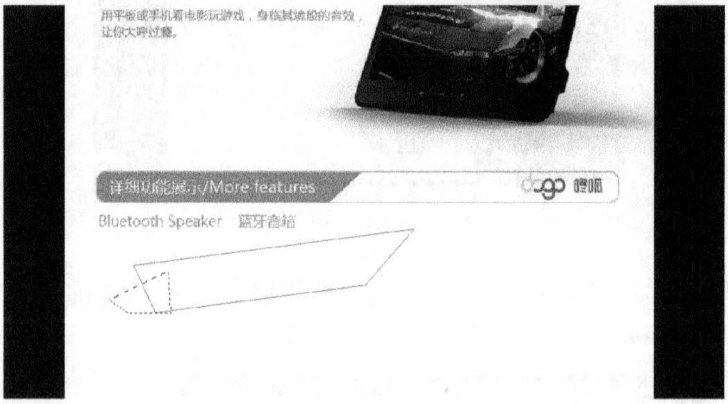

图 4-4-37

（3）在“路径”面板中选择绘制的路径，转换为选区，如图 4-4-38 所示。

图 4-4-38

（4）在大的矩形内填充颜色（R：49，G：164，B：247），在小的矩形内填充颜色（R：42，G：148，B：224），用画圆圈同样的方法复制图层“标题-蓝色-复件”，然后利用“移动工具”向右边移动少许，执行“高斯模糊”命令，给标题打上阴影，如图 4-4-39 所示。

图 4-4-39

（5）用以方法绘制橙黄色、玫红色、草绿色等标题，并移到合适的位置上。

填充的颜色分别是：

橙黄色（R：255，G：181，B：50）（R：211，G：148，B：42）

玫红色（R：246，G：88，B：207）（R：211，G：148，B：42）

草绿色（R：150，G：216，B：4）（R：117，G：170，B：4）

天蓝色（R：1，G：219，B：202）（R：3，G：171，B：156）

灰黑色（R：75，G：75，B：75）（R：48，G：48，B：48）

灰色（R：162，G：162，B：162）（R：122，G：122，B：122）

深绿色（R：18，G：136，B：16）（R：13，G：104，B：11）

紫色（R：176，G：8，B：228）（R：148，G：5，B：193）

利用“自由变换工具”时，右击灰色的标题，在弹出的快捷菜单中执行“水平翻转”命令，然后把角度设置为“-10.00”度，如图 4-4-40 和图 4-4-41 所示。

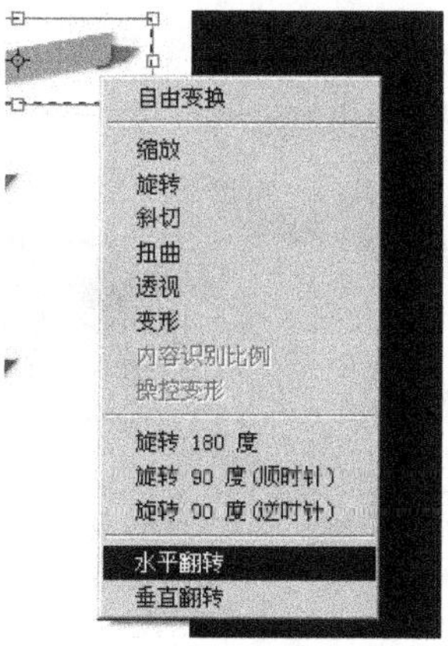

图 4-4-40

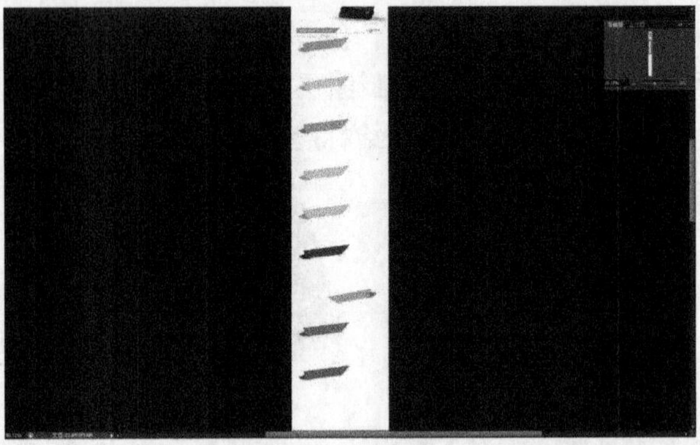

图 4-4-41

（6）复制“音箱 01”图层得到“音箱 01-复件”图层，将其拖动到蓝色标题下，执行“编辑”→“自由变换”命令，把“W”和“H”的数值改成为“75%”，并放至合适的位置。

（7）利用“椭圆选框工具”绘制一个半径为 118 像素的圆形，填充颜色（R：248，G：130，B：178）并收缩 3 个像素，贴入“晶片.Jpg”，如图 4-4-42 所示。

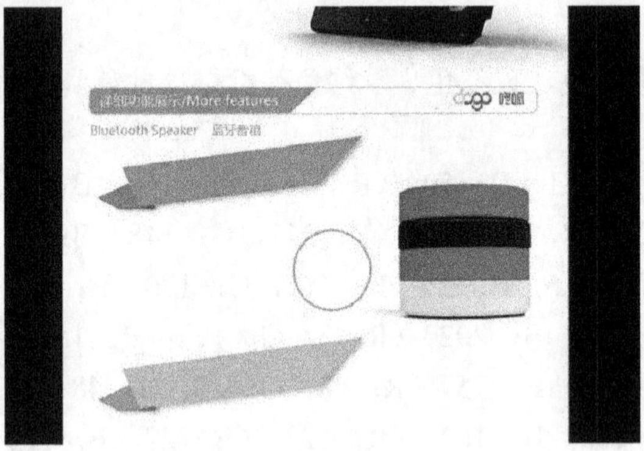

图 4-4-42

（8）新建图层，命名为“阴影”，利用“多边形套索工具”选择选区。填充颜色（R：175，G175，B：175），把该图层放在音箱图层之上，圆形图层之下，并把不透明度调整到“50%”，如图 4-4-43 所示。

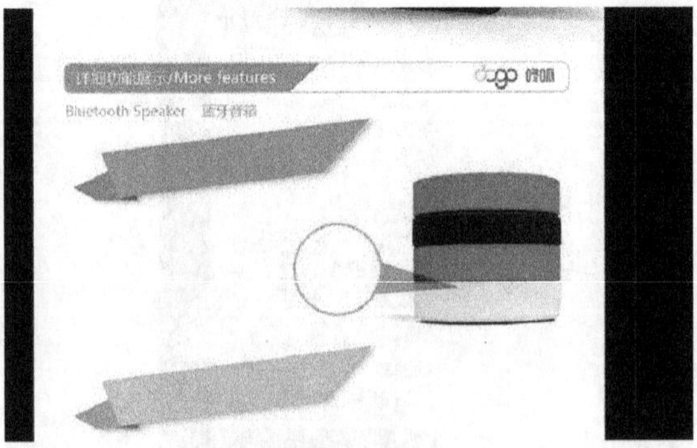

图 4-4-43

（9）利用“文字工具”输入文字“专业芯片，智能体验”，完成后选中文字图层右击，在弹出的快捷菜单中执行“栅格化文字”命令，如图 4-4-44 所示。

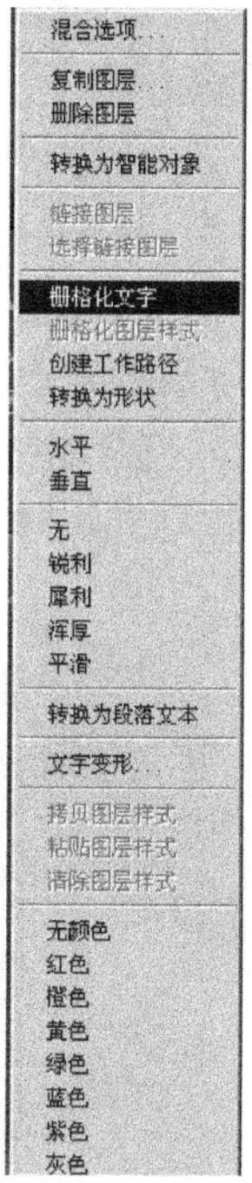

图 4-4-44

（10）该图层就变成图片，执行“编辑”→“自由变换”命令，设置角度为“-10.00”度，如图 4-4-45 所示。

图 4-4-45

（11）利用“文字工具”完成所有文字的录入，并移至相应的位置：

“专业芯片，智能体验　高端芯片解决方案，处理能力更全面，功能更多元操作更简单，无须对码，自动连接支持所有音频格式，支持无损音乐格式，支持高速 USB2.0 高速传输”；

“无线智能，蓝牙连接　打开手机、电脑、PSP 等支持蓝牙设备轻松一点，即刻连接”；

“蓝牙免提，快捷方便　当手机和咚呱音箱连接时，如有来电，直接短按‘电话’键一键接听，释放双手”；

“智能语音，人机交互　中文语音应答，应用状态全程女声交互播放，连接于应用状态，全程语音播报，操控体验简单方便”；

“TF 插卡播放，全音频解码　采用独家全音频解码，无损格式音乐解码技术完美支持 TF 卡预存高保真无损音乐即插即播”;

“音频输入，外接音源　支持 AUX 音频线输入，适用于手机、平板电脑扩音。可通过 AUX 音频线与其他外部智能手机和平板电脑连接，作为音响使用”;

“数据直传，高速传输　支持 USB2.0 数据传输技术，速度更好更快，可作为 USB2.0 高速读卡器设备使用，而不用单独购买普通的读卡器设备”;

“内置锂电池，超长续航　内置安全可靠的锂电池，支持长时间续航使用，高温日晒与常规滑落均不会影响内部锂电池的安全性能，充分考虑到你的应用安全”;

“低音强化，音质完美　52 口径高性能大喇叭，音乐低音表现更加铿锵有力，更有层次感”。效果如图 4-4-46 所示。

图 4-4-46

（12）用如上方法在网络上找到需要用的素材，在百度搜索引擎搜索“电脑机箱 包邮”、“电池图标”，如图 4-4-47 和图 4-4-48 所示。

图 4-4-47

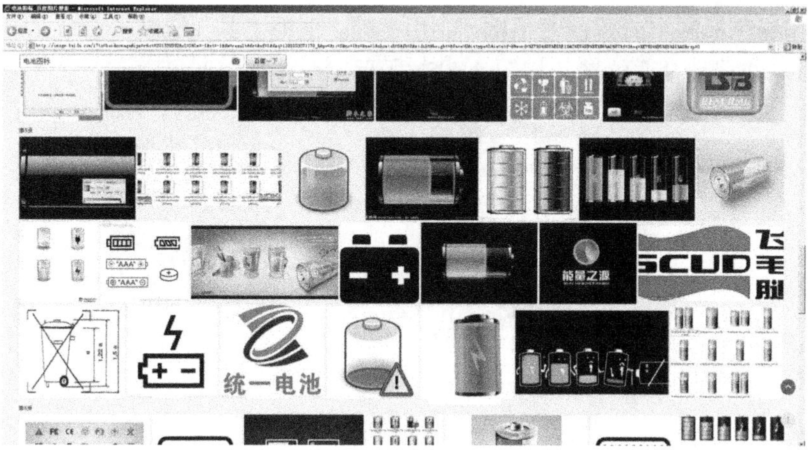

图 4-4-48

（13）把每个标题内相对应的音箱等素材抠选出来，有一些一样的音箱可以重复使用。例如，第一个粉红色音箱“音箱 01”，放在合适的位置上即可。

（14）制作玫红色标题的图片，利用“多边形套索工具”，把“羽化”的数值调整为“10”，并把不规则图案勾选出来，执行“贴入”命令，将素材图片放入选区，如图 4-4-49 和图 4-4-50 所示。

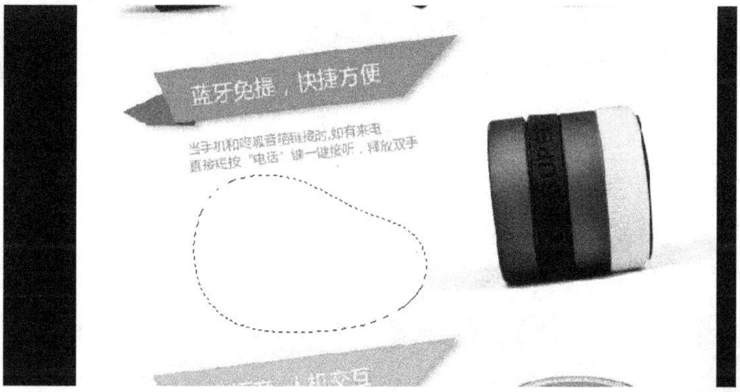

图 4-4-49

图 4-4-50

（15）制作绿色标题中的蓝色对话框，利用“椭圆选框工具”绘制一个宽 160 像素，高 100 像素的椭圆形，并移到合适位置，如图 4-4-51 所示。

图 4-4-51

（16）利用“钢笔工具”勾画尾巴，利用“文字工具”输入文字“进入蓝牙连接成功”，如图 4-4-52 所示。

图 4-4-52

4．导入“官方实拍”主导航条

（1）将制作好的主导航条打开后，复制并将图层命名为“导航条 3”，并将其移动到合适的位置，如图 4-4-53 所示。

图 4-4-53

（2）利用“矩形选框工具”绘制一个宽 270 像素，高 40 像素的矩形，移到合适位置，并填充颜色（R：255，G：38，B：119），利用“文字工具”输入文字“咚呱数码 | 粉色”及以下的英文“Fashion cassic colors For you”，放至合适的位置，如图 4-4-54 所示。

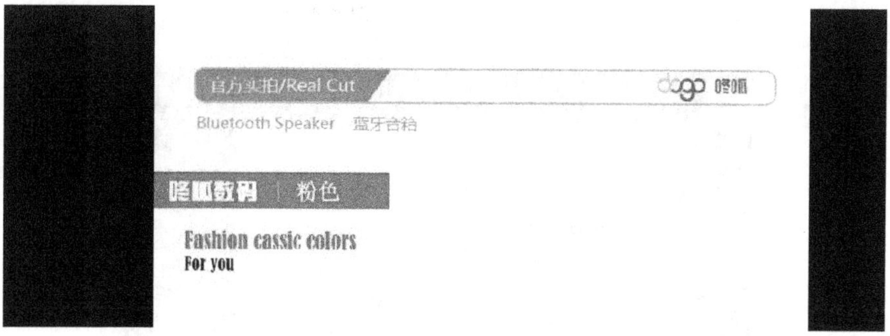

图 4-4-54

（3）用如上方法制作不同颜色的效果图，其他 3 种颜色的 RGB 值分别为：黄色（R：230，G：213，B：0）、蓝色（R：39G：162 B：255）、灰色（R：169，G：169，B：169）。效果如图 4-4-55 所示。

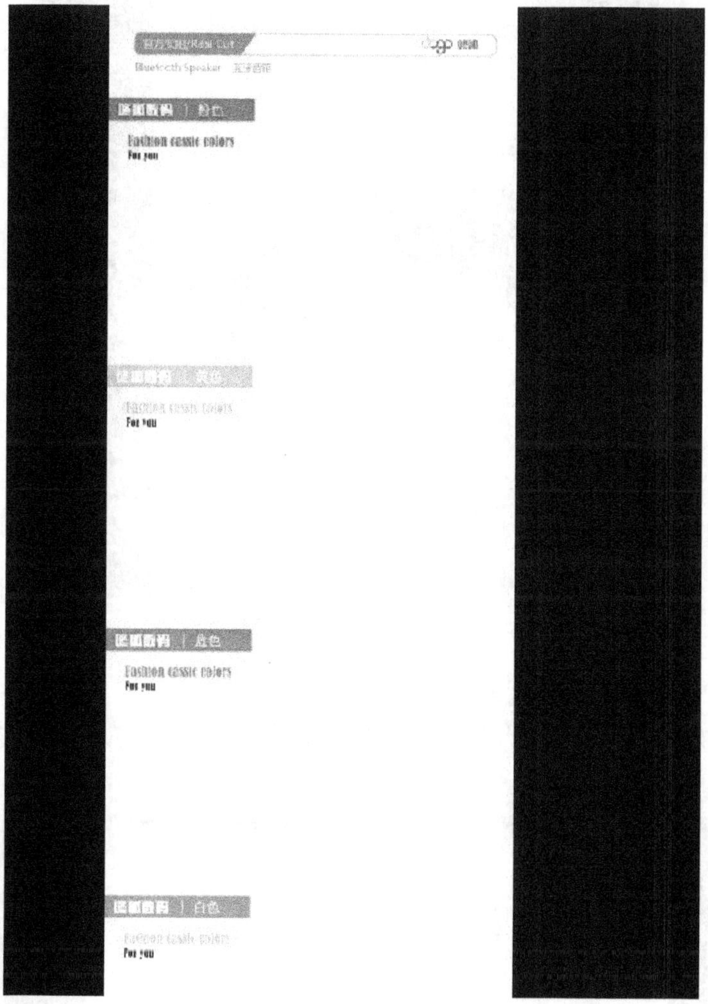

图 4-4-55

（4）将之前抠出来的音箱图片，正面缩小 75%，侧面缩小两次 75%，重复 3 次完成图 4-4-56

所示的效果图。

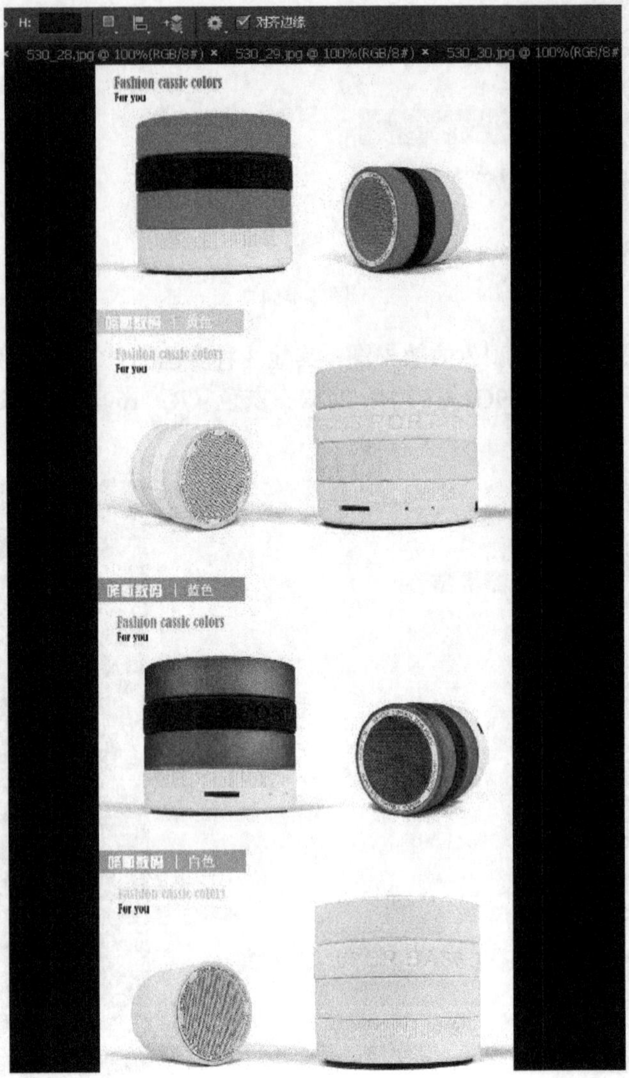

图 4-4-56

5．导入“产品解读”主导航条

（1）将制作好的主导航条打开后，复制并将图层命名为“导航条 4”，并将其移动到合适的位置，如图 4-4-57 所示。

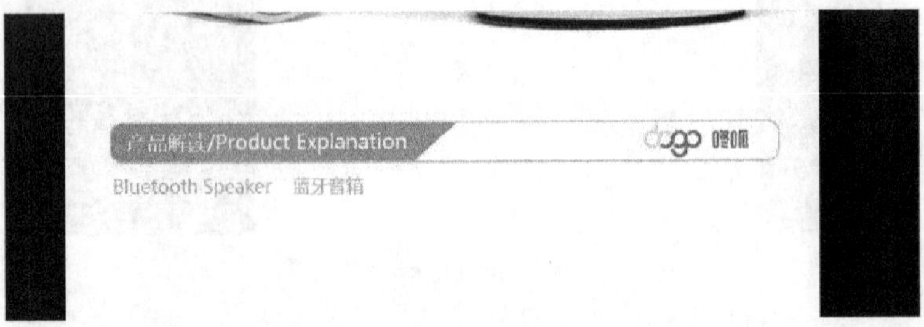

图 4-4-57

（2）然后依次把素材图片“530-04.jpg”、“530-08.jpg”、“530-19.jpg”、“530-23.jpg”打开，执行“复制”、“粘贴”命令，将红色、蓝色、黄色的音箱放至合适的位置，如图4-4-58所示。

（3）利用“橡皮擦工具”擦掉图片“530-08.jpg”右边多余的部分。并利用“自由变换工具”将其缩减90%，移到合适的位置，如图4-4-59所示。

图4-4-58

图4-4-59

（4）利用“自由变换工具”将蓝色音箱缩减55%，放置合适的位置；利用“自由变换工具”把黄色音箱缩减45%，放至合适的位置，如图4-4-60所示。

图4-4-60

（5）选择黄色音箱，执行“滤镜模糊”→“高斯模糊”命令，把数值调整1，效果如图4-4-61所示。

图4-4-61

（6）打开素材图片“530-04.jpg”，利用“自由变换工具”缩减75%，放到3个音箱最下层，如图4-4-62所示。

图 4-4-62

（7）擦掉多余的部分，利用“仿制图章工具”把图像仿制一个到右边，然后用“橡皮擦工具”擦掉多余的部分，如图 4-4-63 所示。

图 4-4-63

（8）对左边的阴影利用“模糊工具”和“加深工具”进行调整。导入 LOGO 图，如图 4-4-64 所示。

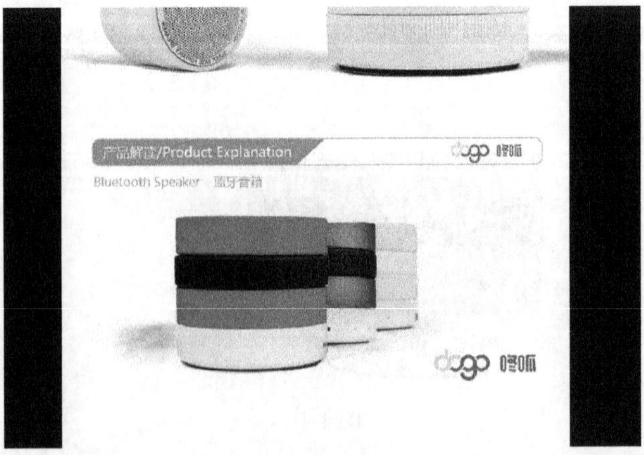

图 4-4-64

（9）导入素材图片“530-30.jpg”，利用“矩形选框工具”选取需要的内容并复制到文件中，放至合适的位置，然后依次把素材图片“530-28.jpg”、“530-29.jpg”、“530-30.jpg”内需要的内容利用“矩形选框工具”选择并复制到文件中，放至合适的位置，如图 4-4-65 所示。

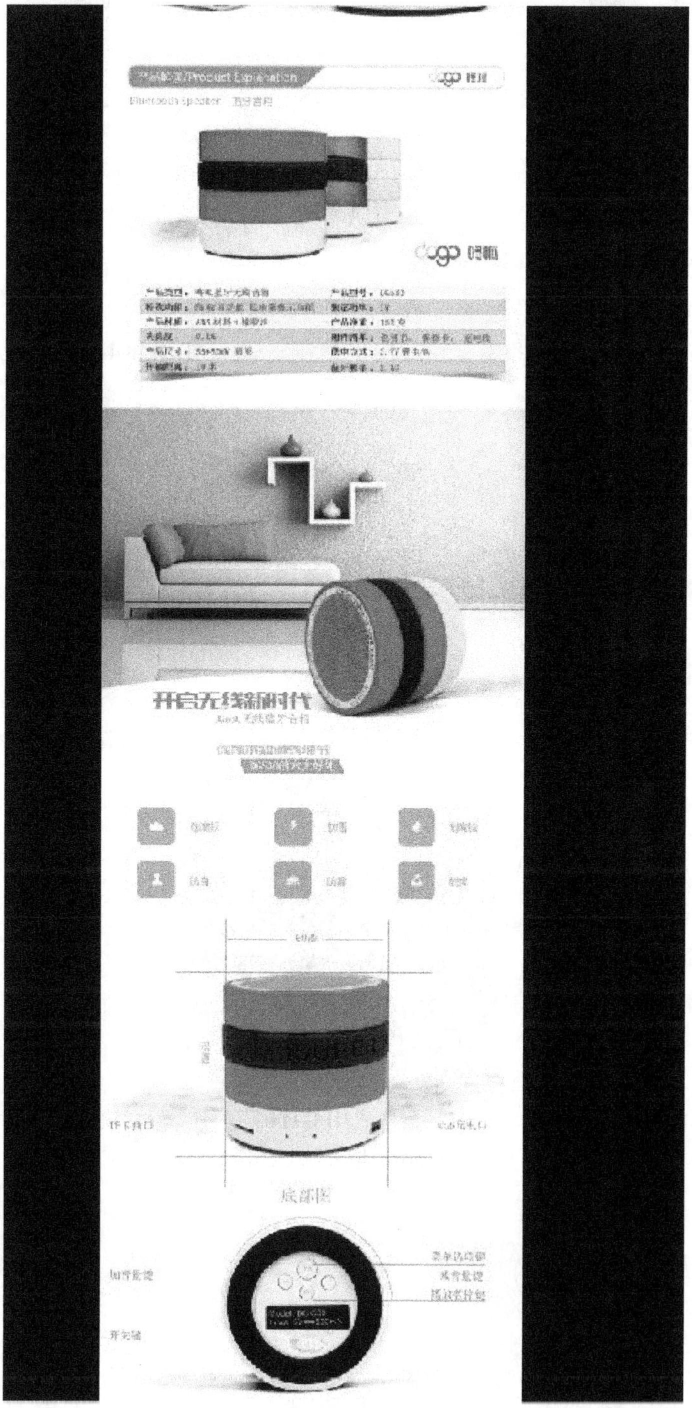

图 4-4-65

（10）利用“矩形选框工具”绘制一个宽 750 像素，高 340 像素的矩形，移到合适的位置，并填充颜色（R：234，G：255，B：90），如图 4-4-66 所示。

图 4-4-66

（11）利用“矩形选框工具”依次绘制一个宽 133 像素，高 33 像素的矩形，两个宽 215 像素，高 33 像素的矩形，并移到合适的位置，填充蓝色（R：53，G：176，B：254）和灰色（R：220，G：220，B：220）。然后将 3 个矩形向下复制 6 次，如图 4-4-67 所示。

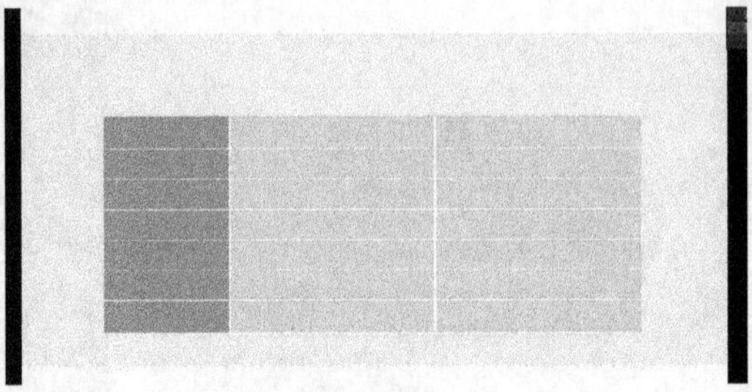

图 4-4-67

（12）选择“画笔工具”，画笔颜色选择黑色，绘制阴影，如图 4-4-68 和图 4-4-69 所示。

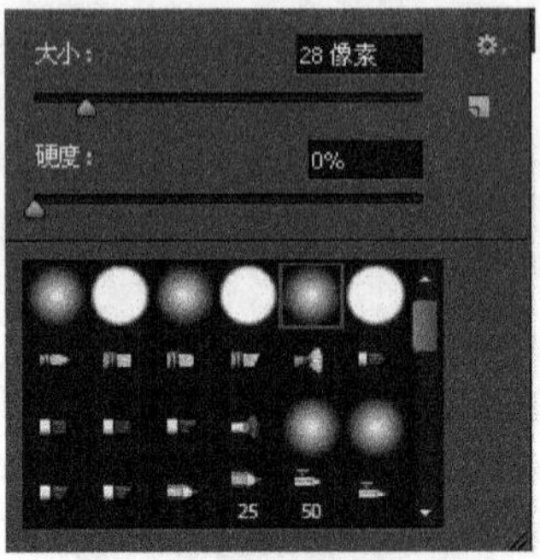

图 4-4-68

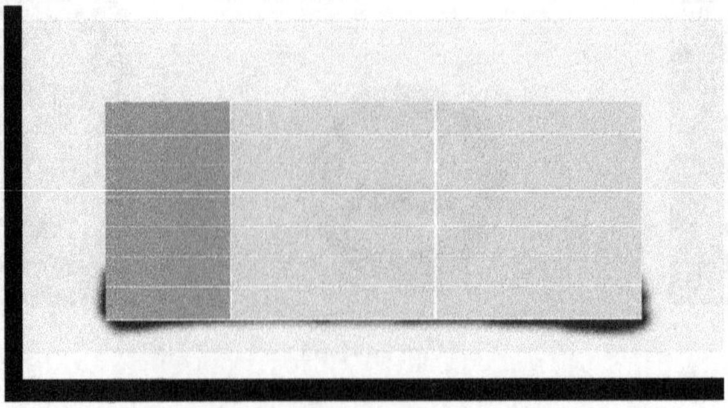

图 4-4-69

（13）执行“高斯模糊”命令（数值为 8），效果如图 4-4-70 所示。

图 4-4-70

（14）利用“文字工具”输入以下文字内容：
品牌对比
品牌型号：咚呱 DG530　普通音箱
输出音频模式：专业级立体声输出　普通单声道输出
喇叭规格：52 口径，16 芯，双磁　普通喇叭
播放时长：5 小时　3 小时
是否支持插卡：支持　不支持
无损格式播放：支持无损格式播放　不支持
音箱材质：ABS 材料+橡胶油　塑料
如图 4-4-71 所示。

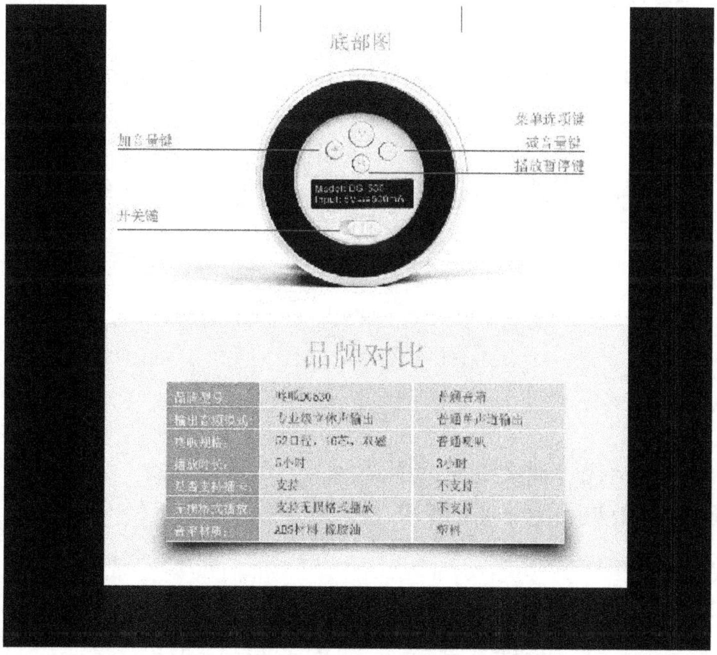

图 4-4-71

6．切割商品描述模板页面

切割商品描述模板页面，切好片后要放大查看切片是否规整，如图 4-4-72 所示。

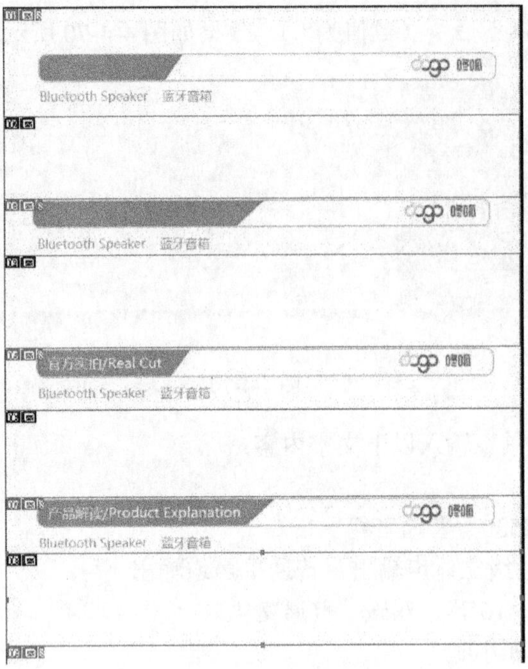

图 4-4-72

执行“文件”→“存储为 Web 和设备所用格式”命令，存储格式选择“html 和图片”。

保存源文件，以便随时修改使用。

将切好的图片上传到图片空间，空白图片不传。

7．制作代码

（1）启动 Dreamweaver 软件，打开“mb.html”文件，选中大表格，设置文件大表格居中。

（2）在 Dreamweaver 中将空白的图片删除，填充上具体商品信息和售后服务、邮资说明等信息。

（3）将图片所有地址换成网络地址，同时把促销商品做好超链接，如图 4-4-73 所示。

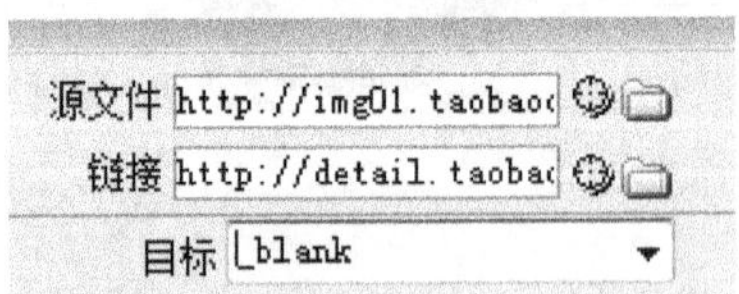

图 4-4-73

（4）发布宝贝，复制代码到宝贝描述中。

最后商品描述模板效果如图 4-4-1 所示。

知识链接

选择商品描述模板的具体操作

第一步：登录后台，进入某网站，注册成功后，登录进入，在“基本设置”中设置“买家须知”、“邮资说明”、“联系方式”。

第二步：添加商品。

进入“添加商品”页面，单击“选择描述模板”按钮，打开模板选择窗口，选择你的商品模板。

信息填完后，单击“确定添加”按钮即可。

第三步：预览商品效果，复制商品代码到商品描述框。

登录此网站，进入“我要卖”页面去编辑商品，单击“编辑源文件”按钮进入编辑源文件模式，在编辑框右击，在弹出的快捷菜单中执行“粘贴”命令。

有了商品描述模板，接下来就是对商品进行描述了。

第四步：商品描述。

商品描述就是在发布商品时出现的页面，这里是真正展示商品的地方，买家也主要是在这里了解商品的。因此，商品描述应注重以下5点。

一是商品描述一定要精美，能够全面概括商品的内容、相关属性，最好能够介绍一些使用方法和注意事项，更加贴心地为买家考虑。

二是同时为了直观性，商品描述应该使用文字+图像+表格3种形式结合来描述，这样买家看起来会更加直观，增加了购买的可能性。

三是商品描述结束应注明卖家相关信息，如联系方式、交易方式、优惠策略、相关网站等。

四是在商品描述中也可以加入相关推荐产品，如本店的热销商品、相关商品等，能够让买家更多地接触你的商品，增加商品的宣传力度。

五是要有利于搜索引擎收入，为搜索引擎提供高质量的收入信息。

学习与思考

商品描述最终是为了使顾客的浏览量转化成购买率，怎样通过商品描述传达给顾客所有想要的信息，使其对我们的商品产生信任，从而提高转化率？

知识链接

充足的商品信息，换取顾客足够的浏览时间，逐渐对产品产生高度的信任感，购买就水到渠成。一个优秀的宝贝描述至少应该包含以下信息。

（1）页面打开时间。通常顾客浏览网页的等待时间不能超过7秒，如果7秒内你的商品页面还没有打开，很可能顾客就会直接关闭网页，所以要求商品描述的图片不能太大，尽可能把大图切成小图再上传。

（2）商品的基本属性描述，如包装、规格、性能、产地、大小等，还有温馨提示，会让顾客更觉得关怀备至，从情感上抓住顾客的心。商品描述应对顾客攻心为主，攻脑为辅，不要给顾客太多的理性思考时间，看完商品描述后，让顾客与我们的商品描述中的图片和文字产生共鸣。

（3）人性化的商品页浏览导航。我们已经提供了详尽的信息在商品描述中，但是并不是每个顾客都愿意从头至尾看完，可以通过导航的形式，让顾客自己选择查看自己所想看到的信息，节省顾客的时间，从而提高浏览度。

（4）利用顾客的参考心理，将产品的评价或者分享案例加入到商品描述中，也就是第三方的评价，会让顾客觉得可信度更高。

（5）情感注入。在图片中加上与商品相关的拟人化或者优美的文字，如之前在淘江湖里看到的一个卖杏仁的店铺，商品描述中使用“杏好有你”这一优美的文字很好地提高了顾客的黏性。

（6）卖点提炼，结合图片。图文并茂式的描述，更能够让顾客接受，当然图片要拍得好看，好看的图片使顾客更有兴趣去阅读图片上的文字。当然卖点提炼里还有一个自己的商品与其他卖家商品的对比，这样会加深顾客对我们的商品的好感。

（7）代入感。通过图片中人物与商品的融合，顾客会联想自身的生活场景，似乎在告诉顾客，我需要这款产品。

（8）如果卖家的产品都有明星代言，一定要用上。

（9）商品包装细节图。最好把商品的 QS 标志、生产日期等都重点突出。

（10）商品产地或者生产商简述。虽然顾客可能不会去产地或者生产商那里查看，但是至少会给顾客一种真诚的感觉，同样为商品加分。

（11）产品的推荐搭配。这里的推荐搭配并非指我们常说的关联销售，推荐搭配需要给出理由。

（12）最后的售后服务和物流这两个方面也最好进行描述，但不需要太多的文字，如果文字太多，顾客同样不会愿意去看。

拓展练习

挑选一件电子类商品，制作商品描述模板，以小组为单位制作 PPT 向全班宣讲制作过程、商品描述应包含的内容、如何突出商品的亮点等。

任务评价

序号	评价项目	评价内容及要求	自评分	第三方评分		总分
				小组互评	教师评分	
1	商品描述模板	商品的用途和功能详细				
2		商品的规格、型号信息准确				
3		商品各角度的细节图清晰				
4		商品的特点、特性、卖点突出				
5		具有商品的质量认证文件或产品附件清单				
6		商品使用流程和说明详细				
7		具有能特别吸引顾客眼球的图片或文字				
8		具有售后和物流信息				
9	小组汇报	PPT 制作精美，整体布局风格（包括模板设计、版式安排、色彩搭配等）美观合理。整部作品播放流畅，运行稳定、无故障				
10		小组汇报语言规范（普通话），声音洪亮、圆润，吐字清晰，表达准确，无口头语				
11		反应灵活，能够很好地回答评委的提问，结束提问时能够回到结论要点，予以总结				

总结反思

制作商品描述模板步骤：

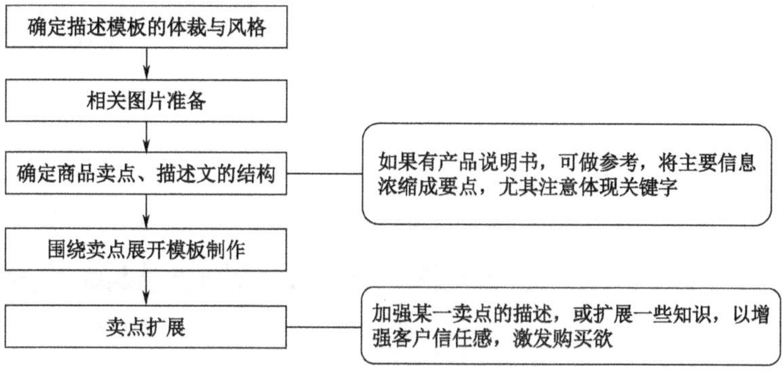

学习子情境五　网店推广与营销

学习目标

1. 掌握店内推广的方法和步骤。
2. 掌握站内推广的方法和步骤。
3. 掌握站外推广的方法和步骤。
4. 培养市场调查的分析能力。

小美发现，如今淘宝、拍拍的网店平台人气越来越旺，更多中小企业也投入到建立电子商务网站开店平台的大潮中，这不仅代表网店的火爆，也代表着网店竞争越来越激烈。网上的广告五花八门，很多店铺和产品因为广告做得好而人气飙升。小美也意识到这是个对于网店生存不可不用的非常重要的好办法，应该给自己的店铺和产品做促销活动和相关的宣传推广活动，让更多的客户光临自己的小店。但是小美仅仅知道打广告的这一方式，还有更多的宣传方法并不了解。于是小美决定搜集一些关于网店推广的技巧，找出既有效果又适合自己的办法。

引导问题

1. 在进行店铺和产品推广时，应做好哪些准备？
2. 店内有哪些推广方式？
3. 站内有哪些推广方式？
4. 站外有哪些推广方式？

一、推广方式

乐淘网店新购进了一批蓝牙音箱，小美已经处理好了图片。现在要发布商品了，小美知道发布是有技巧的，所以小美做了分析调查，总结了以下几点。

1. 店内推广

1）旺铺功能

（1）旺铺有两种版本：专业版（一钻以下免费）（图 4-5-1）、基础版。但是对于淘宝用户更具有吸引力、更实用于装修的是专业版，所以下面来简单讲解专业的装修推广。

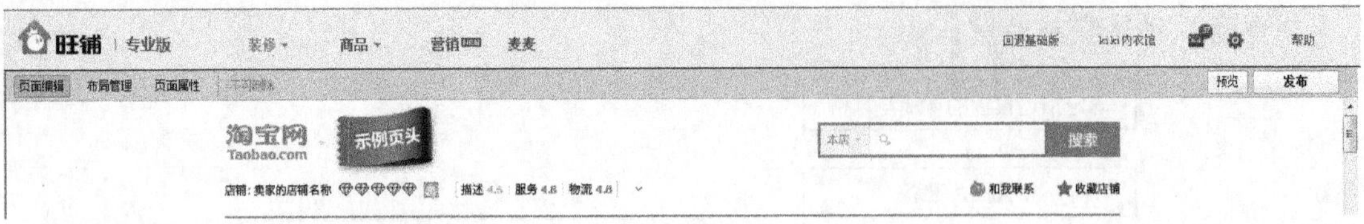

图 4-5-1

（2）专业版的旺铺的功能如图 4-5-2 所示。可选择任意的模块添加装修。

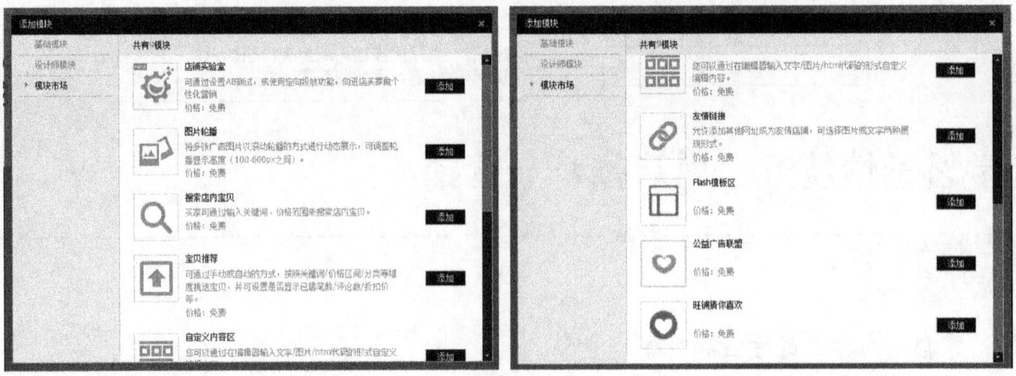

图 4-5-2

（3）为了提高装修店铺的能力和美工技能，小美选择自己 P 图，以及添加自定义页面模板。

（4）由于这个模板比较长，都是手工打造的，下面任意挑选一个模块进行编辑。其他模板也采用类似的办法处理。这块区域是由 3 张图片直接插入而成的。平分成 3 个区域。每个图片都必须插入相关的链接，以便让被吸引的买家能尽快找到相关的商品进入浏览，从而提高店面的档次，诱发买家的购买欲望，从而实现了旺铺的推广。

（5）还有一种比较方便又快捷又能提高档次的装修，直接购买模板。模板的款式各式多样，都可以选择。对于新手来说，由于本身的审美能力不足，所以购买模板也是一个很好的选择。

2）聊天工具的宣传作用

阿里旺旺聊天一般第一次咨询的时候回复速度非常快，因为卖家设置了自动回复模板，所以为了更好地接待买家，我们的自由回复功能应该设置得比较好、比较恰当。当然也有很多买家为了推销爆款商品，在聊天回复功能中设置宝贝的链接和一些促销信息。小美也设置了这样的回复功能，实现了聊天工具的推广。图 4-5-3 是小美设置的自动回复。

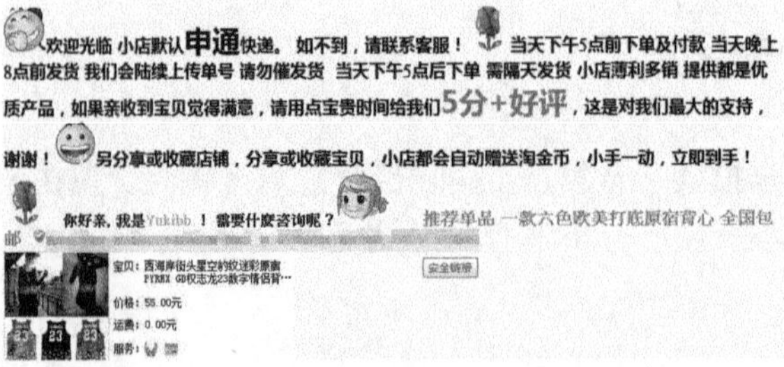

图 4-5-3

3）消费者保障服务对销售的帮助作用

店铺的退换承诺之类的保障越多（图 4-5-4），消费者就越加信任。有了更多的信任，就会有购买的欲望。

图 4-5-4

4）购物车功能

购物车可以有效提高客单价。购物车的营销（图 4-5-5）是为了让买家在进行货物对比时加入购物车，然后买家把我的商品加入购物车后，我的促销价格可以再低点，从而让消费者看到我的优势，从而决定在我的店铺购买。

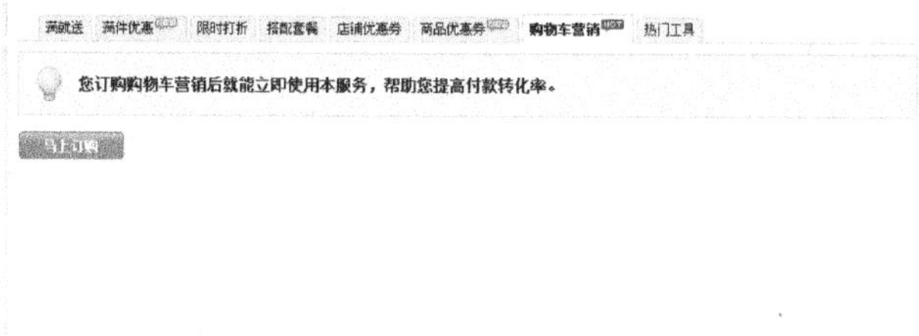

图 4-5-5

5）利用管理工具跟进顾客

为了让客户与卖家更好地沟通，千牛有了一个新功能——客户关怀（图 4-5-6）。利用这个功能我们可以掌握客户和我们的沟通。

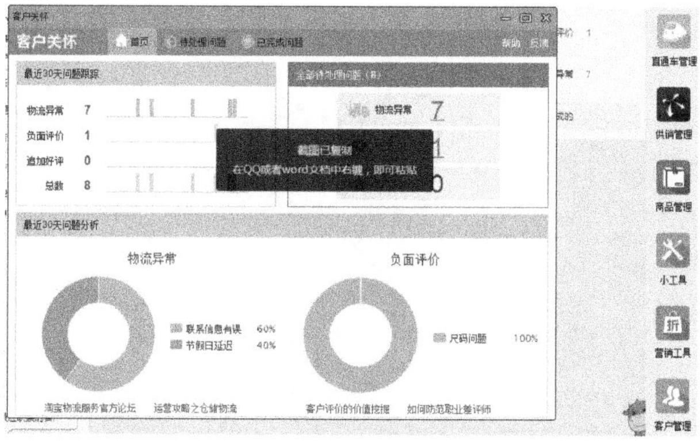

图 4-5-6

6）VIP 会员制和淘宝的增值服务

在“出售中的宝贝”中设置 VIP 用户，成功引进更多的回头客，如图 4-5-7 所示。

图 4-5-7

2．站内推广与营销

1）淘宝的常规促销活动

为了诱发买家的购买欲望，让买家觉得物有所值，很多卖家都会提高价格，打折促销。小美使用了欢乐逛设置的价格如图 4-5-8 所示。

图 4-5-8

2）直通车的使用

（1）首次使用要充值 500 元，如图 4-5-9 所示。

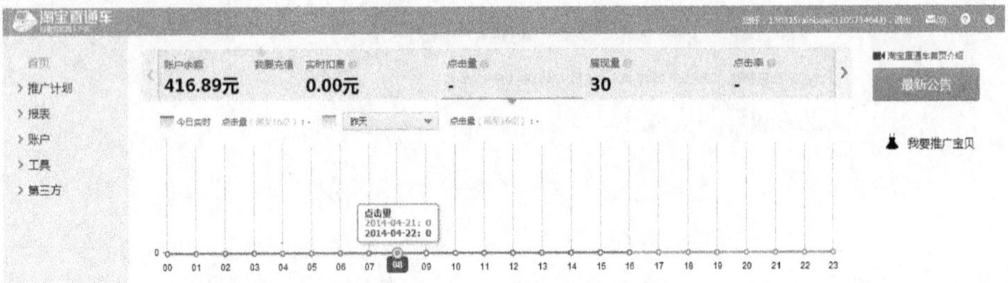

图 4-5-9

（2）在“我的推广计划”中新建推广计划，如图 4-5-10 所示。

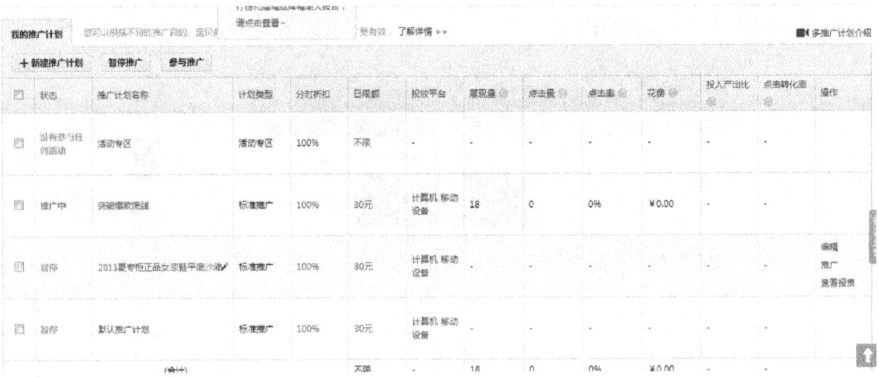

图 4-5-10

（3）日限额等一定要设置好，否则一不小心，直通车的钱可能会在一小时或是一天之内就没了，如图 4-5-11 所示。

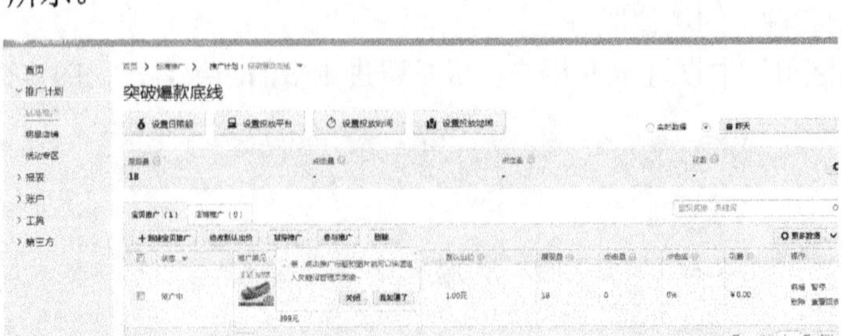

图 4-5-11

（4）直通车的排名是根据给出的价格及质量评分来排位的，所以为了省钱，进入直通车前一定要先把自己的质量评分提高。下面示范如何设置直通车的给价。首先，给价不可以随便，每次给价之前要预测，如图 4-5-12 所示。

图 4-5-12

3）论坛推荐位与活动赞助

论坛推荐位与活动赞助如图 4-5-13 所示。

图 4-5-13

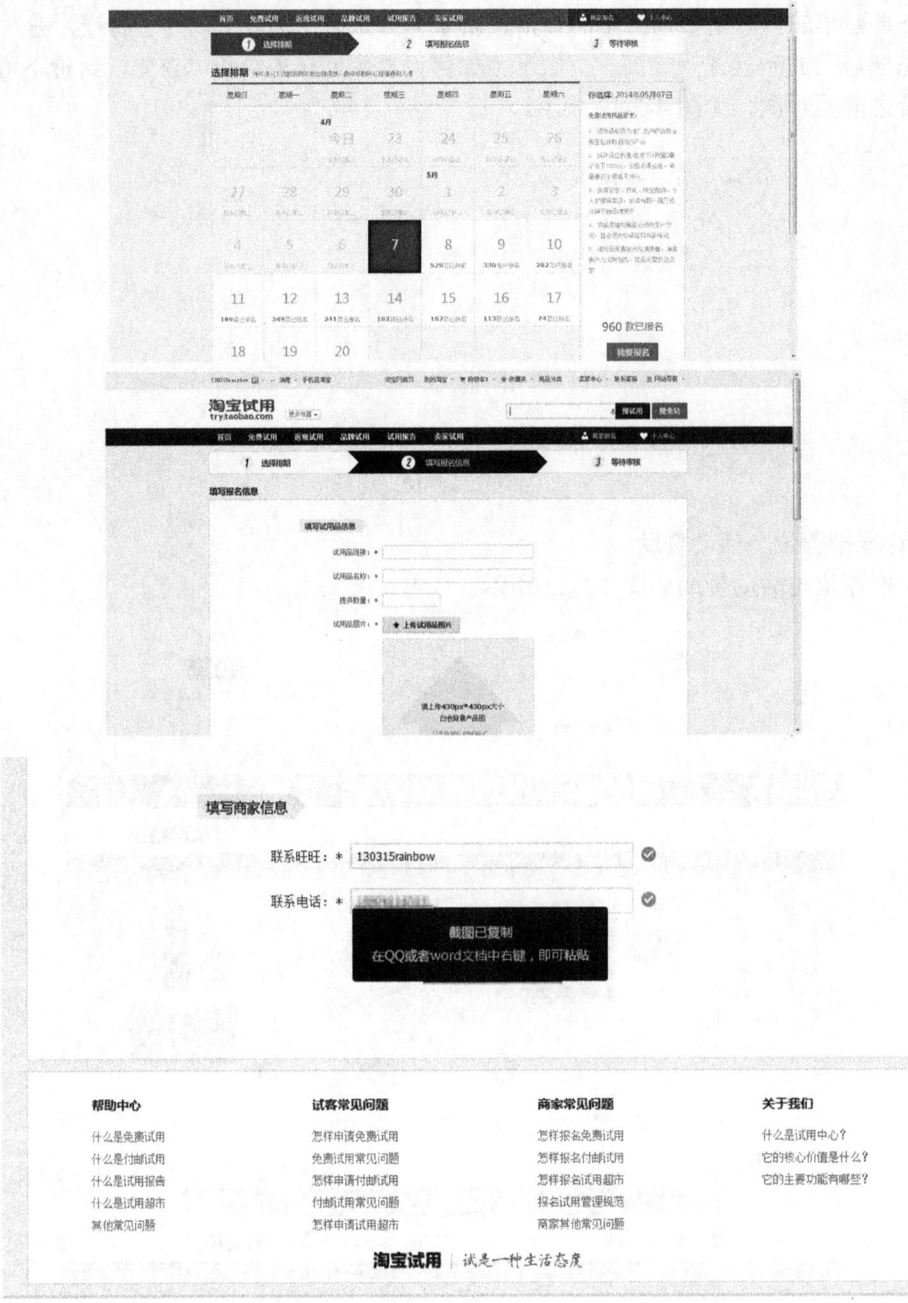

图 4-5-13（续）

4）友情链接和联合推广

友情链接和联合推广如图 4-5-14 所示。

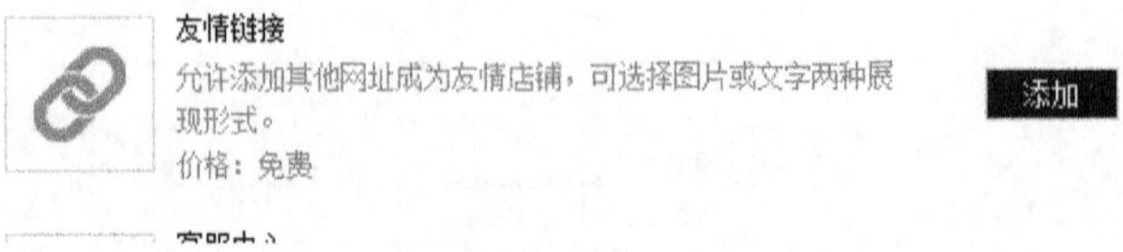

图 4-5-14

5）在淘宝帮派里增加影响力

所谓淘宝帮派，就是自己的个人社区，完全由你支配，只要不涉及敏感词语，就不会受到官方的约束。淘宝千千万万的淘友，按照自己的兴趣喜好聚集在一起，含有淘宝武侠特色的群体，就称为淘宝帮派。你可以加入别人的帮派，当然就要遵守别人的帮规；你也可以自建帮派，订立帮规，可以在自己的帮派中分享经验，也可发布广告及促销活动等。

淘宝帮派是淘宝免费提供给淘宝用户使用的，可以发表文字、图片等，对于新店来说，如果自己的帮派人气旺，那么店铺的流量也会骤升。而且，浏览淘宝帮派的网民都是淘宝用户，有卖家也有买家，针对性强，所以，创建淘宝帮派是个很有效的免费推广方法。

3．站外推广与营销

1）人脉推广

人脉，指以自己为中心单位向外散射的人脉利益关系所组成的特有网络结构。让每位需求朋友的人相互吸引，促使每一位利益共同体的企业共同携手，通过人脉资源的整合，扩大生产力。人脉网用户的忠诚和口碑传播有助于广告主增强品牌传播效应。由于人脉网的会员之间存在信任关系，因此对于通过好友传播而得到的信息在会员之中拥有很高的信任度，同时在人脉网进行口碑宣传对企业品牌信任度将会有很大的提升。

2）淘宝客推广

淘宝客的推广是一种按成交计费的推广模式，淘宝客只要从淘宝客推广专区获取商品代码，任何买家（包括你自己）经过你的推广（链接、个人网站、博客或者社区发的帖子）进入淘宝卖家店铺完成购买后，就可得到由卖家支付的佣金。简单地说，淘宝客就是指帮助卖家推广商品并获取佣金的人，如图 4-5-15 所示。

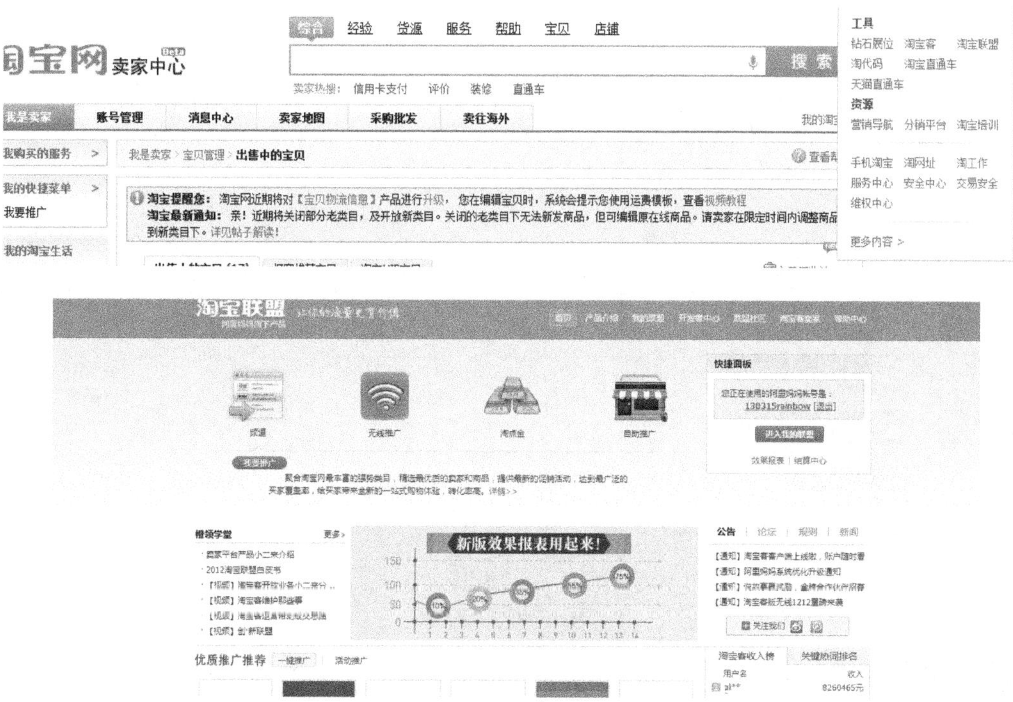

图 4-5-15

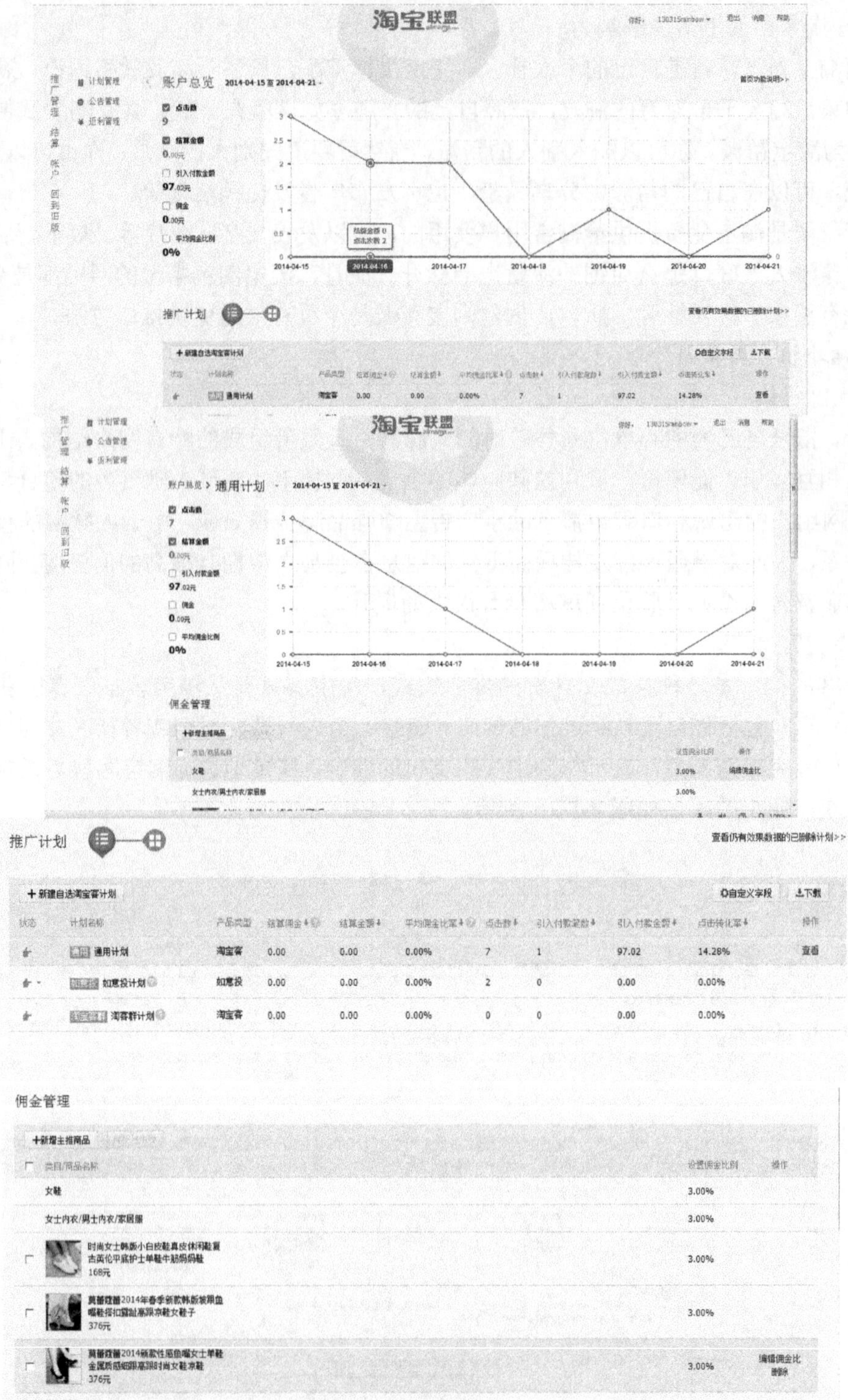

图 4-5-15（续）

二、推广案例

1．站内的推广案例一：天天特价

“天天特价”定位为淘宝网小卖家扶持平台，专门扶持有特色货品、独立货源、一定经营潜力的小卖家。为小卖家提供流量增长、营销成长等方面的支持。其报名、审核、排期和展现均为系统自动化，不收取任何费用。

（1）“天天特价”的展示位如图 4-5-16 所示。

图 4-5-16

（2）“天天特价”的首页如图 4-5-17 所示。

图 4-5-17

（3）“天天特价”的报名中心如图 4-5-18 所示。

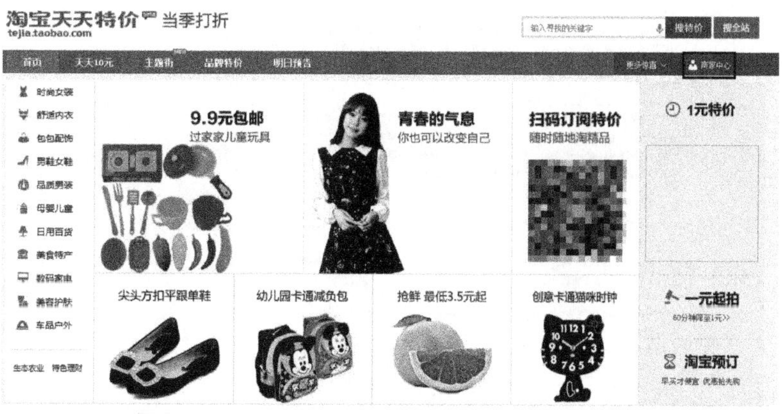

图 4-5-18

（4）选择日期，单击“不参加主题活动，直接报名”按钮，如图 4-5-19 所示。

图 4-5-19

（5）“天天特价”的报名要求如图 4-5-20 所示。必须满足商家要求才能参加活动，否则无法报名成功。

图 4-5-20

（6）“天天特价”的报名流程如图 4-5-21 所示。

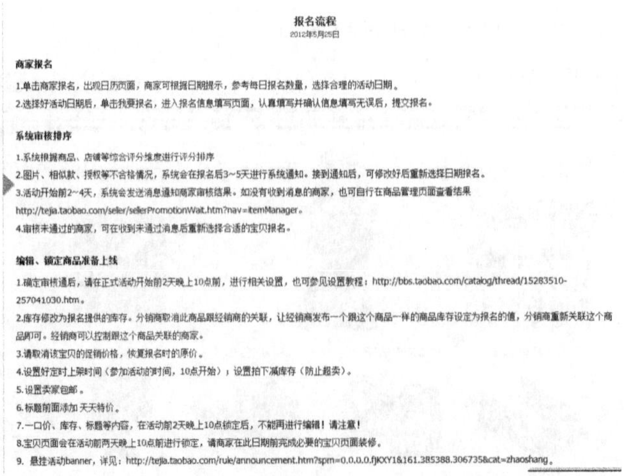

报名流程

2012年5月25日

商家报名

1.单击商家报名，出现日历页面，商家可根据日期提示，参考每日报名数量，选择合理的活动日期。

2.选择好活动日期后，单击我要报名，进入报名信息填写页面，认真填写并确认信息填写无误后，提交报名。

系统审核排序

1.系统根据商品、店铺等综合评分维度进行评分排序

2.图片、相似款、授权等不合格情况，系统会在报名后3~5天进行系统通知。接到通知后，可修改好后重新选择日期报名。

3.活动开始前2~4天，系统会发送消息通知商家审核结果。如没有收到消息的商家，也可自行在商品管理页面查看结果 http://tejia.taobao.com/seller/sellerPromotionWait.htm?nav=itemManager。

4.审核未通过的商家，可在收到未通过消息后重新选择合适的宝贝报名。

编辑、锁定商品准备上线

1.确定审核通后，请在正式活动开始前2天晚上10点前，进行相关设置，也可参见设置教程：http://bbs.taobao.com/catalog/thread/15283510-257041030.htm。

2.库存修改为报名提供的库存。分销商取消此商品跟经销商的关联，让经销商发布一个跟这个商品一样的商品库存设定为报名的值，分销商重新关联这个商品即可。经销商可以控制跟这个商品关联的商家。

3.请取消该宝贝的促销价格，恢复报名时的原价。

4.设置好定时上架时间（参加活动的时间，10点开始）；设置拍下减库存（防止超卖）。

5.设置卖家包邮。

6.标题前面添加 天天特价。

7.一口价、库存、标题等内容，在活动前2天晚上10点锁定后，不能再进行编辑！请注意！

8.宝贝页面会在活动前两天晚上10点前进行锁定，请商家在此日期前完成必要的宝贝页面装修。

9. 悬挂活动banner，详见：http://tejia.taobao.com/rule/announcement.htm?spm=0.0.0.0.fjKXY1&161.385388.306735&cat=zhaoshang。

图 4-5-21

（7）“天天特价”报名成功后，第一步填写特价商品信息，第二步填写商家联系信息，再提交审核，如图 4-5-22 所示。

图 4-5-22

（8）填写特价商品信息的宝贝链接一定要按照图 4-5-23 所示的格式。否则，可能商品不会显示，导致不能报名。

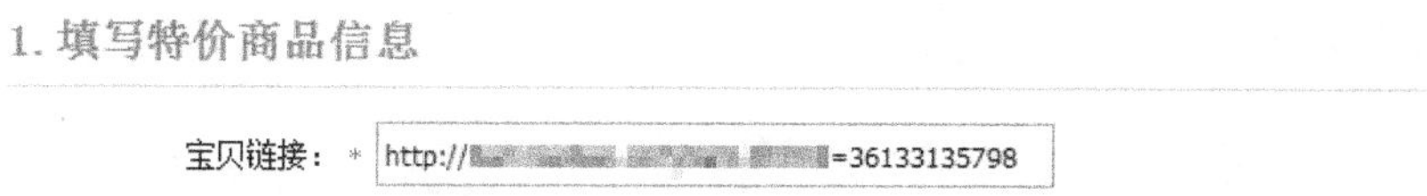

图 4-5-23

2．站内的推广案例二：店铺打折促销设置

打折式促销设置方式如表 4-5-1 所示。

表 4-5-1

序号	打折形式	操作方法	作用	备注
1	一般现价打折	在标题或描述中加入打折信息	促进销售	此方法免费，当买家购买后，卖家靠后台修改价格的形式减去相应的金额
2	淘宝限时打折	“我的淘宝”→“我是卖家”→“营销中心”→“促销管理”→“限时打折”	促进销售，激发购买欲	淘宝收取 10 元/月服务费，打折服务非常方便，只需要卖家设置好时间与折扣，系统会自动根据卖家的设置减少买家相应的金额
3	淘宝会员卡打折	“我的淘宝”→“我要卖”→“一口价”→“其他信息”→“参与会员打折”	吸引淘宝会员客户	淘宝会员卡分为黄金会员、白金会员、钻石会员 3 种，买家在淘宝购物满一定金额后会员卡级别会自动升级，等级越高获得折扣越大
4	淘宝店铺会员卡	“我的淘宝”→“我是卖家”→“营销中心”→“促销管理”→“会员关系管理”	提升店铺会员忠诚度，开发潜在客户	淘宝收取 30/月的服务费，可以为卖家提供以下服务：高效管理会员信息；每月赠送 500 条消息通道，一年内有效
5	店铺优惠券	“我的淘宝”→“我是卖家”→“营销中心”→“促销管理”→“店铺优惠券”	促进再次消费	淘宝收取 18 元/季的服务费，可以为卖家提供以下服务：虚拟电子现金券，设置优惠券由买家主动领取，也可通过满就送、会员关系管理来发放优惠券

3．站外的推广案例：会员购

（1）“会员购”的首页如图 4-5-24 所示。

图 4-5-24

（2）单击“商家报名”按钮，如图 4-5-25 所示。

图 4-5-25

（3）进入商家报名首页，单击“立即报名”按钮，如图 4-5-26 所示。

图 4-5-26

（4）填写资料，如图 4-5-27 所示。

图 4-5-27

（5）商家报名要求如图4-5-28所示，必须符合每一条报名要求，否则无法报名成功。

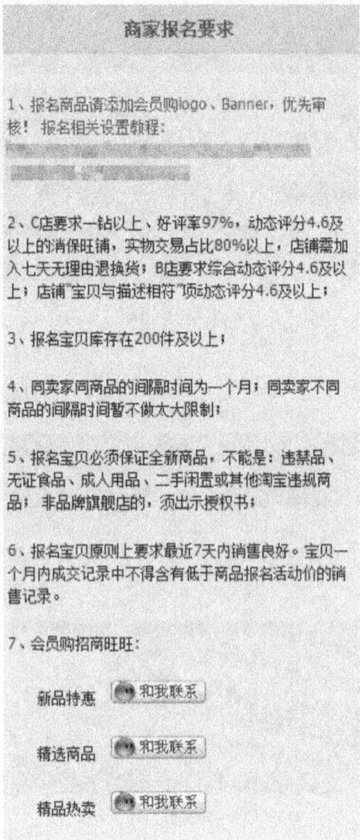

图4-5-28

拓展练习

请根据所开网店的情况，以小组为单位制作一份网店宣传推广方案，向全班宣讲方案内容，并相互评价。

任务评价

序号	评价项目	评价内容及要求	自评分	第三方评分		总分
				小组互评	教师评分	
1	推广方案	完成商品推广方案的撰写				
2		商品推广方案实施任务分工				
3		实现交易				
4	小组汇报	PPT制作精美，整体布局风格（包括模板设计、版式安排、色彩搭配等）美观合理。整部作品播放流畅，运行稳定、无故障				
5		小组汇报语言规范（普通话），声音洪亮、圆润，吐字清晰，表达准确，无口头语				
6		反应灵活，能够很好地回答评委的提问，结束提问时能够回到结论要点，予以总结				

商城运营与管理

学习子情境一　商城组织架构及岗位职能

学习目标

1. 能根据电子商务企业业务需要设置组织架构。
2. 能分析岗位职能，撰写岗位说明书。

乐淘网店店主小美的生意越来好，她雇用了 5 位同学帮她，结果还是难以应付不断扩大的订单。而且工作人员多了，经常在工作交接和沟通上出问题，所有的事情都需要她来决策，她感到很累，希望能找到一些好的办法来减轻自己的压力，同时能够让网店有序运作。于是她在网上查找了一些学生创业案例：淘品牌“七格格”公司发展历程。

女装品牌“七格格”的创始人曹青是大学生创业的代表。她最初的经营方式类似蚂蚁搬家，从当地的服装市场进货放到淘宝网店出售，这样一个人坚持了两年。两位同伴加入后，网店发展加快了步伐，2009 年 4 月，网店做到双皇冠，团队也达到了 20 人的规模。

2009 年 7 月，“七格格”对公司运营进行了全面规划，成立了客服部、设计部、采购部、数据分析部、仓储物流部等，在实现岗位分工细化的同时，逐步实现现代化信息管理，从此走上了品牌快速发展的轨道，实现了从不知名的网店到女装类目排名前三的华丽转身，2011 年，还拿到风险投资，经营规模在继续扩大。

纵观“七格格”的发展，其经历了 5 年坚韧不拔地努力积累，不断适应、蜕变和重组，才实现从名不见经传的网店到女装类目排名前三的华丽转身。她的成长过程是众多成功网店的缩影。

引导问题

“七格格”为什么要对公司进行全面规划？如果一开始开店就规划清楚是否可行？

随着网络零售市场竞争程度的加大，越来越多的网络零售商开始将团队式的管理转为公司化的运作，这已渐渐成为网络零售商发展的必然趋势，这一转变也标志着网店逐渐走向企业化的时代。同时衍生出来的网店组织架构也日趋完善。

以往网上店铺在人员配备与岗位职责上并没有明确的分工，人员更是屈指可数。但如今网店在组织架构上可以说是分工明确，岗位清晰。典型的网店组织架构和岗位设置如图 5-1-1 所示。

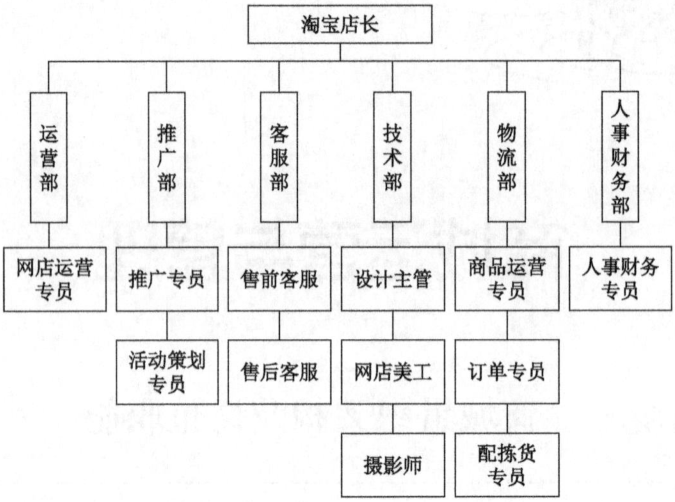

图 5-1-1

一、岗位责任制

岗位责任制是指根据办公室各个工作岗位的工作性质和业务特点，明确规定其职责、权限，并按照规定的工作标准进行考核及奖惩而建立起来的制度。

实行岗位责任制，有助于办公室工作的科学化、制度化。建立和健全岗位责任制，必须明确任务和人员编制，然后才有可能以任务定岗位，以岗位定人员，责任落实到人，各尽其职，达到事事有人负责的目标，改变以往有人没事干，有事又没人干的局面，避免苦乐不均现象的发生。

实施岗位责任制必须强调以下几个原则。

1．才能与岗位相统一的原则

根据办公室人员的不同才能及特长，分配与之相适应的岗位。办公室由若干人员和不同岗位组成，每个成员的个体素质条件差异有时很大，这就要求充分考虑各种因素，在实际工作需要中，调整人员，量才授职，扬长避短，才能人尽其才，使每个岗位上的工作卓有成效。

2．职责与权利相统一的原则

职、责、权、利四项是每个工作岗位不可或缺的因素，责任到人，就必须权力到人，并使之与实际利益密切联系，体现分配原则。有责任无权力，难以取得工作成效；有权力无责任，将导致滥用权力。因此，建立岗位责任制，必须使办公室中的每一个成员都有明确的职务、权力和相适应的利益享受。

3．考核与奖惩相一致的原则

岗位责任制的建立，提供了办公室人员考核的基本依据，而考核必须作为奖惩的基本依据，这样才能使两者相一致，论功行赏，依过处罚，岗位责任制就能起到鼓励先进，激励后进，提高工作效率的作用。这样的岗位责任制才能真正发挥作用。

二、电子商务组织各负责岗位的职位说明书样本

（1）店长岗位说明书如表 5-1-1 所示。

表 5-1-1

<table>
<tr><td>岗位名称</td><td>店长</td><td>所在部门</td><td>店长</td><td>直接上级</td><td>总监</td><td>直接下级</td><td></td></tr>
<tr><td colspan="8">工作职责：制定团队目标与计划，并协调各岗位完成目标</td></tr>
<tr><td colspan="2">内部协作</td><td colspan="2">发货部、营销部</td><td colspan="2">外部协作</td><td colspan="2">外部客户</td></tr>
<tr><td colspan="8">职责与工作内容</td></tr>
<tr><td rowspan="4">职责一</td><td colspan="7">制定本店季度目标，并且分层为月、周、日计划</td></tr>
<tr><td rowspan="3">工作内容</td><td colspan="6">1. 制定月销售目标，并制订月销售计划
（计划落实到每周，每天并制订安排计划）</td></tr>
<tr><td colspan="6">2. 针对目标列出实施方案落实到每周每天</td></tr>
<tr><td colspan="6">3. 明确当月目标与计划实施过程中所遇到的问题，提前做出应对措施
（如货源、资金周转、其他硬件设施）</td></tr>
<tr><td rowspan="6">职责二</td><td colspan="7">负责网店整体规划、营销、推广、客户关系管理等系统经营性工作</td></tr>
<tr><td rowspan="5">工作内容</td><td colspan="6">1. 负责网店日常改版策划、上架、推广、销售、售后服务等经营与管理工作</td></tr>
<tr><td colspan="6">2. 负责网店日常维护，保证网店的正常运作，优化店铺及商品排名</td></tr>
<tr><td colspan="6">3. 负责执行与配合公司相关营销活动，策划店铺促销方案</td></tr>
<tr><td colspan="6">4. 负责收集市场和行业信息，提供有效应对方案</td></tr>
<tr><td colspan="6">5. 客户关系维护，处理相关客户投诉及纠纷问题</td></tr>
<tr><td rowspan="5">职责三</td><td colspan="7">负责整个店铺的经营状态，协调和管理各岗位人员</td></tr>
<tr><td rowspan="4">工作内容</td><td colspan="6">1. 每天不定时观察店铺数据、直通车、钻展的消耗，做出适当的调整与对策</td></tr>
<tr><td colspan="6">2. 监督并指导客服工作行为</td></tr>
<tr><td colspan="6">3. 配合并指导美工优化店铺形象，广告图制作</td></tr>
<tr><td colspan="6">4. 整理和分析快递与发货部的交接问题，提出有效意见反馈到客服部主管上面</td></tr>
<tr><td rowspan="7">职责四</td><td colspan="7">负责老客户关系维护，提高重复购买概率</td></tr>
<tr><td rowspan="6">工作内容</td><td colspan="6">1. 建立老顾客群、帮派、掌柜说等与客户互动的 SNS</td></tr>
<tr><td colspan="6">2. 整理出不同级别的老顾客，对不同级别的顾客做出相应的维护</td></tr>
<tr><td colspan="6">3. 整理和分析在客户关系处理中的问题和改善方法，提出有效意见反馈到客服部主管上面（可用会员关系管理软件，以及表格）</td></tr>
<tr><td colspan="6">4. 针对贵宾顾客做不定期的回访</td></tr>
<tr><td colspan="6">5. 逢营销活动或节日（生日）向老顾客发以短信或电话祝贺或通知（可用软件或让售前或售后去做）</td></tr>
<tr><td colspan="6">6. 每周统计老顾客同比增长数据，并做调整与相应对策</td></tr>
<tr><td>附加职责</td><td>工作内容</td><td colspan="6">视情况而定（如客服请假、客服下班、其他因素造成的人员短缺）</td></tr>
</table>

（2）营销部主管岗位说明书如表 5-1-2 所示。

表 5-1-2

<table>
<tr><td>岗位名称</td><td>营销部主管</td><td>所在部门</td><td>营销部</td><td>直接上级</td><td>主管</td><td>直接下级</td><td>营销部专员</td></tr>
<tr><td colspan="8">工作职责：完成主管下达的各项营销任务，完成公司各项销售与流量指标</td></tr>
<tr><td colspan="2">内部协作</td><td colspan="2">客服部、技术部</td><td colspan="2">外部协作</td><td colspan="2">渠道</td></tr>
<tr><td colspan="8">职责与工作内容</td></tr>
<tr><td rowspan="8">职责一</td><td colspan="7">网络交易平台 SEO 与优化</td></tr>
<tr><td rowspan="7">工作内容</td><td colspan="6">1．利用有关软件，进行对商品关键字的 SEO 处理</td></tr>
<tr><td colspan="6">2．研究消费者的心理需求，优化对应商品描述文案</td></tr>
<tr><td colspan="6">3．侦测竞争对手运营情况及市场最新动态，发掘新的商机或商品</td></tr>
<tr><td colspan="6">4．研究平台类目及搜索引擎，提炼有用信息促进店铺经营</td></tr>
<tr><td colspan="6">5．利用淘宝箱及网店自带各种软件，对店铺进行常规性的优化</td></tr>
<tr><td colspan="6">6．研究店铺统计数据，发掘隐含内在问题并及时处理</td></tr>
<tr><td colspan="6">7．每星期整理和分析职责一的工作汇报，上报给店长</td></tr>
<tr><td rowspan="6">职责二</td><td colspan="7">网络交易平台内部营销</td></tr>
<tr><td rowspan="5">工作内容</td><td colspan="6">1．有价值流量的获取（直通车等）的日常优化</td></tr>
<tr><td colspan="6">2．淘宝论坛发帖、顶帖、帮派的建立与促销活动策划与实施</td></tr>
<tr><td colspan="6">3．店铺内部活动（增加成交转换率与客单价活动）的策划和实施</td></tr>
<tr><td colspan="6">4．交易平台促销活动（增加店铺信誉度及新顾客）的策划和实施</td></tr>
<tr><td colspan="6">5．每星期整理和分析职责二的工作汇报，上报给店长</td></tr>
<tr><td rowspan="5">职责三</td><td colspan="7">网络平台外部营销</td></tr>
<tr><td rowspan="4">工作内容</td><td colspan="6">1．各大博客、微博的建立与宣传及活动策划和实施</td></tr>
<tr><td colspan="6">2．有关行业的门户、论坛发帖、顶帖及活动策划和实施</td></tr>
<tr><td colspan="6">3．百度贴吧、知道等宣传推广活动策划和实施</td></tr>
<tr><td colspan="6">4．每星期整理和分析职责三的工作汇报，上报给店长</td></tr>
<tr><td rowspan="5">职责四</td><td colspan="7">与其他岗位的交接管理</td></tr>
<tr><td rowspan="4">工作内容</td><td colspan="6">1．积极配合技术部的工作，对技术部所需的素材（商品文案、设计要求等）在不影响自身职务的情况下优化处理</td></tr>
<tr><td colspan="6">2．积极配合财务部的工作，对财务部所需的资料（费用细则、活动预算等）在不影响自身职务的情况下优化处理</td></tr>
<tr><td colspan="6">3．客服部是最直接面对终端的部门，故要积极向客服部咨询及调查最新的顾客需求及意见，了解市场最新情况</td></tr>
<tr><td colspan="6">4．每星期整理和分析职责五的工作汇报，上报给店长</td></tr>
<tr><td>附加职责</td><td>工作内容</td><td colspan="6">根据网店最新需要与发展，网店会下发一些自愿性的任务工作。可按照兴趣来担任相关职务</td></tr>
</table>

（3）仓储部主管岗位说明书如表 5-1-3 所示。

表 5-1-3

<table>
<tr><th>岗位名称</th><th>仓储部主管</th><th>所在部门</th><th>仓储部</th><th>直接上级</th><th>主管</th><th>直接下级</th><th>仓储专员</th></tr>
<tr><td colspan="8">工作职责：完成主管下达的各项仓储及采购、发货任务</td></tr>
<tr><td colspan="2">内部协作</td><td colspan="2">仓储部、营销部</td><td colspan="2">外部协作</td><td colspan="2">外部客户</td></tr>
<tr><td colspan="8">职责与工作内容</td></tr>
<tr><td rowspan="5">职责一</td><td colspan="7">商品采购与供应商关系管理</td></tr>
<tr><td rowspan="4">工作内容</td><td colspan="6">1．根据订单及仓库的状况及时进行当天商品采购（下午 6 时截止）</td></tr>
<tr><td colspan="6">2．积极与不同的供应商联系，打好关系；密切留意市场情况，获取尽量多的情报</td></tr>
<tr><td colspan="6">3．定期整理供应商的资料、名片、宣传单册及联系方式、经营种类</td></tr>
<tr><td colspan="6">4．每星期整理采购与供应商关系工作汇报上报给主管</td></tr>
<tr><td rowspan="7">职责二</td><td colspan="7">商品挑选、质检与发货管理</td></tr>
<tr><td rowspan="6">工作内容</td><td colspan="6">1．发货前检查商品是否有质量或者损坏等问题，如有，一律不予寄出并及时联系晚班客服告知客人</td></tr>
<tr><td colspan="6">2．遇到因为货物无法采购或者已经断货导致当天不能发出的订单，需联系晚班客服与客人协商退款或者换货的处理</td></tr>
<tr><td colspan="6">3．遇到快递延误或者其他事项导致部分订单或者全部订单不能及时发出，应及时联系晚班客服告知客人协商处理</td></tr>
<tr><td colspan="6">4．当天遇到任何问题不能发出的订单，都应在其订单旁标示相应旗帜并告知晚班客服</td></tr>
<tr><td colspan="6">5．在工作日内及时进行订单的打包处理</td></tr>
<tr><td colspan="6">6．定期检查发货部的建设，维护各环节，每星期整理和分析商品挑选、质检、发货流程问题上报给店长</td></tr>
<tr><td rowspan="4">职责三</td><td colspan="7">商品更新与品类优化管理</td></tr>
<tr><td rowspan="3">工作内容</td><td colspan="6">1．每星期注意观察市场的最新需求、竞争对手、批发市场及客服部的汇报，分析出有竞争力的品类或者商品进行上架更新。并整理登记上报给主管</td></tr>
<tr><td colspan="6">2．每星期对性价比不高的商品或滞销的商品进行下架处理</td></tr>
<tr><td colspan="6">3．每星期整理上架与下架等的工作汇报上报给主管</td></tr>
<tr><td rowspan="5">职责四</td><td colspan="7">网店商品信息维护和与各部门的对接管理</td></tr>
<tr><td rowspan="4">工作内容</td><td colspan="6">1．每天留意仓库中的商品和违规中的商品，对需要修改属性的商品进行处理，并及时将其重新上架</td></tr>
<tr><td colspan="6">2．及时处理客服部有关商品订单的问题，以及退款的确认处理</td></tr>
<tr><td colspan="6">3．每天根据财务部的指引进行有关采购成本、营销收入与支出的统计</td></tr>
<tr><td colspan="6">4．及时观察店铺的销售状况，并分析其中有潜力的非人气商品，及时告知营销部门对其进行宣传和推广
5．每星期整理和分析与网店商品与各部门的交接问题，并提出有质量的意见上报给主管。以文档的形式汇报</td></tr>
<tr><td rowspan="3">职责五</td><td colspan="7">反馈与考勤</td></tr>
<tr><td rowspan="2">工作内容</td><td colspan="6">1．每个星期把职能一、二、三、四分类别工作情况向主管以文档的形式汇报</td></tr>
<tr><td colspan="6">2．根据客服部联系有效次数及出勤情况进行处理</td></tr>
<tr><td>附加职责</td><td>工作内容</td><td colspan="6">根据网店最新需要与发展，网店会下发一些自愿性的任务工作。可按照兴趣来担任相关职务</td></tr>
</table>

（4）美工编辑岗位说明书如表 5-1-4 所示。

表 5-1-4

<table>
<tr><th>岗位
名称</th><th>美工
编辑</th><th>所在
部门</th><th>美工部</th><th>直接
上级</th><th>主管</th><th>直接
下级</th><th>技术部专员</th></tr>
<tr><td colspan="8">工作职责：完成已拍出的图片优化与平面设计等内容</td></tr>
<tr><td colspan="2">内部协作</td><td colspan="2">客服部、营销部</td><td colspan="2">外部协作</td><td colspan="2">渠道</td></tr>
<tr><td colspan="8">职责与工作内容</td></tr>
<tr><td rowspan="6">职责一</td><td colspan="7">网店商品图拍摄与商品文案的整合</td></tr>
<tr><td rowspan="5">工作
内容</td><td colspan="6">1．根据不同商品选择不同的布局、环境来对商品进行实物图拍摄</td></tr>
<tr><td colspan="6">2．根据不同商品结合营销部编写的文案，把商品实物图与针对性的文案结合，制作出具有较强竞争力的商品描述</td></tr>
<tr><td colspan="6">3．利用稳定性强的相册进行对拍摄图片的存储管理。做好相应的备份措施</td></tr>
<tr><td colspan="6">4．根据需要对商品图片进行一定的美化，或加特效，如统一写好“促销”、“新品上架”、“清仓特卖”等字样，并附上水印</td></tr>
<tr><td colspan="6">5．每星期整理和分析职责一的工作汇报，上报给主管</td></tr>
<tr><td rowspan="5">职责二</td><td colspan="7">网店 VI 设计与印刷</td></tr>
<tr><td rowspan="4">工作
内容</td><td colspan="6">1．设计网店的名片、传单、海报等对外宣传印刷用具</td></tr>
<tr><td colspan="6">2．设计网店网络活动的推广宣传活动图片</td></tr>
<tr><td colspan="6">3．负责网店宣传用品的印刷或者购置</td></tr>
<tr><td colspan="6">4．每星期整理和分析职责二的工作汇报，上报给主管</td></tr>
<tr><td rowspan="4">职责三</td><td colspan="7">网店各种页面、构建的设计与装修</td></tr>
<tr><td rowspan="3">工作
内容</td><td colspan="6">1．综合参考营销部的调研数据与自身设计理念，对网店各种页面和构建要表达的效果和进行分析和描述</td></tr>
<tr><td colspan="6">2．根据对分析出来的结果，利用淘宝软件或聘请专业网页设计师进行制作，并进行调试安装，最后对效果进行监督和测试</td></tr>
<tr><td colspan="6">3．每星期整理和分析职责三的工作汇报，上报给主管</td></tr>
<tr><td rowspan="4">职责四</td><td colspan="7">网店各类活动的气氛营造和布置等工作</td></tr>
<tr><td rowspan="3">工作
内容</td><td colspan="6">1．协助推广团队进行各类活动现场的设计与布置</td></tr>
<tr><td colspan="6">2．综合体验点负责人与网店的利益要求，进行对体验点的装饰</td></tr>
<tr><td colspan="6">3．每星期整理和分析职责四的工作汇报，上报给主管</td></tr>
<tr><td rowspan="3">职责五</td><td colspan="7">反馈与考勤</td></tr>
<tr><td rowspan="2">工作内容</td><td colspan="6">1．把职能一、二、三、四、五每星期向主管以文档的形式汇报</td></tr>
<tr><td colspan="6">2．技术部不受时间的限制，但内部部门会议及主管会议要进行考勤统计（迟到早退减 2 分/次，有效请假减 1 分/次）</td></tr>
<tr><td>附加
职责</td><td>工作
内容</td><td colspan="6">根据网店最新需要与发展，网店会下发一些自愿性的任务工作。可按照兴趣来担任相关职务</td></tr>
</table>

（5）财务部主管岗位说明书如表 5-1-5 所示。

表 5-1-5

<table>
<tr><th>岗位名称</th><th>财务部主管</th><th>所在部门</th><th>财务部</th><th>直接上级</th><th>主管</th><th>直接下级</th><th>财务部专员</th></tr>
<tr><td colspan="8">工作职责：整理公司财务数据，对日常收入支出等有关财务的资料进行记录</td></tr>
<tr><td colspan="2">内部协作</td><td colspan="2">各大部门</td><td colspan="2">外部协作</td><td colspan="2">无</td></tr>
<tr><td colspan="8">职责与工作内容</td></tr>
<tr><td rowspan="5">职责一</td><td colspan="7">网店日常经营记录及报表整理</td></tr>
<tr><td rowspan="4">工作内容</td><td colspan="6">1．在特定的地方记录网店的收入与支出，整理出每天的财务报表</td></tr>
<tr><td colspan="6">2．根据每天的财务报表整理出月报、季报、年报</td></tr>
<tr><td colspan="6">3．定期整理出网店的资产负债表、现金流量表，以数据为网店梳理总的运营情况，及时向股东们反映实际情况</td></tr>
<tr><td colspan="6">4．整理和分析职责一的工作汇报</td></tr>
<tr><td rowspan="4">职责二</td><td colspan="7">网店活动预算审批及涉外经济合同修订</td></tr>
<tr><td rowspan="3">工作内容</td><td colspan="6">1．根据各大部门活动的需要编写活动预算表并审核</td></tr>
<tr><td colspan="6">2．为网店修订各类经济合同，根据网店实际情况给出专业的财务意见</td></tr>
<tr><td colspan="6">3．整理和分析职责二的工作汇报</td></tr>
<tr><td rowspan="5">职责三</td><td colspan="7">网店采购财务记录事项及工资利润分配管理</td></tr>
<tr><td rowspan="4">工作内容</td><td colspan="6">1．根据各大部门的需要为其统一购买所需用品</td></tr>
<tr><td colspan="6">2．对于各大部门自行购买的用品应及时向其主管咨询并记录所用费用</td></tr>
<tr><td colspan="6">3．每月给客服部专员发放工资。每月留存利润按股份比例对股东进行分配</td></tr>
<tr><td colspan="6">4．整理和分析职责三的工作汇报</td></tr>
<tr><td rowspan="5">职责四</td><td colspan="7">对网店各部门的财务监督</td></tr>
<tr><td rowspan="4">工作内容</td><td colspan="6">1．对于发货部，监督其进货与发货资金运用，将异常情况向主管上报</td></tr>
<tr><td colspan="6">2．对于营销部，监督其活动资金落实，将异常情况向主管上报</td></tr>
<tr><td colspan="6">3．对于客服部，监督其备用金的管理和使用，将异常情况向主管上报</td></tr>
<tr><td colspan="6">4．整理和分析职责四的工作汇报</td></tr>
<tr><td rowspan="3">职责五</td><td colspan="7">反馈与考勤</td></tr>
<tr><td rowspan="2">工作内容</td><td colspan="6">1．把职能一、二、三、四分类别每个星期以文档的形式向主管汇报</td></tr>
<tr><td colspan="6">2．财务部不受时间的限制，但内部部门会议及土管会议要进行考勤统计（迟到早退减 2 分/次，有效请假减 1 分/次）</td></tr>
<tr><td>附加职责</td><td>工作内容</td><td colspan="6">根据网店最新需要与发展，网店会下发一些自愿性的任务工作。可按照兴趣来担任相关职务</td></tr>
</table>

（6）客服主管岗位说明书如表 5-1-6 所示。

表 5-1-6

<table>
<tr><td>岗位名称</td><td>客服主管</td><td>所在部门</td><td>客服部</td><td>直接上级</td><td>主管</td><td>直接下级</td><td>客服部专员</td></tr>
<tr><td colspan="8">工作职责：完成客户主管下达的各项客户服务任务，为客户提供满意的售前、售后服务</td></tr>
<tr><td colspan="2">内部协作</td><td colspan="2">发货部、营销部</td><td colspan="2">外部协作</td><td colspan="2">外部客户</td></tr>
<tr><td colspan="8">职责与工作内容</td></tr>
<tr><td rowspan="4">职责一</td><td colspan="7">处理网店客人售前咨询，引导其交易完成</td></tr>
<tr><td rowspan="3">工作内容</td><td colspan="6">1．严格按照售前流程表（规章内附表）引导顾客完成咨询购买</td></tr>
<tr><td colspan="6">2．对于咨询购买的客人，接手客服帮其查询快递事项。对没有咨询自动购买的客人，以值班时间为准帮其查询，并标注旗帜说明</td></tr>
<tr><td colspan="6">3．整理和分析交易过程中发现商品的问题（如描述不符、邮费设置、图片等），反馈给客服部主管</td></tr>
<tr><td rowspan="6">职责二</td><td colspan="7">实行顾客问责制，处理网店客人有关售后的问题</td></tr>
<tr><td rowspan="5">工作内容</td><td colspan="6">1．严格按照售后解决准则表（规章内附表）处理售后相关问题</td></tr>
<tr><td colspan="6">2．及时查看评价管理，遇到不良评价在两个工作日内做出相应处理</td></tr>
<tr><td colspan="6">3．售后问题统一记录在特定的位置，并及时告知发货部处理问题</td></tr>
<tr><td colspan="6">4．遇到有问题的单子，根据发货部的回复及客人的要求，及时进行备注的再记录</td></tr>
<tr><td colspan="6">5．定期检查服务网点的规划、建设、维护各环节，整理和分析售后服务过程中反馈的数据和信息，及时反馈给主管，保证售后服务质量</td></tr>
<tr><td rowspan="5">职责三</td><td colspan="7">疑难快递处理及发货部对接关系处理</td></tr>
<tr><td rowspan="4">工作内容</td><td colspan="6">1．早班客服每天处理疑难快递（下载快递软件查看及打电话沟通）</td></tr>
<tr><td colspan="6">2．晚班客服每天协助发货部处理当天发货有关问题</td></tr>
<tr><td colspan="6">3．遇到任何不能解决的问题，应及时使用通信工具（QQ、旺旺、手机、固定电话）与发货部取得联系并解决。并隔时联系发货部询问是否处理完毕，直到处理好为止</td></tr>
<tr><td colspan="6">4．整理和分析快递与发货部的交接问题，提出有效意见，反馈给客服部主管</td></tr>
<tr><td rowspan="4">职责四</td><td colspan="7">客户关系处理</td></tr>
<tr><td rowspan="3">工作内容</td><td colspan="6">1．把已经购买的客人加入 QQ 群、旺旺群、微信内</td></tr>
<tr><td colspan="6">2．根据网店内容定期发送促销消息给老客户。并以值班时间为准，对群内客人的咨询做出处理</td></tr>
<tr><td colspan="6">3．整理和分析在客户关系处理中的问题和改善方法，提出有效意见，反馈给客服部主管</td></tr>
<tr><td rowspan="3">职责五</td><td colspan="7">反馈与考勤</td></tr>
<tr><td rowspan="2">工作内容</td><td colspan="6">1．把职能一、二、三、四分类别每个星期以文档的形式向主管汇报</td></tr>
<tr><td colspan="6">2．根据出勤情况、请假次数确定考勤分数（迟到早退减 2 分/次，有效请假减 1 分/天）</td></tr>
<tr><td>附加职责</td><td>工作内容</td><td colspan="6">根据网店最新需要与发展，网店会下发一些自愿性的任务工作。可按照兴趣来担任相关职务</td></tr>
</table>

拓展练习

根据自己的专业学习情况和兴趣爱好，你觉得自己适合哪个工作岗位？全班组织一次模拟面试，通过面试找出自己与意向岗位要求的差距，并制订职业发展行动计划。

任务评价

序号	评价项目	评价内容及要求	自评分	第三方评分		总分
				小组互评	教师评分	
1	模拟面试表现	能够分析自己的优点和缺点，明确应聘岗位的要求，能够回答面试官提出的各种问题				
2	职业发展行动计划	职业发展目标清晰，制订的行动计划切实可行				

学习子情境二　商城运营考核

学习目标

1. 能设计电子商务公司考核方案。
2. 能根据考核指标，收集整理数据并学会打分。

乐淘网店慢慢走向正轨，招聘了 20 多个兼职员工并分配到不同的工作岗位上，在同一部门员工可以相互比较，根据不同的表现获得不同的收入，可是非销售部门如何确定他们努力的成果呢？能否拿不同部门横向比较？小美需要把表现好的员工找出来，每个月进行表彰，树立好榜样。

一、绩效管理

1．绩效管理的概念

绩效是指对应职位的工作职责所达到的阶段性结果及其过程中可评价的行为表现。绩效管理是指管理者与员工之间在目标与如何实现目标达成共识的基础上，通过激励和帮助员工取得优异绩效从而实现组织目标的管理方法。绩效管理的目的在于通过激发员工的工作热情和提高员工的能力和素质，以达到改善公司绩效的效果。

绩效管理所涵盖的内容很多，它所要解决的问题主要包括：如何确定有效的目标？如何使目标在管理者与员工之间达成共识？如何引导员工朝着正确的目标发展？如何对实现目标的过程进行监控？如何对实现的业绩进行评价和对目标业绩进行改进？

2．绩效管理的作用

（1）绩效管理有利于实现企业经营目标。绩效管理的目标是根据企业的发展战略来制定的，通过将企业的战略目标层层分解变为部门和员工的目标，在此基础上确定部门和个人的绩效目标。通过绩效评价，对员工的工作结果进行反馈，及时发现工作中存在的问题并进行修正。通过提升员工的业绩从而达成企业的业绩，实现企业的战略目标，使企业进入良性循环。

（2）满足员工的需求。员工的需求有不同的层次，当员工基本的需求满足后，尊重和自我实现的需求所表现出来的就是员工希望知道自己的绩效水平到底如何，以便为了今后的发展而明确努力的方向。如果没有考核或考核不准确，员工就会处于盲目状态，失去努力的目标和方向。

（3）解决管理中存在的问题。员工绩效水平的高低与其自身的素质和努力程度有关，更与企业管理制度、管理理念和企业文化、管理风格有关。通过绩效评价和反馈，可以看到企业管理中存在的问题并能及时解决，使企业顺利地向前发展。

3．绩效指标的主要形式与内容

（1）关键绩效指标。

关键绩效指标（Key Performance Indicator，KPI）即用来衡量某一职位工作人员工作绩效表现的具体量化指标，是对工作完成效果的最直接衡量方式。KPI 来自于对企业总体战略目标的分解，反映最能有效影响企业价值创造的关键驱动因素。设立 KPI 的价值在于：使经营管理者将精力集中在对绩效有最大驱动力的经营行动上，及时诊断生产经营活动中的问题并采取提高绩效水平的改进措施。

KPI 并不一定能直接用于或适合所有岗位的人员考核，但因为 KPI 能在相当程度上反映组织的经营重点和阶段性方向，所以成为绩效考核的基础。

（2）工作目标与过程设定。

即由上级领导与员工共同商议确定员工在考核期内应完成的主要工作及其效果，并在考核期结束时由上级领导根据期初所定目标是否实现，为员工绩效打分的绩效管理方式。它是一种对工作职责范围内的一些相对长期性、过程性、辅助性、难以量化的主要工作任务完成情况的考核方法。

4．KPI 绩效考核的优点

从管理目的来看，KPI 考核旨在引导员工的注意力方向，将员工的精力从无关紧要的琐事中解脱出来，从而更加关注公司整体业绩指标、部门重要工作领域及个人关键工作任务。

从管理成本来看，KPI 考核可以有效地节省考核成本，减少主观考核的盲目性，缩减模糊考核的推敲时间，将企业有限的财力、物力、人力用于研发新的产品和开辟新的市场。

从管理效用来看，KPI 考核主要用来检测管理中存在的关键问题，并能够快速找到问题的症结所在，不至于被过多的旁枝末节所缠绕。企业绩效评估经常遇到的一个很实际的问题就是，很难确定客观、量化的绩效指标。其实，对所有的绩效指标进行量化并不现实，也没有必要。通过行为性的指标体系，也同样可以衡量企业绩效。

表 5-2-1～表 5-2-4 是某品牌 B2C 企业不同岗位的 KPI 考核表。

表 5-2-1

客服人员绩效考核表		
	考核周期	1 个月
任务指标：本月工作重点		相关项目或任务
1	基准点：5 个客户投诉 KPI×50%，10 个投诉 KPI 为 0	零投诉
2	销售额/有效下单付款人	客单价
3	服务质量监测	上级评分（聊天抽查记录）
4	对工作进度掌握	咨询转化率、平均响应时间
5	公司月季度业绩指标完成	销售额占比

续表

项目	指标	选取原因	衡量标准		A/B/C/D原理	权重	数据来源	调整条件	KPI达成值
1	客单量	销售额/有效付款户数	A	≥100	A=20	20%	管理系统	下单客户数须大于 200	
			B	80≤？＜100	B=15				
			C	60≤？＜80	C=10				
			D	？＜60	D=5				
2	咨询转化率	对工作能力的掌握	A	≥%40	A=20	20%	管理系统	下单客户数须大于 200	
			B	30≤？＜40%	B=15				
			C	20%≤？＜30%	C=10				
			D	0≤？＜20%	D=5				
3	销售额占比	个人月度业绩占比	A	≥20%	A=25	30%	管理系统	剔除病假内业绩影响	
			B	15%≤？＜20%	B=20				
			C	10%≤？＜15%	C=10				
			D	0≤？＜10%	0≤D＜10				
4	平均响应时间	对工作效率的掌握	A	60 秒内响应	A=20	15%	管理系统	去掉自动回复	
			B	70 秒响应	B=15				
			C	超过 80 秒	0≤D＜10				
					合计	85%			
5	执行能力	任务响应速度的执行力度	A	取决于日常工作执行力度	A=5	5%	上级评分		
			B		2＜B≤4				
			C		0≤C≤2				
6	协作能力/服务性	团队协作分享共同进步	A	取决于日常工作过程中的团队的协作能力高低	A=5	5%	上级评分		
			B		2＜B≤4				
			C		0≤C≤2				
7	提高性	改善上个月/季度考核中所存在的问题	A	大部分改进	A=5	5%	上级评分		
			B	改善部分	2＜B≤4				
			C	全部未改	0≤C≤2				
					合计	15%		能力评估分值	
岗位绩效指标									
能力评估分值									
								总分	
被考核者签字						开始日期			
考核者签字						结束日期			

表 5-2-2

营销推广专员绩效考核表

		考核周期	
	本月工作重点	相关项目或任务	
1	每日流量的引入	流量至少为 5000UV	
2	直通车单日点击率	整体点击至少 4000	
3	直通车费用控制	直通车费用控制在 2000 元以内	
4	热推商品的点击比率	至少占整体点击率的 40%	
5	标题、类目搜索，流量引入，到达页浏览量 UV	至少占整体 UV 的 10%	

项目	岗位绩效指标	选取原因	衡量标准		A/B/C/D/E 原理	权重	A/B/C/D/E 原理	数据来源	调整条件	KPI 达成值
1	流量引入	为客服部门提供买家咨询量	A	达标	4000＜A≤5000	20%		量子统计	根据 ABCD 最优者得高分	
			B	好	3000＜B≤4000					
			C	较好	2000＜C≤3000					
			D	差	0＜D≤2000					
2	单日点击率	要求流量大部分来源于直通车点击	A	优秀	4000＜A	20%		直通车后台		
			B	良好	3000＜B≤4000					
			C	一般	2000＜C≤3000					
			D	差	0＜D≤2000					
3	费用控制	节省推广费用	A	优秀	A≤2000	10%		直通车后台	根据 ABCD 最优者得高分	
			B	良好	2000＜B≤3000					
			C	一般	3000＜C≤4000					
			D	差	5000＜D					
4	热推商品的点击比率	客户满意度	A	优秀	40%＜A	15%		直通车后台		
			B	良好	30%＜B≤40%					
			C	一般	20%＜C≤30%					
			D	差	10＜D≤20%					
5	标题搜索流量引入	宝贝权重	A	优秀	1500＜A≤2000	10%		量子统计		
			B	良好	1000＜B≤1500					
			C	一般	1000＜C≤1000					
			D	差	0＜D≤500					
6	收藏用户数	衡量流量（UV）精准度	A	优秀	1500＜A≤2000	5%	上级评分	量子统计		
			B	良好	1000＜B≤1500					
			C	一般	1000＜C≤1000					
			D	差	0＜D≤500					
7	浏览量		A	优秀	（UV×5）＜PV	5%	上级评分	量子统计		
			B	良好	（UV×4）＜PV					
			C	一般	（UV×3）＜PV					
			D	差	（UV×2）＜PV					
					合计	85%		KPI 整体达成		

续表

项目	岗位绩效指标	选取原因	衡量标准		A/B/C/D/E 原理	权重	A/B/C/D/E 原理	数据来源	调整条件	KPI 达成值
8	执行能力	任务响应速度的执行力度	A	取决于日常工作执行力度	A=5	5%	观察	上级评分		
			B		2<B≤4					
			C		C≤2					
9	考勤情况	日常考勤	A	根据人事部考勤记录	A=5	5%	日常考勤记录	上级评分		
			B		2<B≤4					
			C		C≤2					
10	提高性	改善上个月/季度考核中所存在的问题	A	大部分改进	A=5	5%	观察	上级评分		
			B	改善部分	2<B≤4					
			C	全部未改	C≤2					
					合计	15%		能力评估分值		
岗位绩效指标										
能力评估分值										
								总分		
被考核者签字						开始日期				
考核者签字						结束日期				

表 5-2-3

美工设计人员绩效考核表									
								考核周期	1 个月
任务指标：本月工作重点								相关项目或任务	
1	页面停留时间:							执行能力	
2	收藏量							协作能力/服务性	
3	浏览量							提高性	
4	全店转化率								
5	对工作进度掌握								
项目	指标	选取原因	衡量标准		A/B/C/D 原理	权重	数据来源	调整条件	KPI 达成值
1	页面停留时间	图片是否吸引用户	A	待定	A=20	20%	管理系统	待定	
			B		B=15				
			C		C=10				
			D		D=5				
2	收藏量	图片是否具有诱惑力	A	待定	A=20	20%	管理系统	待定	
			B		B=15				
			C		C=10				
			D		D=5				

续表

项目	指标	选取原因	衡量标准		A/B/C/D 原理	权重	数据来源	调整条件	KPI 达成值
3	浏览量	图片是否吸引用户	A	待定	A=25	30%	管理系统	待定	
			B		B=20				
			C		C=10				
			D		0≤D＜10				
4	全店转化率	图片描述是否到位	A	待定	A=20	15%	管理系统	待定	
			B		B=15				
			C		0≤D＜10				
					合计	85%			
5	执行能力	任务响应速度的执行力度	A	取决于日常工作执行力度	A=5	5%	上级评分		
			B		2＜B≤4				
			C		0≤C≤2				
6	协作能力/服务性	团队协作分享共同进步	A	取决于日常工作过程中的团队的协作能力的高低	A=5	5%	上级评分		
			B		2＜B≤4				
			C		0≤C≤2				
7	提高性	改善上个月/季度考核中所存在的问题	A	大部分改进	A=5	5%	上级评分		
			B	改善部分	2＜B≤4				
			C	全部未改	0≤C≤2				
					合计	15%		能力评估分值	
岗位绩效指标									
能力评估分值									
								总分	
被考核者签字						开始日期			
考核者签字						结束日期			

表 5-2-4

仓储专员绩效考核表										
									考核周期	1 个月
本月工作重点					相关项目或任务					
1	发货出错率（总发货数×出错订单数/100%）									
2	发货时效性（定期抽查）									
项目	岗位绩效指标	选取原因	衡量标准		A/B/C/D 原理	权重	A/B/C/D 原理	数据来源	调整条件	KPI 达成值
1	发货出错率	判断工作细心度	A	达标	0≤0	30%	计算	总发货数×出错订单数/100%	根据ABCD最优者得高分	
			B	好	0＜B≤50					
			C	较好	50＜C≤100					
			D	差	100＜D≤50					

续表

项目	岗位绩效指标	选取原因	衡量标准		A/B/C/D原理	权重	A/B/C/D原理	数据来源	调整条件	KPI达成值
2	发货速度	判断工作效率	A	优秀	4000＜A	30%	观察	上级评分		
			B	良好	3000＜B≤4000					
			C	一般	2000＜C≤3000					
			D	差	0＜D≤2000					
3	断货率	工作能力评估	A	优秀	0≤0	30%	计算	总商品数×断货数/100%		
			B	良好	0＜B≤50					
			C	一般	50＜C≤100					
			D	差	100＜D≤50					
					合计	85%			KIP整体达成	
4	执行能力	任务响应速度	A	取决于日常工作执行力度根据人事部考勤记录	A=5	15%	观察	上级评分		
			B		2＜B≤4					
			C		C≤2					
5	考勤情况	日常考勤	A		A=5	5%	日常考勤记录	上级评分		
			B		2＜B≤4					
			C		C≤2					
6	提高性	改善上个月/季度考核中所存在的问题	A	大部分改进	A=5	10%	观察	上级评分		
			B	改善部分	2＜B≤4					
			C	全部未改	C≤2					
					合计	15%			能力评估分值	
岗位绩效指标										
能力评估分值										
									总分	
被考核者签字						开始日期				
考核者签字						结束日期				

5．KPI各项指标的含义

PV：即一个独立访问IP在24小时内访问网店页面的数量，一个独立访客重复访问一个页面只计算一次PV；该数值可以反映网店的整体表现水平，包括页面视觉体验、页面间关联度水平、商品吸引度等，是提升下单转换率、成交额、客单价的重要基础量化指标。

UV：即网店独立访客数量（以一台终端计算机访问为基准，不以IP为基准），可以最直接地反映工作人员通过网络推广帮助网店获取的顾客数量。

PV/UV：即人均访问页面量；该比例数值可以更直观地反映出网店的顾客黏度、商品款式是否吸引人、价格合理程度、商品类别可选性、商品的页面表现是否细致到位。

成交人数：即实际发生购买的人数。

订单转换率：即成交人数/UV；该数值是双向考核指标，一方面可以考核运营人员对于网店运营的整体水平，一方面可以侧面佐证推广部门通过网络推广所带来的独立访客的质量水平。

成交额 GMV：网店单位时间内的销售额，以客户最终付款为定义标准，是目标管理的最核心 KPI 指标。

平均停留时长：反映顾客黏度的重要指标，该数值可以反映网店的页面布局、内容、商品丰富度、栏目导航等方面的状况。

客单价：即每个独立访客在一次购物时的成交额，平均客单价计算公式为：成交金额/成交人数；商品组合状况、商品详情页关联状况、促销活动、商品价格对该指标有直接影响。

到达率：计算公式为：页面到达次数/广告展现次数；可以直接反映广告投放的获取用户效果（此用户为广义用户），从而反映广告投放的曝光水平、投放渠道的准确性；还可侧面反映广告内容的合理性。

跳出率：即进入单页面后并未做二次跳转动作的 UV 访客占单页面总 UV 访客的数量比例。跳出率高通常表示进入网店的访问者对于网店不具针对性，推广路径不准确，访客质量不高。该值是考核推广人员对于能否获取有效 UV 的关键评定值。

UV 平均获取成本：单位费用投入结构/单位 UV 量，即获取一个 UV 所投入的费用成本。该值可以评定推广费用的投入水平。

ROI（成交额/活动投入成本）：ROI 系数越高，说明费用利用率越高，该值考核对于活动费用的控制情况。

订单转换 ROI：计算公式为：单位费用投入结构/订单量，即每获取一个订单所花费的成本；成本越低，说明推广人员对于费用的使用有效性越高。

新增 UV 量：即单位时间内新增加的顾客比例，新用户比例越高对于订单量增加及成交额增加越有利。

平均点击率（点击次数/UV 量）：即每单位 UV 点击活动页面的次数，点击率越高，说明活动的受欢迎度越高，该值可以考评活动的整体策划水平及活动关键点表现水平。

活动订单比例：活动期间内，日均促销活动订单占日均总订单数量的比例，该值可以反映出促销活动对于增加订单量的贡献作用。

活动订单转换率：即活动期间内的促销活动成交人数/访问活动页面 UV 量；在活动期内该比例若高于网店的日均订单转换率，则说明该活动对于网店运营有积极的推动作用。

及时响应时间：顾客咨询时，客服人员的响应时间，原则上不超过 30 秒，回复客人的 UV 数不超过 5 个；该值考核客服人员的反应速度及服务质量。

服务态度：主要针对违规用语进行考核。原则上每月出现的违规用语不能超过 5 次。

差评次数：由于服务态度问题而造成的顾客差评。

咨询转换率：计算公式为：当月成功付款的 UV 数/当月接待的总 UV 数×100%；转换率越高，说明客服人员对于订单转换率的贡献越大。

成交额转换率：计算公式为：当月个人成交金额/当月客服部平均成交金额×100%；转换率越高，客服人员对于成交额贡献越大。

退货率：计算公式为：退单量/咨询转换单量；由于客服人员在解答咨询问题时，对产品及服务描述不清而造成的顾客收货后退单情况。（以顾客收货后开始计算）

换货率：计算公式为：换单量/咨询转换单量；由于客服人员在解答咨询问题时，对产品

及服务描述不清而造成的顾客收货后要求换单情况。（以顾客收货后开始计算）

退款率：计算公式为：退款 UV 量/接待的付款 UV 总量；由于客服人员未能准确地向顾客传递缺货、断码、物流等硬性信息，而造成的顾客在付款后要求退款的情况。

6．绩效考核的工作流程

（1）制订考核计划。在考核之前要召开全体被考核人员会议，明确考核的目的和对象、考核内容和方法、考核时间。

（2）进行技术准备。网店绩效考核是一项技术性很强的工作，要求及时收集网店运营过程中的数据，一般数据可以从软件后台获取，还有些数据需要做好人工统计。

（3）做出分析评价。考核之前要制定考核表，确定每个岗位考核指标，以及单项的等级和分值，然后填入考核数据，并对不同项目考核结果进行综合。

（4）反馈考核结果。考核结果要及时反馈，并作为员工激励和网店管理的重要参考。

7．绩效考核的目的

（1）为工作人员的晋升、降职、调职和离职提供依据。

（2）对工作人员和团队对组织的贡献进行考评。

（3）为工作人员的薪酬决策提供依据。

（4）组织对工作人员绩效考核的反馈。

（5）对招聘选择和工作分配的决策进行考评。

（6）了解工作人员和团队有关培训和教育的需要。

（7）对培训和工作人员职业生涯规划效果进行考评。

（8）为工作计划、预算和人事管理提供信息。

二、网店运用绩效考核管理的策略

（1）需要建立合理的利益分配机制，同时注意保护和发扬网店各岗位人员的工作积极性。在任何一个企业，薪酬制度、绩效考评制度及晋升制度是人力资源管理的三大镇山之宝，它们与每位员工的收益息息相关，一套科学系统的培训计划也是企业提供的福利之一。要让员工感到在这个网店工作，能获得终身就业能力，能得到尽量全面的能力展示和提升，能得到与付出相对应的合理收益，网店管理者首先要明白提供给员工的薪酬=现金收入+各种福利+培训计划+晋升机会+社会地位等。企业正是依靠这些制度，合理地输血、换血，才得以留住人，留能人，保持永续的活力与动力。网店在不同阶段可以采用不同的薪酬构成，如在网店起步初期，建议“高底薪+低提成”，缓解工作人员的经济压力，一心投入网店运营工作；网店进入成长—成熟期，可考虑“低底薪+高提成”，激发业务员挑战高峰的信心。

（2）奖罚分明，把握尺度，严肃处理工作人员的违规事件。建立奖惩制度是网店的管理手段之一，制定它的目的在于“奖励积极努力、业绩突出的 A 类，培训指导迷茫、摇摆的 B 类，坚决处理屡教不改的 C 类”。当一切防治手段都使用后，仍然出现工作人员的违规事件，这时，网店管理人员就该以事实为依据，以奖惩制度为准绳，把握尺度，严肃处理所发生的事件。

（3）在建立合理的激励机制时需要避免出现以下两种情况。一是考核 A，奖励 B。即对 A 进行严格考核，但把奖励给了实际没被真正考核到的 B，这就是没能区别投机取巧的人所导致的。通常投机取巧的人善于做表面工作，而踏实做事的人反而不擅长这些，结果踏实的人反而不合格，投机取巧的人却合格了，奖励就这样被窃取。二是只奖励成功者，不奖励失败者。这样的激励机制将会导致“只重视结果，不重视精神和思想”，对企业文化是一种挫伤，容易让成功者骄傲，而让失败者更加气馁。

（4）经济和物质上的激励并非全部的激励方式，有多种激励途径可供选择。激励是提高执行力最有效的方法之一，以下几类激励是常用的激励方式。

① 听觉激励：中国人喜欢把爱埋在心里，如果你想赞美下属，一定要说出来。

② 视觉激励：把优秀员工的照片和事迹在公司内部杂志和光荣榜上张贴出来，让大家都看到，以此激励这些获奖者及其他的员工。精神价值是无形资产，有什么理由对创造了无形资产的人不进行奖励呢？

③ 引入竞争：讲团队精神不是不讲究竞争，但竞争又不同于斗争，这样既达到了激励双方的目的，又不伤和气。用爱惜的心态批评下属，指出其错误并帮助他改正，这更是一种更令人刻骨铭心的激励。

④ 合理授权：这是最高的激励方式之一，能帮助下属自我实现。但在授权时应把授权内容书面鉴定清楚，授权后要进行周期性的检查，防止越权。

（5）建立起绩效管理体系以后，严格执行绩效考核并在绩效考核过程中掌握一些基本原则，设计出结合企业实际情况的绩效考核指标，并掌握绩效考核的全过程。按照以下几条绩效考核原则组织开展考核工作。

① 网店绩效考核体系营造一种机会公平的环境，使大家能在同样的平台上展开公平竞争，并且获得公平的回报。实践中这种机会上的平等，就是必须充分考虑各类营销人员工作性质的差异，确保大家都能从企业的成长中获得价值。

② 在网店绩效考核体系中体现个人与团队的平衡，执行力并不是简单地由个人来达成的，而是由组织来达成的，因此，执行力的强化就必须在个人和组织之间形成一种平衡关系，既不至于因强调个人英雄主义而削弱了组织的力量，又不至于因强调团队而淹没了个人的特性和价值体现。在实际考核中，要做到部门绩效的提高可使本部门员工受益，个人有突出贡献者能够得到区别于普通员工的奖励，这样就能够鼓励更多的员工为公司整体绩效的提高各尽所能。

总之，绩效管理需要从建立绩效管理体系、设计科学的绩效管理流程、完善绩效管理制度、合理设立绩效指标、严格执行绩效考核、结合多种形式（物质与非物质）激励员工、定期修正绩效考核制度等方面提高营销执行力，以提升企业绩效，实现网店发展的战略目标。

拓展练习

大家通过小组完成练习已经很多次了，每个小组就类似一家网店，请根据以往执行任务的情况，设计不同分工的考核 KPI 指标，并进行一次模拟考核，把本学期历次考核评分进行汇总，为对小组贡献比较大的同学进行一个模拟颁奖。

任务评价

序号	评价项目	评价内容及要求	自评分	第三方评分		总分
				小组互评	教师评分	
1	KPI 设计	能够根据学习任务设计 KPI，每个岗位不少于 3 个考核指标，有明确的考核标准				
2	学期考核	整理本学期历次任务完成情况评分，结合之前设计的 KPI 给小组成员打分或者评定等级，并对表现优秀的成员进行鼓励				

参 考 文 献

[1] 王启城．新手开网店赚钱有绝招．北京：机械工业出版社，2010.
[2] 唐敏．赚钱网店是怎样炼成的．北京：企业管理出版社，2010.
[3] 环博文化．网店开门红．北京：人民邮电出版社，2008.
[4] 岚姐姐．网店经营宝典．北京：清华大学出版社，2008.
[5] 胡冬．淘宝网店这样开才赚钱．厦门：申鹭江出版社，2008.
[6] 阿里巴巴商学院网络创业研究中心．大学生网络创业现状与趋势．北京：电子工业出版社，2010.
[7] 郭绍翠，赵志选．学以致用——淘宝网上开店．北京：人民邮电出版社，2009.
[8] 东东网．店经营辅助技术全攻略．北京：清华大学出版社，2008.
[9] 刘迎春．网络营销实务．广州：暨南大学出版社，2009.
[10] 梁春晓，宋斐．网商赢天下．北京：中信出版社，2008.
[11] 淘宝大学．电商运营．北京：电子工业出版社，2012.

反侵权盗版声明